JN066241

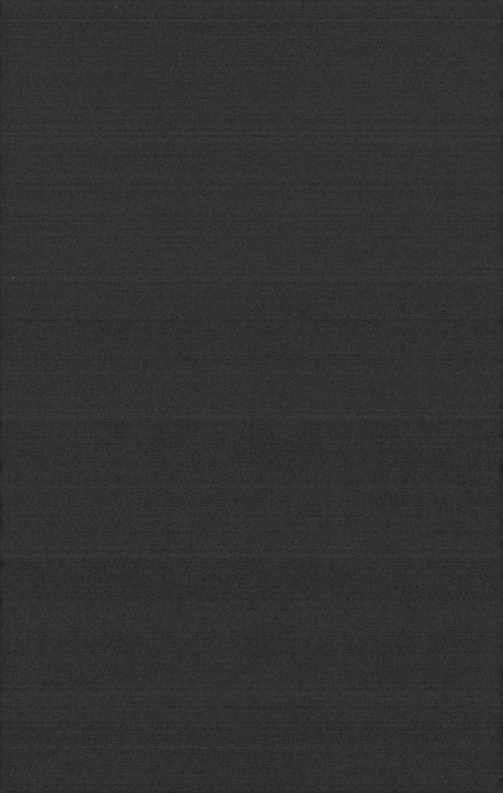

探 究
保健体育教師の
今と未来 20 講

Exploring the Present and Future of
Health and Physical Education Teachers

清水紀宏・朝倉雅史・坂本拓弥 編著

大修館書店

は じ め に

　本書は，20の"問い"を手がかりに，最新の科学的エビデンスに基づき保健体育教師をめぐる現実と未来のあり様について，読者とともにわかりやすく探究してみようとするものである。本書において保健体育教師とは，学校という教育機関において保健体育教育（保健体育の学習指導）と体育経営（学校体育のマネジメント）を職務とする専門職を意味する。この職業人は，少なくとも，児童生徒に対して礼儀やしつけ，そして身体鍛錬を強要するかつての肉体労働者ではないし，運動やスポーツの技術指導（コーチング）のみに長けたスポーツ指導者でもない（第2講）。いうまでもなく，保健体育教師は，学校教育／学校体育及び学校保健に関わる高度な専門性を有するとともに，その専門性を常に更新し続ける教育専門職である。

　「教育専門家」としての保健体育教師が標榜されたのは，1951（昭和26）年の保健体育審議会答申であった（第3講）。しかしながら，70年が経過した今，先に見た身体訓練者やスポーツコーチとしてのイメージは完全に払拭されたといえるだろうか。「放任」「高圧」「さぼり」「一方的指示命令」など劣悪な保健体育の授業風景が今でも少なくないのではないか。そうした変わらぬ保健体育教師像こそが，教職希望者の減少や職業的魅力の相対的低下を招いている一因であるように思われる。プロフェッションとしての保健体育教師が今ほど求められる時代はない。

　雑誌『体育科教育』（大修館書店）1971年8月号において中村敏雄氏は，次のような問題提起をしている。

　　一般に，私たち（保健体育教師たち：筆者注）が体育実践という場合、それは暗黙の内に実技指導を指していることが多い。そしてその実技指導のどこに、どのような内容として『体育』の指導が行われていただろう。自嘲的にいえば、私たちはへたなチームのへたなコーチとして存在していたのではなかったのか。（中略）私たちは、シュートの仕方、パスのテクニックなどのコーチング「と同時に」、どのような体育の指導をしてきたのか。おそらくすばらしいコーチは、私たちよりももっとうまく、適切にシュート技術やパスの方法を指導するだろう。私たちはそれに一歩も二歩も譲らなければならないかも知れない。だが、体育教師としての私たちは、彼に

は絶対教えられない「あるもの」を体育として教えている、と胸を張ることができなくてはならないのではないのか。

「体育教師はコーチャーか」というサブタイトルで始まるこの「問い」は、今でもすべての専門職たる保健体育教師が"自分ゴト"として真摯に向き合い、自分なりの回答を求め続けなければならない永遠の難問であろう。

*

そもそも学校教員の専門性の基軸である「教える」とは何であろうか。このこと自体も様々な角度からの深慮を要する難問であり、また不易—流行の両面がある。ただ、近代に成立した学校とは、大部分の子供たちに半ば義務として強制力を働かせ、何事かを「やらせる場」であることに変わりはない。少なくとも、他のサービス供給機関のように、対象者の「ニーズ」（したいこと）から出発しないところに社会組織としての大きな特徴がある。だからこそ、子供たちに何を「やらせ」、その結果として何を「得させよう」とするのかを、注意深く考え抜くことが公共の奉仕者としての教師の責務であろう。

52年間にわたる教職生活を通じて「教える」ということを探究し続けた大村はま氏（2006）は、「押しつけはしないけど、子供が気がつくべきことに気がつくようにするのが教育」であり、それをさりげなくリードするのが教師の力であると教えている（『日本の教師に伝えたいこと』ちくま学芸文庫、p.143）。この教えに依拠するならば、保健体育教師の本質的な専門性は、生涯にわたる自立した一人のスポーツ実践者としてまた生涯スポーツ社会の担い手すなわち"スポーツ市民"として持つべき必要なニーズの開発・開花に向けて存分に発揮されなければならない。

*

時代は令和に入り「令和の日本型学校教育」の名の下、大規模な教育改革が打ち出された。それは、すべての子供たちの可能性を引き出す、個別最適な学びと協働的な学びを基本とする改革であるが、学校体育では既に早くからそうした子供一人ひとりの個性や能力・興味関心を大切に尊重し、各自の主体性を引き出すとともに、子供同士が学び合いながら運動の楽しさ・喜びを深める授業実践が広く展開されてきた。また、本年6月には、「持続可能な社会の創り手の育成」と「日本社会に根差したウェルビーイングの向上」を二大基本方針とする第4期教育振興基本計画が閣議決定された。この基本方針についても体

育では，スポーツという文化の享受能力を習得することを通じて生涯にわたる身体的・精神的・社会的ウェルビーイングを保障するとともに生涯スポーツ社会の創り手を育てる学校体育にも大きな使命が託されている。保健体育教師は，これからも引き続き未来の学校教育を先導し，他教科に先んじて先駆的な教育実践を探究する教師としてのロールモデルとなることを願いたい。

＊

　ところで，教師一般を取り巻く昨今の社会的状況に目を向けると，教職の長時間労働に起因する所謂ブラック化や体罰などに代表されるような様々な教師批判が，大きなうねりとなって教職の魅力を失わせつつあるかのようである。今では連日のように，教員の人材確保に苦慮する教育現場の慌ただしさが報道され，教員採用試験の倍率も低下の一途を辿っている。このような教員養成・教師教育をめぐる危機的状況は，いずれ教員の質の低下を招き，児童生徒のウェルビーイングと健康で文化的な生活の実現に暗い影を落としかねない。

　全世界に蔓延した新型コロナウイルスの感染拡大という緊急事態は，学校という場がいかに子供たちの健全な成長にとって不可欠な場であるかを教えてくれた。特に，わが国の学校は，他国と異なり，教科指導以外に子供の「居場所」「社会との接点」「唯一の栄養補給所」「基本的な生活習慣・生活マナーの習得」，そして「文化・スポーツ活動を通じた社交の場」などを提供する「全人」教育の場であり，その担い手である教師は子供の今と未来を支え導くとても重要な"エッセンシャルワーカー"であることを再確認しなければならない。

　一方，現在の様々な教育改革の渦中にあって，とりわけ保健体育教師にとって大きな時代の転換点にあることを自覚させるのが部活動改革である。長年，学校教育の一環として様々な教育的機能を果たしてきた運動部活動が削減・廃止の方向に舵を切ろうとしている。明確なデータを示すことはできないが，これまで数多くの保健体育教師志願者が運動部活動での指導を教員志望の直接的な動機にしていたことは間違いなかろう。その意味で，今後，志願者の減少や質の低下が他教科の教員と同じく深刻になることが懸念される。しかしながら，わが国のスポーツ環境を俯瞰すれば，少なくとも子供たちのスポーツ活動から学校が完全に撤退することは考えられない。これまでのような子供スポーツのまる抱えや過度な関与は改善されるだろうが，体育及びスポーツの"セーフティネット"としての運動部活動は残さざるを得ないであろうし，適切な形で残すことが求められるに違いない。

　これまで保健体育教師は，保健体育科という一教科の担当者としてだけでな

く，総則体育や学校保健活動の分野で学校組織全体のマネジメントを担当するスクールリーダーとしての役割も果たし続けてきた。さらに，今後はこの部活動改革に伴い，関連する地域諸組織・団体・関係者との懸け橋（対境担当者）としての新たな役割も期待されることになろう。

＊

　上記のような学校教育／学校体育への新たな期待と噴出する諸課題への対応について問題意識を共有する編者は，保健体育教師を目指す学生と現職教師が，いま一度「保健体育教師」という職業を深く理解し，その意義を考え，誇りをもってこの職にあたるための後押しをしたいと考え，本書『探究 保健体育教師の今と未来20講』を世に問うことにした。

　幸い，わが国では古くから，体育・スポーツ・健康科学を専門とする研究者の多くが研究分野の枠を超えて学校の保健体育にかかわる知見を生産し，領域横断的な議論を展開してきた歴史がある。とりわけ保健体育教師を対象としたものは近年増加しており，他教科教師のそれに比べ多角的な立場から保健体育教師の在り方が考究され，多くの知見が蓄積されてきた。ただし，これらを総合して改めて「保健体育教師論」を世に問う書籍は多くない。そこで本書の企画に際しては，学問分野の枠にとらわれることなく，保健体育教師をめぐる今と未来に不安と希望の両面を強く認識している多くの気鋭の研究者諸氏に執筆を依頼した。保健体育教師の今と未来を見据えて，学生及び現職教師が基礎的な知識と先見的な課題について理解を深め，保健体育教師の社会的使命を自らの職業的な誇りにつなげていけることを願いたい。

　最後になるが，本書の企画から出版に至るまで，大修館書店編集部の阿部恭和様には，執筆者との頻繁な相互連絡と大変丁寧な細部にわたる調整作業など多大なご支援をしていただいた。心から感謝申し上げたい。また，本書の刊行にご尽力いただいた大修館書店の皆様にも記してお礼を申し上げる。ありがとうございました。

2023年7月

編者　清水紀宏

目　　次

探究 保健体育教師の今と未来 20講

［朝倉雅史］

保健体育教師の役割と
その特殊性とは

概要●本講では，保健体育教師の役割と特殊性を考えるために，学校体育が，公教育として営まれていることを理解した上で，学校体育の構造に基づいて保健体育教師の役割を捉えていく。さらに，保健体育教師に向けられたイメージと現実のキャリアや仕事の実際から，その特殊性と意義を考えてみたい。

1 保健体育教師が担う学校体育

(1) 公教育としての学校体育

　体育・スポーツの振興と普及によって，子供たちが運動やスポーツに触れることのできる機会は，学校外に増え続けている。子供たちだけでなく，就学期を終えた多くの人々が街路でのウォーキングやランニングを通じて健康を保ったり，フィットネスクラブに行って汗を流したり，仲間と共にチームやクラブをつくってスポーツを楽しんだりしている光景も珍しくない。何か運動を始めたいと思えば，そのニーズに応えてくれる運動・スポーツ教室があり，専門的な資格と知識を有する人が，懇切丁寧に指導をしてくれる場所もある。自分が身体を動かすだけでなく，スポーツ観戦をしたり，スポーツボランティアとして大会運営にかかわったりすることもできる。

　このような人々は，自発的に運動やスポーツの場や機会へアクセスし，サービスを受ける対価を支払っていることが多い。時代の進歩による新たな技術の開発，人々の価値観と生活環境の変化によって，世の中には様々な商品やサービスが生み出されてきた。運動やスポーツに関連する産業も著しい発展を遂げた結果，老若男女問わず，する・みる・ささえる・つくる，その他様々な形で運動やスポーツに触れるチャンスが広がった。だが，そのチャンスにアクセスするか否かは，最終的に個々人の意思に任されている。対価を支払うことができずにアクセスすることを諦めなければならない人がいることも事実である。

では，学校はどうだろう。特に義務教育を担う学校では，すべての国民が等しく学習する権利が保障されており，教科指導と生徒指導を中心とした教育活動が無償で子供たちに提供されている。運動やスポーツにアクセスする機会も「学校体育」として制度化され，体育・スポーツに関する学びの機会が等しく保障されている。どんなにスポーツに関連する産業や市場が拡大しようとも，今までもこれからも，運動やスポーツに触れる機会に対価を払わず（無償性），子供たちの学ぶ権利を守ることが義務化され（義務性），思想・信条の違いによらず広く開放された（中立性）場は，学校をおいて他にない。それは学校体育が，無償性・義務性・中立性の原則に立った「公教育」という制度の下で行われているからである。

(2) 教育による文化の継承

　「教育」は，人類にとって欠かすことのできない活動として営まれてきた。歴史を紐解けば，それは学校や公教育制度が成立する以前から存在していた。そもそも，人間は他の哺乳類に比べて，明らかに未成熟な状態で誕生し，様々な「不足」を抱えながら生きている。生まれたての小鹿が，誕生後，数分の間に足を震わせながら立つことに比べれば，人間が産まれてから歩行するまでには，はるかに多くの時間が必要である。人間は100mを9秒台で疾走する挑戦を続けているが，チーターはその距離を3秒ほどで走り抜けてしまう。このような違いは，動物の生存可能性の観点から見て，人間が明らかに不利な状況に置かれていることを表している。ところが人間は，道具を用いて社会生活を営むことで，ありのままでは過酷すぎる自然環境や限られた条件に手を加え，生きていくための知恵を編み出し，文化として継承してきた。その代表が，衣食住に関する様々な文化である。楽しさや面白さをもたらす運動やスポーツもまた，私たちの生活や人生に彩りを与えてくれる重要な文化として継承されてきた。このように，人間は生きるための知恵や行動様式を「文化」として継承することで発展してきたが，その継承を支えてきた営みこそ教育なのである。

　その教育は元来，個々の家庭で行われる私的な活動だった。だが，世界各国の近代化に伴い，国民に等しく教育を受けさせる「公教育」のための機関として「学校」が設立され，読み・書き・計算をはじめとした基本的能力の育成が目指されることになった。日本では，明治期に学校が誕生して以降，時代と社会の変化によって生じる様々な課題への対応が，学校における教育内容として取捨選択され，学校の中で意図的・計画的・組織的に扱われている。もちろん，社会から要請されるすべての事柄を学校教育として導入することはできない。

ゆえに学校で扱われる内容と活動は,「公」(おおやけ)の観点から,それが子供たちの発達を導くことによって,個々の人格形成はもちろん,社会全体に利益や便益(公益)をもたらすことが前提になっている。学校体育もまた,その1つなのである。

(3) 保健体育教師の役割を問う

　日本の小学校から高等学校では,週2〜3日の体育・保健体育の授業が必修化されており,その他にも運動会や体育祭,教育課程外で行われる運動部活動,自由時間における多様な運動の機会が確保されている。その教育活動を中心的に担っているのが,長期にわたる養成課程の中で専門的知識と技能を身につけ,公的な免許を授与された保健体育教師である。公教育を担う学校で扱われる教育内容は,人間の発達にとって普遍的に重要な事柄,また,時代的・社会的状況に応じて重要な事柄によって成り立っている。子供たちが,施設・用具をはじめとした物理的環境が整った学校で,運動やスポーツ,健康に関する指導を平等・公正に受けられるのは,それが以上の意味で重要であるからに他ならない。だからこそ,これらの教育活動を維持するための財源が,多くの公財政支出によってまかなわれているのである。

　しかし,世界的に見ると学校に体育が存在することは,決して当たり前のことではない。多くの人がスポーツ大国として知っているアメリカで行われた調査では,全51州(ワシントンDC.を含む)のうち2〜3割の州で小・中学校における体育授業を,1〜2割の州で高校における体育授業を必修化していないことが示されている(SHAPE, 2016)。全米の半分以上の州(62.0%)では,予備役将校訓練課程*1 (18州),他校との試合 (20州),マーチングバンド (15州),チアリーディング (13州),コミュニティスポーツ (6州),その他スポーツイベントで斉一的な集団演技を行うドリルチームやダンスチームなどによる体育授業の単位代替を認めている。また,州内の学区や学校からの申請によって非必修化する制度が存在する(表1-1)。

　1990年代から現在まで,世界的に見ると体育授業の時間数を削減する動きが生じており,そのことが懸念され続けてきた(SHAPE, 2016)。このような状況に対して日本は,学校における体育の機会を安定的に維持してきたし,その活動を担う保健体育教師を各学校に安定的に供給してきたことに気づかされる。わが国には中学校教諭(182,405名)の10.2% = 18,605名,高等学校教

＊1　Junior Reserve Officers' Training Corps:JROTC は,高校に設置された士官養成のための教育課程であり,大学に設置されている ROTC の高校生版の活動を意味する。

表1-1 アメリカにおける体育授業の代替・棄権・免除措置の状況

体育授業の必修状況	2016 年		2012 年		2010 年	
	州の数	割合（%）	州の数	割合（%）	州の数	割合（%）
代　　替 Substitutions	31/50	62.0	33	64.7	32	62.7
棄　　権 Waivers	15/51	29.4	28	54.9	30	58.8
免　　除 Exemption	30/50	60.0				

代替：学区や学校によっては，生徒が他の活動（例えば，JROTC，対抗スポーツ，地域スポーツ，応援指導，マーチングバンド）を体育の授業時間や単位に代えることを認めている。

棄権：学区または学校ごとに，州が定めた体育の方針，要件または法律に従って，免除申請による単位の非必修化ができる制度。

免除：学区や学校による，個々の生徒の単位免除であり，免除された生徒は，体育の授業や必要な単位を取得する代わりに，他のコースや活動に参加する。病気や障害を理由に体育の授業や単位履修を免除することも認められている。

注）2012 年と 2010 年の調査では，免除と棄権に関する質問を統合しているため，2016 年の結果を 2012 年や 2010 年の結果と比較することはできない。

(SHAPE, 2016, p.18 から訳出して作表)

諭（187,424 名）の 10.4％＝19,492 名の保健体育教師がいる。つまり 38,000名ほどの保健体育教師が，専門的資格をもって体育授業を中心とする学校の体育にかかわっている。しかし一方で，学校体育にかかわる活動機会と人材を安定的に供給する体制を築いてきた日本では「人々が体育に何を期待し，何を求めているのかを考えなくとも体育教師はそこ（学校）に体育が存在するから教師になれる」（菊，2005，p.93）状況をつくってきた。スポーツの機会が学校外に拡大し続ける今，改めて学校体育は何のために存在し続けるのか，子供たちにその学びを提供し続けることがなぜ必要なのかを問わなければならない。根本的には，その答えが保健体育教師の仕事や役割になる。

2　学校体育の仕組みと構造

(1) 教科としての保健体育と学校教育全体で取り組む保健体育

中学校・高等学校では教科担任制が敷かれていることもあり，教師は特定の「教科」を担当することが職務の中心になっている。もちろん，このことは保健体育教師にも当てはまる。ただし，学校における「保健」，すなわち学校保健は「保健管理」と「保健教育」から成り立っており，それらは保健体育教師

資料1　中学校学習指導要領（平成29年告示）の抜粋

第1章　総則
第1　中学校教育の基本と教育課程の役割
2 (3) 学校における体育・健康に関する指導を，生徒の発達の段階を考慮して，学校の
　教育活動全体を通じて適切に行うことにより，健康で安全な生活と豊かなスポーツラ
　イフの実現を目指した教育の充実に努めること。特に，学校における食育の推進並び
　に体力の向上に関する指導，安全に関する指導及び心身の健康の保持増進に関する指
　導については，保健体育科，技術・家庭科及び特別活動の時間はもとより，各教科，
　道徳科及び総合的な学習の時間などにおいてもそれぞれの特質に応じて適切に行うよ
　う努めること。また，それらの指導を通して，家庭や地域社会との連携を図りながら，
　日常生活において適切な体育・健康に関する活動の実践を促し，生涯を通じて健康・
　安全で活力ある生活を送るための基礎が培われるよう配慮すること。

(p.271，下線は筆者加筆)

資料2　中学校学習指導要領（平成29年告示）解説保健体育編の抜粋

　保健体育科の指導計画は，単に1教科としての観点からだけでなく，特別活動のほか，
総合的な学習の時間や運動部の活動なども含めた学校教育活動全体との関連を十分考慮
して作成することが必要である。体力の向上や健康の保持増進を図るための教育活動は，
教科としての保健体育科は当然であるが，関連の教科，特別活動，総合的な学習の時間，
運動部の活動などの学校教育活動の中にも，それぞれ独自の性格をもちながら，関連す
る活動が多く含まれている。したがって，保健体育科の学習の成果が，他の教育活動と
結び付き，日常生活で生かされるようにするためには，特別活動などとの有機的な関連
を図って，保健体育科の目標がより効果的に達成できるよう指導計画を作成することが
必要である。

(p.235，下線は筆者加筆)

が教室で行う保健分野の授業を超えて，学校全体で取り組む教育活動を指してい
る（本書第5講参照）。さらには，学校における体育・健康に関する指導は，
学校の教育活動全体を通じて，健康で安全な生活と豊かなスポーツライフの実
現を目指す教育の充実に努めることが，学習指導要領の「総則」で示されてい
る（資料1）。そのことを踏まえて学習指導要領解説保健体育編では，保健体育
科の指導計画を1つの教科として見るだけではなく，他教科との有機的な関連
を重視することが示されている（資料2）。つまり，保健体育の指導は学校教育
活動の全体にまたがる活動であり，保健体育教師にはその教育活動を牽引して
いく使命がある。

(2) 保健体育教師の仕事の広がり——教科体育と教科外体育の構造

　保健体育教師が担っている仕事は，主に「教科体育」と「教科外体育」の2
つの柱に基づいて理解することができる。教科体育は文字通り，教科としての

体育の指導であり，学習指導要領によって規定された体育あるいは保健体育科の授業である。一方，教科外体育は運動会・体育祭などの「体育的行事」や小学校の特別活動として行われている「クラブ活動」，多くの中学校・高等学校で行われている「運動部活動」，さらに「自由時間」から成り立っている。

　これらは学校の「体育事業」と呼ばれ，各々の関係が同心円的・階層的に整理されてきた。宇土（1978）は，教科体育を中心に据え，その外側に参加が必須となる「体育的行事」や「クラブ活動」を位置づけ，さらにその周辺に自由な参加に基づく「運動部活動」と「自由時間」を位置づけて，三層構造からなる体育事業の仕組みを示した（図1-1）。この構造では，必修化されている教科体育において身につけた力が，教育課程内の教科外体育（教科外A），さらには教育課程外の教科外体育（教科外B）で活かされていくことが想定されている。つまり，教科体育で身につけた技能や運動を楽しむ力をさらに自由な活動の中で活かしながら発展させていくのであり，保健体育教師にはその指導を担うことが期待されてきた。

　一方，清水（2016）は以上の三層構造を，教科体育と教科外体育が相互に影響し合う独立した教育活動として捉え直し，子供たちが身につける力の違いと関連づけて構造化した（図1-2）。これに基づくと，教科体育ではスポーツの楽しさや面白さ，その効用を正しく享受する「スポーツ享受能力」を身につけることを目指し，教科外体育では多様で異質な他者と共に適切な運動の機会や場をつくり，運営する「スポーツ環境創生力」を身につけることを目指す。そし

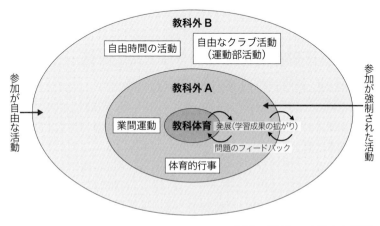

（清水，2016，p.189から引用）

図1-1　宇土が示した教科体育と教科外体育の構造

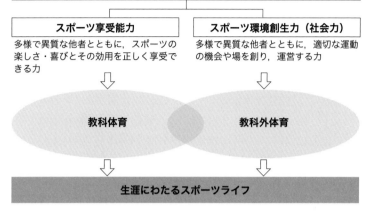

（清水，2016，p.189 から引用）

図1-2　教科体育と教科外体育で身に付ける力

て，スポーツを「楽しむ力」とそのための「環境を創る力」を総合して，生涯にわたって主体的・共同的に運動やスポーツに親しむ「スポーツ生活能力」が育まれる構造が提案されている。それは，自ずと学校外あるいは就学期を終えた人々が，いかに運動やスポーツという文化に触れていくのか，そしてその文化を自分たちでどのように創造していくのか，そのための資質能力を育成することを保健体育教師の役割として提案していることにもなろう。

3　保健体育教師の特殊性——リアルとイメージのはざま

(1) 開放的な場と空間における運動・スポーツの指導

　学校体育を担う保健体育教師の役割は，一教科の教育活動を担うことにとどまらず，身体運動やスポーツ文化，さらに健康・体力の維持増進に関する学びを，学校教育活動全体を通じて，子供たちに提供していくことにある。その指導は多くの場合，グラウンドや体育館で行われる。また，スポーツに触れる機会が学校外にも豊富に存在する子供たちは，各々が見聞きしたり，実際に行ったりしたリアルな運動・スポーツ経験を学校にもち込んでくる。したがって，他の教科に比べると明らかに子供たちの行動範囲と自由度は高い。

　このような特徴を踏まえると，教科体育の場面でケガや事故の発生を防ぎな

がら，子供たちの学習を適切に管理するだけでも，教室で授業を行う他の教科に比べれば，授業を成立させる難易度が高いことがわかる。また，前述した教科外体育の「体育的行事」は，全校生徒を対象として行われる上に，保健体育科の教師集団のみならず他教科の教師との協働が不可欠となる。学校における運動やスポーツ指導の専門家として，学校外との連携や地域移行が目指されている運動部活動の指導と管理運営を担うことも必要である。ただしその指導は，個々の部活動における実技指導という意味だけではなく，それ以上に，学校全体の部活動運営に専門的見地からかかわることを意味している。

(2) 研究によって明らかにされてきた保健体育教師の特殊性

　ところが保健体育教師を対象に行われてきた研究では，古くから保健体育教師の資質能力に対して，疑いを抱かざるを得ない結果も示されてきた。たとえば，保健体育教師に対するイメージを明らかにした研究では，知性のなさ，単純さ，体罰という社会的イメージ（中井, 1997など）が描き出されてきた。また，自らの運動経験の単なる延長として，教職を選択する傾向が40年ほど前から指摘されてきた（Lawson, 1983；深沢ほか, 1982）。筆者らが行った調査（図1-3）でも，競技力（競技成績）の高低と教職選択の時期が関連しており，競技成績が低いほど早期に教職を目指し，競技成績が高いほど教職を目指す時期が遅いことがわかっている（朝倉・清水, 2013）。

　保健体育教師は生徒の管理者やスポーツのコーチとしての役割期待を受け，さらに教師自身がそれを積極的に受け入れることで，自己認識が教員や教師からかけ離れていくことも指摘されてきた（Shempp, 1993; Curtner-Smith,

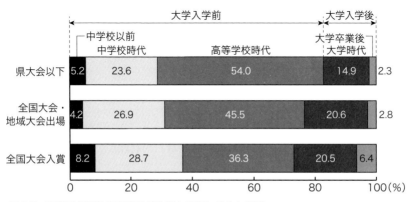

図1-3　現職の保健体育科教員が教職を目指し始めた時期

2001；沢田，2001 など）。実際に行われた調査によれば，保健体育教師は，授業・教材研究よりも運動部指導と生徒指導に一生懸命であることを明らかにしたものも少なくない（杉本，1989；徳永・山下，2000；山西，2006）。保健体育教師自身が最も必要だと感じている力は「授業構想力」よりも「生徒管理力」であるという実証分析の結果も存在する（松田ほか，2010）。

　以上の研究は，教師を対象とした多くの研究のうち，とりわけ保健体育教師を対象とした研究に見られる特徴的な結果を示している。保健体育教師には，高度な仕事と学校内におけるリーダーシップを発揮していくことが期待される一方で，その資質を問うような指摘がなされてきたことを無視できない。保健体育教師は正と負のイメージの中で揺れ動いている，と言ってもよいかもしれない。

(3) 周辺教科を指導することの意義と可能性

　保健体育教師という職業には，広範囲の職務を担当しながら，複雑な教育活動を展開していかなければならない高い専門性が求められる一方，決して好ましくないイメージや職務態度が指摘されるような「ズレ」が存在している。このような「ズレ」が生じる要因として，保健体育科の授業時数が少ないことや一般的な受験科目に含まれないことから，比較的優先度の低い教科と見なされる「周辺性」(marginality) や「非中核教科」(non-core subject) という性質が挙げられ，それが保健体育教師に対する人々のイメージや教師自身の職務態度を形成していることが指摘されてきた。これらの概念は，主に欧米の研究で提起されてきたものだが，じつは日本の学校カリキュラムに関する社会学的研究でも，教科間の階層性や相対的な地位の存在が指摘されている（田中，1996）。皮肉かもしれないが，保健体育教師の役割と特殊性を理解する上でこの「周辺性」を無視することはできない。

　では保健体育教師は，教科の周辺性をどのように受け入れ，向き合っていけばよいだろうか。担当する教科が学校教育の中で周辺的な位置に置かれていることによって，保健体育教師とその仕事が，学校教育における非中核性と優先度の低さに結びつけられてしまうことは多い。しかし，学校教育の周辺に位置づくということをもっと広い視野で見てみると，学校外の実生活に最も近い活動であることを意味していることに気づく。周辺的な教科が担う教育活動は，もともと学校の中に限定されるようなものではなく，学校の外や授業を受ける以前の生活環境に大きく左右される面があり，個々の子供の生活経験を土台にして成り立っている（小松編，2012）。このことについて樋口 (2018) は，子

供たちの学校の思い出が教科の授業よりも，部活動などの課外活動において形作られているのではないかという実際的な認識に立ち，芸術やスポーツの強烈な魅力的体験と同質のものを教科の授業でどう実現するかと問いかけている。見方を変えれば「周辺性」は，子供たちのリアルで生き生きとした経験を基に教育活動を展開していくことのできる，保健体育教師の専門性と可能性を象徴していると言えるかもしれない。

　保健体育教師の役割とその特殊性は，ともすれば学校教育の中核的教科ではないことによる相対的な優先度の低さによって説明されてしまう側面がある。それをそのまま保健体育教師が受け入れてしまうことで，学校全体の保健体育を担う専門家としてではなく，部活動指導や生徒指導の専門家を自任してしまうことも少なくない。そうならないためにも，保健体育教師自身が職務の「周辺性」や「非中核性」の意義を子供の生活や学校と社会の関係から捉え直し，主張していかなければならない。保健体育教師は，子供たちが実生活の中で得る鮮烈な体験を基にして，生涯にわたる運動・スポーツ文化の享受と健康づくりのために必要な環境を自らの手でつくっていく力を育む重要な役割を担っている。

［文献］
朝倉雅史・清水紀宏（2013）保健体育科教員のキャリアと授業観の関連．日本体育学会，第64回大会発表資料．
Curtner-Smith, M. (2001) The occupational socialization of a first year physical education teacher with a teaching orientation. Sport, Education and Society, 6(1): 81-105.
深沢宏・対馬清造（1982）体育教師の職業的社会化に関する実証的研究．秋田大学教育学部教育研究所報，19：32-41．
樋口聡編（2017）教育における身体知研究序説．創文企画．
菊幸一（2005）社会変化と今後の体育：これからの体育を考える．友添秀則・岡出美則編，教養としての体育原理．大修館書店，pp.92-98．
小松佳代子編（2012）周辺教科の逆襲．叢文社．
Lawson, H. A. (1983) Toward a model of teacher socialization in physical education: The subjective warrant, recruitment, and teacher education. Journal of Teaching in physical education, 2(3): 3-16.
松田恵示・原祐一・宮坂雄吾・酒本絵梨子（2010）中学校保健体育科教員の職能意識から見た講習・研修設計の指針に関する研究．体育・スポーツ政策研究，19（1）：35-47．
中井隆司・高橋健夫（1996）体育教師のイメージに関する研究：特に，大学生の中学・高校時代の体育教師に対する回顧的分析を通して．スポーツ教育学研究，16（2）：125-135．
沢田和明（2001）体育教師論―体育教師はどのように作られ，利用されるか．杉本厚夫編，体育教育を学ぶ人のために．世界思想社，pp.204-219．
Schempp, P. G., Sparks, A. C. and Templin, T. J. (1993) Micropolitics of teacher induc-

tion. American Educational Research Journal, 30(3): 447-472.

Society of Health and Physical Educators: SHAPE (2016) Shape of the Nation: Status of Physical Education in the USA.

清水紀宏（2016）運動部活動に求められるマネジメントとは．友添秀則編，運動部活動の理論と実践．大修館書店，pp.184-199.

杉本厚夫（1989）体育教師の社会学的アンビバランス：社会的役割に対する認知的不一致．京都体育学研究，4：1-11.

田中統治（1996）カリキュラムの社会学的研究：教科による学校成員の統制過程．東洋館出版社.

徳永敏文・山下立次（2000）中学校運動部活動に関する調査：運動部活動顧問教師における体育教師とその他との比較研究．岡山大学教育学部研究集録，115：87-99.

宇土正彦（1978）体育科教育法．大修館書店.

山西哲也（2006）教材研究に対する教員意識：体育科教員へのインタビュー調査から．中国四国教育学会，教育学研究紀要，52（2）：633-638.

保健体育科は何を目指し，何をすべき教科なのか。

この疑問を解決すべく，私は長期研修等派遣教員に志願した。その中でも教職大学院を希望したのは，保健体育科という教科について考える際，保健体育科だけを見るのではなく，学校教育全体における保健体育科，さらには現代社会における保健体育科の役割について考えていきたいと思ったからである。

私が学校現場を離れて学んだタイミングは，教員経験16年目だった。先輩教員に「体育は学校の要である」と初任者の頃に教わり，当時の体育の授業は集団行動や規律を教え込む場になっていた。また，新体力テストの数値が引き合いに出され，体力向上が至る所で叫ばれ，評価は成績をつけるためのものとなり，「説明責任を果たす」という名目で，数値や形となって残るものが重視された。それらに対し，私はずっと違和感を抱いていた。

1年間の長期研修では，教職大学院の授業等を通して，保健体育科について多面的・多角的に考えるとともに，自身の課題研究によって「保健体育科における主体的な学習」についてさらに考察した。また，今まで学校現場に身を置く中で「当たり前」とされてきたことを「何のために？」と問い直し，価値観を再構築していくことを繰り返し行った。さらに，他教科を専門としていたり，他校種であったり，年の離れた学部を卒業したばかりの院生だったり，という多種多様な仲間との対話は，それまで培ってきた固定観念を解きほぐしてくれた。それとともに，多くの人にとって児童・生徒として受けてきた保健体育の授業の経験，保健体育教師の印象が，大人になっても「保健体育とはこういうもの」と根強く残っていることを感じた。

この現場を離れての学びを通して，保健体育科では実際に身体を動かし，身体的な「感じ」の共有こそが体育独自の学びだということを改めて認識することができた。そしてこれらは，これからの学校教育において保健体育科が担うべき大切な役割だと強く感じた。この役割を果たすためには，教師自身がこれまでの教科観・指導観を見直していく必要があるし，それを周りの仲間にも働きかけていく必要がある。そして，保健体育が時代に合わせてアップデートしていくことが，学校のアップデートにつながり，それがゆくゆくはよりよい社会の創造につながっていくと確信した。保健体育教師こそが学び続けることで，学校現場によりよい風を吹かせられる存在であると考えている。

4月から再び「現場」に戻った。現状は，「理想」を持ちながらも日々の業務に追われてしまっている。理想の学びを，いかにして大勢の生徒に実現させていくか。日々の業務の軽重をどのように置いていくべきなのか。現場を離れて学んだことを，現場で実現していくためにはどうしたらよいか。問いの答えを諦めずに追求していきたい。

（佐藤彩弥）

[坂本拓弥]

保健体育教師とスポーツ指導者の違いとは

概要●本講のねらいは，保健体育教師とスポーツ指導者の違いとは一体何か，という問いの答えを探求することによって，保健体育教師のリアルな姿を描き出すことである。そのために，本講では，保健体育教師とスポーツ指導者の違いだけでなく，その共通点を明確にすることも試みたい。

1 保健体育教師とスポーツ指導者の混同

(1) そもそも，なぜ違いが問題となるのか

　保健体育教師とスポーツ指導者の違いや共通点を検討する前に，そもそも，なぜその区別が問題となるのかを確認しておきたい。そうすることによって，本講の議論全体の背景が，より明確になるであろう。

　一般的に，何かと何かを区別する必要性は，どのような場合に現れてくるのだろうか。このことを，英語に関する次の例から考えてみたい。よく知られているように，英語のLとRの発音の違いは，日本語を話したり聞いたりするためには不要である。そのため，日本語を第一言語とする人の多くは，その区別の必要性をほとんど感じていない。しかし，その日本語話者が，英語話者とコミュニケーションをとるために英語を真面目に学習し始めると，LとRの区別は突如として，スピーキングにおいてもリスニングにおいても重要な意味をもって立ち現れてくる。つまりそこには，初学者やそもそも英語に関心のない人には認識されていない，LとRの違いという重要な事柄が存在しているわけである。

　この例から，何かと何かを区別する必要性について，ひとまず，次のことが理解できる。すなわち，1つ目は，区別することの前提として，それらが混同されている現状があるということ。そして2つ目に，それらが混同されたままでは，困った状況が起こりうるということである。これら2つの点を踏まえて，

保健体育教師とスポーツ指導者を区別する必要性を考えていきたい。

(2) 混同されている現状

　まず，1つ目の論点として，保健体育教師とスポーツ指導者が混同されている現状について考えてみたい。この混同を最も顕著に示す例が，スポーツ指導者になるために保健体育教師を目指す学生の存在であろう。

　教員養成系学部・学科の保健体育専攻や体育・スポーツ系学部への入学を志望し，将来の進路として保健体育教師を希望する者の中には，運動部活動の指導者になりたいがためにその進路を希望している者が少なくない（久保，2010, p.258；本書第7講も参照）。もちろん，厳密に言えば，学校教育の一環として実施されてきた運動部活動の指導者と，民間のクラブ等におけるスポーツ指導者は，必ずしもイコールではない。しかし，少なくとも，運動部活動が競技スポーツをその中心的活動内容とし，そのため指導者にもスポーツの指導が求められているという点では，この2つの指導者の役割には，かなりの程度の重複を認めることができるであろう。したがって，本講では運動部活動の指導者も，スポーツ指導者に含めて考えていくこととしたい。

　このような保健体育教師とスポーツ指導者の混同の例は，上に示した学生の志望動機以外にもいくつか指摘することができる。たとえば，公立の中学校や高等学校では，運動部活動における種目ごとの指導者のバランスに配慮した人事異動がなされていると思われるケースがよく見られる。具体的には，ある学校からバスケットボール部の指導をしていた保健体育教師が異動すると，バスケットボール部を指導する別の保健体育教師が異動してくる，といったケースなどがある。また，通常は保健体育教師の新規採用がほとんどない都道府県において，国民体育大会（2023年より国民スポーツ大会に改称）に向けて一時的に採用が増加する現象も，間接的に，保健体育教師とスポーツ指導者の混同を象徴していると言える。

　これらの例からも明らかなように，保健体育教師は，運動部活動を含めたスポーツの実践や指導という営みと密接にかかわるものとして，より現実に即して言えば，ほとんど同じものとして，一般的には理解されている。では，なぜ保健体育教師とスポーツ指導者は，そのように混同されるのだろうか。次に，その理由を考えてみたい。

2　なぜ混同されるのか

(1) コーチ的体育教師像と「体育教師らしさ」

　混同の理由として，まずは，保健体育教師とスポーツ指導者が似ているからである，という点が挙げられる。このことは，たとえば「コーチ的体育教師像」（坂本，2013，p.507）という言葉に象徴的に示されている。この言葉が示唆するように，これまで保健体育教師は，スポーツの「コーチ＝指導者」のような存在として認識されてきたのである。このことを裏づけるように，大学生を対象にした過去のアンケート調査においても，保健体育教師を「スポーツマン」（中井ほか，1995，p.133）として認識している傾向のあることが実際に示されている。

　そのような保健体育教師についてのイメージは，これまで「体育教師らしさ」や「体育教師像」として論じられてきた（本書第3講参照）。それらは，体育教師に特有の言動や振る舞いに対して，生徒や他教科の教師，さらには保護者をも含めて，私たちの社会が有するイメージである。したがって，上述の混同は，保健体育教師についてのそのイメージが，スポーツ指導者についてのイメージと重なっていることを示唆していると考えることができるだろう。

　この「体育教師らしさ」という視点は，保健体育教師に関するいくつかの問題を私たちに提示している。たとえば，「体育教師らしさ」を身につけているのは，必ずしも保健体育教師だけでなく，他教科の教師の中にもそのような者がいる場合がある。つまり，「体育教師らしい」数学の教師や英語の教師が存在するということである。また，その「体育教師らしさ」が，決して体育の授業で身につけられたものではないという点を指摘することもできる。それもそのはずで，もし体育の授業でそれが身につくのであれば，日本においては，学校教育を受けたほぼ全員が「体育教師らしさ」を身につけていることになってしまう。もちろん，そのようなことは現実に起きてはいないだろう。だとすると，その「体育教師らしさ」は，一体どこで，どのようにして身につくのであろうか。

(2) 運動部活動という原体験

　この問いについては，「体育教師らしさ」が運動部活動において身につけられているということが指摘されている（坂本，2013，p.515）。確かに，保健体育教師の多くは，自身が中学生や高校生であった際に運動部活動を経験していると思われる。この点は，先に指摘した保健体育教師を目指す学生の志望理由

の問題とも密接に関連している。

　このように，保健体育教師に特有の言動や振る舞いである「体育教師らしさ」が運動部活動において身につくと考えると，それが他教科の教師にも共有されている場合があることや，体育授業を受けた生徒全員が身につけているわけではないということについても，その理由を整合的に理解することができる。これらのことからもわかるように，「体育教師らしさ」は，運動部活動という場において，様々な経験を共有した者が身につけているものであると考えられるだろう。

　以上のような「体育教師らしさ」についての理解は，保健体育教師についてのさらなる問いを提起する。たとえば，本来「運動部活動の指導者らしさ」とも呼ばれるべき事柄を，なぜ私たちは「体育教師らしさ」と呼んでいるのだろうか。ここには，スポーツ活動を中心とする運動部活動と保健体育という教科との混同がまさに現れている。また，このことが提起するもう1つの問いは，「体育教師らしさ」の形成や変容に対して，保健体育教師の教員養成課程はこれまでどのようにかかわってきたのか，さらには，これからどのようにかかわっていくことができるのか，という問いである。これらの点も，重要な論点であると考えられる。

　いずれにしても，多くの保健体育教師が，運動部活動という原体験を共有する中で，「体育教師らしさ」が形作られ継承されてきたことは1つの事実である。したがって，保健体育教師とスポーツ指導者それぞれのイメージが，この運動部活動という原体験において交差し重なり合っていることを，私たちはまず認識する必要がある。その運動部活動という存在こそが，保健体育教師とスポーツ指導者の混同を生み出す，1つの源となっているのである。

　ところで，そのように保健体育教師とスポーツ指導者が混同されることには，一体どのような問題があるのだろうか。第1節で指摘したこの2つ目の論点を，次に確認したい。

3　混同されることの問題とは何か

(1) 何が見落とされ，忘れられるのか：専門性の問題

　先ほど挙げたLとRの発音の例を，再び手がかりにしてみたい。英語によるスピーキングやリスニングにおいて，LとRの発音の違いが区別できないことは，それぞれに求められる口の形や舌の位置などといった，特徴的な事柄が理解されていない状態を意味している。ということは，保健体育教師とスポー

指導者の区別が適切にできないということもまた，それぞれに特徴的な事柄が理解されていない状態を意味していることになる。

　そのような保健体育教師に特徴的な事柄とは，「専門性」と呼ばれるものであろう。一般的にそれは，たとえば他教科の教師との比較において，「保健体育教師ならでは」の役割や仕事を指し示すものである（本書第1講参照）。

　この点を踏まえると，保健体育教師とスポーツ指導者を混同することの問題は，私たちが「保健体育教師の専門性」を「スポーツ指導者の専門性」と区別できなくなる，もしくは，既に区別できていないことにあると言える。つまり，その混同は，保健体育教師の専門性を私たちが見落とし，さらには忘れていくことにつながっているのである。

　たとえば，過去にスポーツをしていた経験のある人ならば，誰でも保健体育の授業もできるという認識は，このような混同から派生していると言える。しかし，そのような認識をもし許容した場合，私たちが学ぶ保健体育には特に専門性もなく，それゆえそこまでの意義や価値もないということになるだろう。もちろん，そうではないはずである。そのことを示すためには，その専門性が一体何を意味するのかを考えなければならない。

(2) 保健体育と「身体の教育」

　スポーツ指導者とは異なる，保健体育教師の専門性を考えるためには，その前提として，体育とスポーツという2つの概念の違いに着目する必要がある。体育という概念が，明治期にPhysical Educationの訳語として成立したことは広く知られている。そこから現在までの過程で，この体育という語は，一般的には学校教育における一教科の名称として認識されるようになったと言える。より具体的に言えば，それは国数英理社のいわゆる主要5教科とは異なった，音美体などと呼ばれる実技教科に分類されるものである。

　さらに，体育という概念には，この教科名とは異なる，もう1つのより普遍的な意味が指摘されている。それは，私たち人間が生まれてから，言葉ではなく身体で行為し，身体で他者とかかわりながら成長していく過程全体に働きかけることを，「身体の教育」として捉える見方である。体育哲学の研究者である滝沢（2008）は，この「身体の教育」という視点が教科としての体育に必要であると述べている。彼によれば，この「身体の教育」は，「健康についての教育ともスポーツ技術の伝達とも」異なり，生徒の身体を変容することによって，彼らの「生活を豊かにする可能性を拡げるもの」である（滝沢, 2008, p.8）。

　この2つ目の体育の捉え方は，本講の議論において特に重要である。なぜな

ら，その捉え方は，学校教育という文脈にとどまらず，それを含んだより広い文脈において，体育を理解することを可能にするからである。つまり，体育は，学校の教科に限定されるものではなく，より普遍的な「身体の教育」という人間の教育的営みとして理解されるのである。

(3) スポーツという文化

　これに対して，スポーツという概念についての私たちの理解の仕方には，注意が必要である。なぜなら，日本におけるスポーツは，その歴史的な過程からも，学校教育と深く結びついてきたからである。たとえば，今日では社会的に広く人気を博している野球やサッカーといったスポーツも，日本に紹介された当初は旧制第一高等学校や高等師範学校において盛り上がりを見せ，その後，各所へ普及していった。また，そのような学校教育とスポーツとの密接な関係は，現在まで課外スポーツ活動である運動部活動が学校教育の一環とされてきたことにも，受け継がれていると見ることができるだろう。

　しかし，そのような学校教育との結びつきは，実際のところ，日本に特殊なスポーツの在り方である（中澤, 2014）。むしろ，スポーツそのものは，必ずしも学校や教育と結びつく必然性を有しているわけではない。より正確に言えば，スポーツは，人間がその歴史の中で生み出しつくり上げてきた1つの文化である，という理解が，今日の共通の認識であろう。だからこそ，たとえばUNESCOが提唱し，その後，日本でも「スポーツ基本法」において定められたように，スポーツをする権利が基本的人権の1つと認められることにもなっているわけである。

(4) 体育とスポーツの差異

　いずれにしても，日本では学校教育に深く結びついているスポーツも，より広い視野の下では，必ずしも教育にかかわるわけではないと言える。むしろ，それは1つの文化として認識されている，もしくは，認識するべきなのである。そして，そのような体育とスポーツの区別，すなわち，それが身体の教育なのか文化なのかという区別が，保健体育教師とスポーツ指導者の差異を考えるための，前提にある。つまり，保健体育教師は「身体の教育」を担う者であるのに対して，スポーツ指導者はスポーツという文化の指導を担う者と，ひとまず定義することができる。

　ただし，ここで注意が必要なことは，この「指導」という言葉に，教育というニュアンスが少なからず含まれている点である。たとえば，「生徒指導」や「学

級指導」のような言葉は，今日でも学校現場で日常的に用いられている。これらの言葉が用いられる場合，教育と指導とは，かなりの程度重なった意味を有していると考えられる。このような点にも，保健体育教師とスポーツ指導者の違いが，私たちにとって明確ではないことの一因があるとも言えよう。

(5)「指導」と「コーチング」

　また，この「指導」という概念に関連して，1つの問題提起をしておきたい。昨今，特にスポーツの文脈では，指導ではなく「コーチング」という言葉を用いる傾向が強いようである。この指導とコーチングという2つの言葉には，いくらかのニュアンスの違いを認めることができる。

　たとえば，先に挙げた生徒指導という言葉に付加されているような，ある種の強制性は，コーチングという語ではいくらか薄められているように感じられる。むしろ，その語源が馬車にあるという「一定のイメージ」(佐良土, 2021, p.47)が広まっている現在では，強制性とは反対の伴走者のようなイメージが想起されているのかもしれない。

　確かに，私たち人間は，言葉によって世界を切り取り，言葉によって世界の見方を変えることができる。その意味では，「スポーツ指導」を「スポーツコーチング」と呼ぶようになることは，そこで指示される対象を，これまでとは異なったものとして認識することを可能にするかもしれない。

　しかし，同時に注意が必要なことは，そのように呼び方を変えることによって，その対象のすべてが変わっているわけではない，という点である。なぜなら，今日のスポーツコーチングにおいても，スポーツ指導と呼ばれていた時に行われていたことと共通している要素は確実に残っているはずだからである。それゆえ，その呼び方の変更の背景に何が隠されているのかを見つめ，探求することもまた，今後の1つの大きな課題と言える。

　このことは，私たちのテーマである保健体育についても同様に指摘できる。たとえば，指導という言葉の代わりに「支援」等の言葉が用いられるようになることによって，体育授業やそれについての私たちの見方の何が変わり，何が変わらないのかを考えることも必要になるであろう。

4　身体の教育とスポーツ指導の「はざま」に生きる保健体育教師

(1) 身体の教育を担う者としての保健体育教師

　前節において確認した体育とスポーツの差異を踏まえると，学校教育における保健体育の役割もまた，生徒の身体を教育することであると考えることができる。つまり，身体の教育としての保健体育においては，スポーツ文化の指導や伝承ではなく，あくまでも，生徒の身体の変容に対する働きかけ，すなわち，その身体を変えることが最重要課題になるということである。そして，だからこそ，その体育授業を実践する保健体育教師は，他でもなく身体の教育を担う者なのである。ここに，スポーツ指導者との本質的な差異を指摘することができる。

　このように，保健体育教師の役割について，身体の教育という側面を強調することには，どのような意味があるのだろうか。このことは，たとえば1998 (平成10) 年以降，体育授業に「体ほぐしの運動」が導入された背景とも深く関係している。つまり，それまでスポーツ教材が中心，というかほぼすべてであった体育授業において，スポーツ文化だけではなく，むしろ，他者とじかに触れ合う活動などを通して，生徒が自身や他者の身体に注目することの重要性が，そこで強調されたわけである。したがって，「体ほぐしの運動」が体育授業に導入されたその理念的な背景には，保健体育教師の本質的な役割として，身体の教育が——自覚されていたか否かを問わず——期待されていたと言うことができる。

　このように，保健体育教師が身体の教育の担い手であるということは，やはり，スポーツ指導者と明らかに異なる点である。このような視点から展開される保健体育教師論において，スポーツは，あくまでも身体の教育のための1つの教材である。それゆえ，保健体育教師の専門性とは，そのようなスポーツなどの教材を通して，生徒の身体を豊かに育むことにあると言える。

　とはいえ，実際には，いまだに体育授業の中心的教材がスポーツ種目であることは，学習指導要領を見ても，また現実の体育授業を見ても明らかではないだろうか。本講の最後に，この点について考えてみたい。

(2)「身体の教育を基盤としたスポーツ指導」という実践的解釈の可能性

　本講において論じてきたように，保健体育教師とスポーツ指導者とは，本来まったく異なる役割を担っている。すなわち，保健体育教師が身体の教育の専

図2-1　身体の教育を基盤としたスポーツ指導のイメージ

門家であるのに対して，スポーツ指導者はスポーツ文化の指導の専門家である。しかし，現実の体育授業に目を向けてみると，その区別は必ずしも明確ではなく，むしろ，そのように区別することの困難さが理解される。だとすると，この困難さを，どのように捉え，解釈していくことが私たちには求められるのだろうか。

　その1つの可能性として，身体の教育とスポーツ指導を対立項として捉えるのではなく，むしろ，保健体育教師の役割を重層的に構成するものとして捉えることが考えられるだろう（図2-1）。本講でも強調したように，保健体育教師の本質的な専門性は，身体の教育を担うことにある。その意味において，保健体育教師の役割の基盤には，身体の教育という行為が位置づかなければならない。そして，その土台の上に，スポーツ指導に関する様々な事柄が接続することによって，保健体育教師が担う役割を，現実的に理解することが可能になる。改めて強調すると，この身体の教育という土台の存在こそが，保健体育教師とスポーツ指導者との違いを明確にするものである。それはつまり，保健体育教師に求められる根本的かつ本質的な事柄なのである。

　逆に言えば，この身体の教育という意図なくしては，体育授業は，いつでも単なるスポーツ指導に陥る可能性を有している。だからこそ，本講でも指摘したように，保健体育教師とスポーツ指導者の混同は日常的に起きうる問題なのである。しかし，私たちが保健体育という教科の意義を認め，その実践を担う保健体育教師になろうとするならば，この点を決して忘れてはならないだろう。そうして初めて，保健体育教師は，スポーツ指導者とは異なる専門性を有した存在として，生徒の前に立つことができるのである。

[文献]

久保正秋（2010）体育・スポーツの哲学的見方．東海大学出版会．

中井隆司・高橋健夫・岡沢祥訓（1996）体育教師のイメージに関する研究：特に，大学生の中学・高校時代の体育教師に対する回顧的分析を通して．スポーツ教育学研究，16（2）：125-135．

中澤篤史（2014）運動部活動の戦後と現在：なぜスポーツは学校教育に結び付けられるのか．青弓社．

坂本拓弥（2013）「体育教師らしさ」を担う身体文化の形成過程：体育教師の身体論序説．体育学研究，58：505-521．

佐良土茂樹（2021）コーチングの哲学：スポーツと美徳．青土社．

滝沢文雄（2008）［からだ］の教育．体育・スポーツ哲学研究，30：1-10．

■第3講

[小松恒誠]

日本の保健体育教師はどのように変わってきたか

概要●本講では，学制の時代から現代に至るまでの150年以上にわたる体育の歴史的変遷を概観しつつ，その中で体育教師像がいかに変化してきたのかを，戦前と戦後という大まかな時代区分に基づいて素描する。

1　体育教師像とは何か

　本講の対象である体育教師像とは，体育教師に対する一般的なイメージであり，生徒や保護者，他教科の教師，マスメディア，一般社会などの体育教師をとりまく周辺からの「体育教師への役割期待が込められた共通的イメージ」(沢田，2001，p.205) を内包する，ある種の偏見やステレオタイプを含んでいる言葉である。また，それは体育教師が「役割期待」に応える過程で形成される体育教師特有の思考様式や行動様式を意味する場合もある。

　体育教師像の歴史的変遷を描くということは，体育教師が置かれた時代状況やそこで求められた役割，体育教師がそれにどう応えたのかということを理解しようとする営為とも言える。近年，戦後の体育教師像を規定する大きな要素である運動部活動の地域移行が進められているが，今後の体育教師像がどのように変化していくのかを見通すには，まずこれまでの足跡を辿る必要があるだろう。

2　戦前における体育教師像

(1)「体操教師＝軍人」というイメージの定着

　わが国における学校教育は1872（明治5）年の学制発布に始まるが，こんにちにおける教科としての「体育」は，当初はその名称が「体術」とされ，その

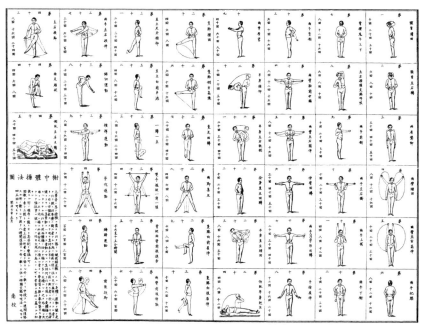

（出典：竹之下休蔵，1950，付録）

図3-1　榭中体操法図（1872年）

　後に「体操」，「体錬」を経て，アジア・太平洋戦争敗戦後の学制改革によって
現在の名称が与えられた。文部省は1873（明治6）年に体操科の指導書として
「榭中体操法図」（図3-1），「東京師範学校体操図」を指定し，ここで初めて体
操科の具体的な教材が示された。そこには，徒手体操や散歩などの国民の健康
な身体づくりを目的とした普通体操が取り上げられている。

　さらに，1878（明治11）年に文部省は体操法の研究と体操教員の養成を目
的とした体操伝習所を設立し，外国人講師としてリーランド（G. A. Leland,
1850-1924）を招聘した。日本では幕末期から「列強国の軍事的圧力とそれに
対応する日本の軍制改革とに関連して」，「気をつけ」，「前へならえ」，「行進」
などの軍隊式の規律訓練を内容とする兵式体操に教育的価値が見出されていた
（竹之下・岸野，1959，p.6）。リーランドは兵式体操の体操科への導入には否定
的で，健康増進を目的とする普通体操の普及を説いた。そのため，体操伝習所
では学校と軍隊の役割を明確に区別した上で当初は普通体操の教員が養成され
ていた（大熊，2001）。

　しかし，体操伝習所の方針とは反対に，文部省は当初から普通体操だけでな

く，兵式体操の採用をも意図していた（木下，2015，p.48）。初代文部大臣の森有礼（1847-1889）は，学校体育への兵式体操導入の必要性を訴え，国家に従順な身体を備えた国民づくりを体育に要請した。それまでの体育は普通体操による「身体の教育」のみを目的としていたが，森はむしろ「運動を手段とした心身の教育」として体育を捉えており，体操教師には兵式体操を通した学生への心身の規律化や皇国主義的な立場からの精神教育を期待したのである（森田，1995）。1886（明治19）年の学校令では，文部省の意図が反映され，小学校から中学校，師範学校における体操科には兵式体操が教材として加えられている。

　そして，学校令における兵式体操の導入に対応して，陸軍の士官・下士官には無試験での兵式体操教員免許状取得が認められるようになった。その結果，1924（大正13）年の文部省の調査によれば，中学校の体操科教員全体のおよそ半数が陸軍出身者となっている（文部省学校衛生課体育運動掛，1924）。このような「教職教養の欠除した，兵式体操という技術のみを教える，軍人あがりの体操教員を大量に生み出す措置が講ぜられたことは，その後の学校体育の性格を決定づける重大な措置であった」（中村，1982，p.109）。この措置を契機として，「体操教師＝軍人」というイメージが定着していくこととなる。

(2)「ある体操教師の死」に描かれた体育教師像

　1922（大正11）年に自らの学生生活を題材にした藤森成吉（1892-1977）の短編小説『ある体操教師の死』には，当時の典型的な「体操教師＝軍人」というイメージが次のように描かれている。

　　体操教師は「服装なぞは少しも構わずに，始終まるで軍人でも着るようなごしごしししたカアキイ色の詰め襟を着ていた。そういう風采に加えて，先生には何の学問の背景もなかった」し，「給料は職員じゅうで一番低かった」。「一口に言えば，その旧い精神によって自分が教え込まれたと同じように，先生はあくまでも生徒を厳格に，規律的に，軍隊式に叩きあげるつもり」で，「一時間必ずきっちり，どうかもすればベルが鳴っても，まだ教練*1をつづけた」。教師に従わない生徒には，履物を脱がせ裸足にして，「学校の門前へ連れて行って，そこから町の方へ向かって二町ばかりも一面ぶっかきの小石を敷き

＊1　1913（大正2）年に，日本で初めて体育の内容を体系的に示した「学校体操教授要目」（現在の学習指導要領に相当）が制定され，兵式体操は「教練」と改称されている。従来の兵式体操と同様に，軍隊式の規律訓練を目的とした領域である。

つめた道路の上を，号令で駆け足させた，一遍どころか，二度でも三度でも駆けさせた，自分は一列のあとへくっついて，どんなにみんな痛がろうとも，決して列のそとへ脱けさせなかった」。そして，時には「直接の手段に訴えた，頬を掌ではたきつけた」こともあった。

　戦前の体育教師像が語られる場合，小説で描かれた規律主義，精神主義的性格や暴力的，教養の欠落といった否定的なイメージがステレオタイプ的に強調された。さらに言えば，体操教師は人間を育てる教育家というよりは，運動技術を伝えるだけの運動家に過ぎないとする見方もあった。したがって，「一般通念としても，体育教師の社会的位置は，すくなくとも他教科の教師のそれにくらべて，いちだん低くみられるのがふつうであった」（近藤，1975，p.19）。
　こうした状況は明治期から早くも問題視され，文部省は1901（明治34）年に軍人出身者が無試験で体操教員免許を取得できる優遇措置を廃止している。その結果，軍人出身者が体操教師となる割合は減少し，その代わりを担ったのが日本体育会体操学校（現在の日本体育大学）の卒業生であった（中村，1983）。つまり，日本体育会体操学校の教育課程で一定の教職教養を身につけた体操教師が数多く輩出される状況が生じていた。
　さらに，1913（大正2）年には，日本で初めて体育の内容を体系的に示した「学校体操教授要目」（現在の学習指導要領に相当。以下，要目）が制定され，体操科の教材として「遊戯」「撃剣及柔術」が示された（図3-2）ことも体育教師像に変化をもたらしている。「遊戯」では運動遊び，スポーツやダンス，「撃剣及柔術」では柔道や剣道などの武道が教材とされている。明治期に「体操教師＝軍人」が定着を見せた一方で，大正から昭和初期にかけては西欧からの自由主義的・児童中心主義的な教育思想の流入やスポーツの大衆化が進んだことによっ

（出典：成田十次郎編，1988年，pp.82-83）

図3-2　「体操」（左）・「遊戯」（右）の授業

(出典：成田十次郎編，1988年，p.85〈左図〉，「学徒体育」2巻5号，1942，口絵〈右図〉)

図3-3　小学校（左）・中学校（右）における教練

て，小学校や女学校を中心に「遊戯」の研究が盛んになっており，また，日本
体育会体操学校卒業生を中心とした学生時代にスポーツや武道に打ち込んでき
た教師の増加に伴い，スポーツマンタイプや武道家タイプの体操教師が現れ，
体育教師像は多様化しつつあった（小村ほか，1973）。

　しかし，上で示した1924年の文部省の調査に見られるように，優遇措置の
廃止以降も中等教育学校における体操教師の大半は軍人出身者で占められてお
り，「体操教師＝軍人」というイメージが払拭されることはなかった。さらに，
1931（昭和6）年の満州事変，1937（昭和12）年の盧溝橋事件を契機とした日
中戦争の勃発を受けて，日本社会が総力戦体制へと急速に移行する中で，
1941（昭和16）年の国民学校令，1943（昭和18）年の中等学校令によって「体
操科」から「体錬科」へと教科名が変更され，国防力向上のための基礎体力の
育成と軍事訓練に重点が置かれるようになる。

　そこでは「教練」の内容が著しく増加し，国民学校においては「銃剣術」が
追加され，人を殺めるための戦闘技術が子供たちに指導された（図3-3）。中等
学校においては，軍事色の濃い教科内容の改編に加えて，課外における学生自
治によるスポーツ活動も統制を受け，学生は射撃や銃剣道などの戦技訓練や軍
事物資増産のための勤労奉仕へと動員され，学生スポーツは事実上の停止に追
い込まれている。こうした状況の中で，出自の上では少なからず多様化を見せ
ていた体操教師ではあったが，積極的にしろ，消極的にしろ，時局に迎合しな
がら軍隊的な規律訓練や戦技訓練を学徒たちへ課し，学校と戦場をつなぐ役割
を担ったのである。

3　戦後における体育教師像

(1)「教育家としての体育教師像」の追究

　1945（昭和20）年8月15日，日本はポツダム宣言を受諾し，15年にも及んだアジア・太平洋戦争は敗戦という結末を迎えた。連合国軍総司令部（GHQ）の占領政策の下で学校体育においては教練をはじめとした軍隊式の規律訓練の排除が要請されると共に，戦後の民主主義社会を担う民主的人間形成がその主要な目的とされた。

　そして，1947（昭和22）年8月に文部省は「学校体育指導要綱」を公表し，戦後の体育の在り方が示された。そこでは，戦時中の体育指導が教練を通して教師への絶対服従を子供に強制したのに対して，子供の自主性や自発性が重視され，スポーツが体育の中心的な教科内容に位置づけられている。これ以降，現代に至るまで体育はスポーツを通して子供の健全な発育・発達，人格形成を図るとともに，スポーツそれ自体の文化的価値を学習する場として再構成されていくこととなる。しかし，こうした体育の転換が，それを指導する立場にある体育教師像を即座に変容させたわけではない。

　敗戦直後にあっては，民主主義的な体育理念が声高に謳われたとしても，国家主義的で教師中心の体育に慣れきった体育教師たちにとって頭の切り替えは容易ではなかった。戦前のような教師の号令による一斉指導の授業は「軍国主義」として占領軍から指導の対象とされたため，子供の自主性・主体性を尊重するという名目の下，「すべてを子どもたちにまかせて職員室にかえり，終わりを告げる鐘の音を待つ」教師の姿は，「その状況の中で無難な対応策の代表例であった」（宇土，1993，p.10）。

　戦後における体育教師像の形成を考える上で，民主主義的でスポーツ中心の体育への転換ということとあわせて，教員養成・免許制度の改革は重要である。1949（昭和24）年9月に教育職員免許法が制定され，教員養成はすべて大学教育において行われることとなった。戦前の体操教師は他教科と比べて資格取得の要件が緩やかであったが，この免許法の制定によって他教科との間に差がなくなった。したがって，新制大学の下で教職教養及び体育・スポーツに関する科学的教養を身につけた体育教師が輩出されることとなり，戦前に定着していたネガティブな体育教師像の払拭が目指された。

　1951（昭和26）年の保健体育審議会の答申では「保健体育教師の養成」について，「体育の教師を肉体労働者もしくは単なる運動技術家であるとするような思想は，徹底的に排除されなければならない。体育教師は教師であり，教

育家でなければならない。この意味では，優れた保健体育教師を養成すること
について深い考慮がはらわれ，質と量との両面から慎重にその対策を講じられ
るべきである」ことが主張されている（文部省，1951）。戦前の「単なる運動
技術家」としての体育教師を脱し，「教育家としての体育教師」，すなわち「専
門家としての体育教師」を確立することは，他教科に比して劣位に位置づけら
れていた体育にとっては教員養成上の重要課題であった。したがって，これ以
降，専門家としての体育教師のあるべき姿を追究する体育教師論研究や体育教
師に求められる専門的力量に関する研究が展開を見せ始めている。

　また，戦後体育の民主化を目指す中で，戦争のために教育を行い，子供を戦
場へ送り出してきたことに対する反省から，政府が示す学習指導要領を盲信せ
ず常に批判的に捉えながら，教師による自主的な体育授業研究を推進する民間
教育研究団体がこの時期に次々と創設されている[*2]。教師と研究者が，政府か
ら独立して自由な発想で体育の在り方を構想し，そこでの研究成果は戦後体育
の展開に大きな影響をもたらしている。

　以上のような教員養成・免許状制度の改革やそれに伴う体育教師論研究の進
展，自主的な体育授業研究のつみかさねは，戦後長い時をかけながら体育教師
像に変化をもたらしている。時代は下って，1989（平成元）年に大学生を対象
に実施された「体育教師のイメージに関する研究」（中井ほか，1996, p.133）で，
学生は中学校・高校時代の体育教師を「スポーツマン」として捉えており，「丈
夫で，精神力があり，スポーツに関わった能力のみならず，幅広い教養を持っ
たすぐれたスペシャリストで，授業では運動の楽しさなどの情意面に焦点をお
いて計画的かつ熱心に指導する人であるが，信頼感や思いやりに欠け，生活指
導面での厳しい恐い存在である」ことが明らかにされている。

　かつてのネガティブな体育教師像が，「体育教師＝スポーツマン」としてか
なり好意的なイメージへと変容していることがわかる。このことは，保守的な
存在として語られがちな体育教師ではあるが，戦後に掲げられた体育理念を着
実に実践してきたことの証左と言えるのではないだろうか。

(2) ネガティブな体育教師像の再生産

　体育教師に対する好意的なイメージが形成されてきた一方で，戦後の体育教
師像には野蛮で権威主義的であるというネガティブなイメージが常につきま
とってきたことは多方から指摘されるところである（前田，1975；森川，

[*2]　代表的な体育の民間教育研究団体として「学校体育研究同志会」（1955年創設），「教育科学研
究会・身体の教育部会」（1956年創設），「全国体育学習研究会」（1957年創設）が挙げられる。

1989；佐伯，1992；坂本，2022）。こうしたイメージは，戦前の兵式体操や教練を彷彿とさせる集団行動や規律訓練的な指導が戦後の体育に残存してきたことや，運動部活動において体育教師によるしごきや暴力的指導といったあたかも軍隊での訓練と見紛うような指導が繰り返されてきたことに起因する。したがって，戦後の体育教師にまとわりつくネガティブなイメージは，戦前の軍人的体育教師像と重ね合わせられながら，それとの共通性が批判的に指摘されている。

　いわゆるヤンキーや不良少年といった荒れる生徒たちが出現し，校内暴力や暴走行為が社会問題化していた1980年代においては，学校における生徒の管理及び更生に関する社会的要請の高まりを背景に，体育教師の「暴力的で威圧的，支配的な近寄りがたい権威主義者のイメージ」（佐伯，1992，p.260）には一定の正当性が賦与されていた。当時のテレビドラマでは，運動部活動を舞台にしながら，時には暴力をも辞さない厳しい指導によって不良少年たちを更生へと導く「熱血漢で，親和的な人間関係を深め，自己犠牲をいとわず，子どもと一緒に泣き笑いする人格主義者」（佐伯，1992，p.260）として体育教師が描かれており，その暴力性が社会的に受け入れられていたことがわかる。この時期以降，生徒指導・管理は体育教師の役割として定着し，上述の「生活指導面での厳しい恐い」体育教師像が形成されることとなる。

　また，このような体育教師像は，小学校から高校までの体育授業や大学における教員養成課程での学びや経験よりも，運動部活動での経験に影響を受けながら生み出されてきたと言われている（沢田，2001；坂本，2013，2022）。厳しい上下関係の中で部員間・部活間での競争に常にさらされ，その結果が進学や就職を左右する特殊状況において，「暴力的」で「規律主義」，「権威主義」，「厳しい恐い存在」あるいは「スポーツバカ」といった言葉に象徴されるネガティブな体育教師像が再生産され続けてきたのである。

　筆者が教員養成課程の授業で体育教師を志す大学生たちに当時のテレビドラマを紹介すると，学生たちは「こんな時代があったのか」と興味をもって見始めるが，そのうちに体育教師の熱血指導やそれを受容する生徒，保護者に対して明らかな嫌悪感を示したり，現代的な価値観との乖離から「笑い」が起こったりする。しかし，坂本（2013）が指摘するように，私たち自身も無意識のうちに運動部活動での経験を通してネガティブなイメージを引き起こす「体育教師らしさ」が身体化されていることを自覚する必要がある。戦後80年を迎えようとしている現代においても時代錯誤的な暴力的指導が運動部活動の場で繰り返されていることは，ネガティブな体育教師像を再生産するメカニズムがい

かに強固なものであるかを物語っている。

　また，ここで注意しなければならないのは，そのメカニズムが維持されてきた背景には，ネガティブな体育教師像に対して無自覚な，あるいは，自覚しながらもそこに安住しようとする体育教師自身の姿勢のみならず，そのような体育教師像を是認してきた日本社会の在り方，すなわち，体育・スポーツの場において「他者の心身を痛めつける蛮行があっても，それを『愛の鞭』といった解釈で野蛮な行為とは捉えないような社会の成熟度」（鈴木，2020，p.218）が深くかかわっているということである。したがって，ネガティブな体育教師像が再生産される状況を変革するためには，体育教師の専門性向上や適切な指導方法の普及に加え，社会全体の理解や関心の向上も必要であり，学校，保護者，地域社会が連携し，体育・スポーツにおける健全な指導環境を構築していくことが求められるのである。

4　体育教師像展望

　最後に，現在進行形で進められている運動部活動の地域移行が体育教師像にどのような変化をもたらすのかについて若干の私見を述べてこの講を閉じたい。

　体育教師像の歴史的変遷を概観すると，その時代に求められた役割に応じて変化してきた側面と時代的状況の変化や軍隊・運動部活動といった出自の違いにもかかわらず変化しない側面を有していたことがわかる。現代の教科体育には，「生涯にわたってスポーツに親しむ資質能力」や「AIやIT技術の発達に伴う社会変化に対応する人材」の育成，「運動習慣・能力の二極化への対応」，「障がい，ジェンダー，性別，人種などの視点から多様性へ配慮したインクルーシブ教育」や「ICT教育」の充実，「スポーツへの多様な関わり方の学習機会の保障」など，様々な教育課題への対応が要請されており，これまで以上に「教科指導の専門家」としての力量形成が重要となる。運動部活動の指導に傾倒し，体育授業の指導に対する職業的社会化が停滞する傾向が指摘されている体育教師像の修正は喫緊の課題である（沢田，2001；久保，2002；須甲・四方田，2013）。

　そうした観点からすれば，このまま運動部活動の地域移行が進み，学校教育と運動部活動が切り離された場合に，学校においては体育教師に対する「教科指導の専門家」としての役割期待は相対的に大きくなるだろう。したがって，運動部活動からの解放は，体育教師あるいは体育教師を志す学生が教員養成課程での学びや教員研修，自主的な授業研究の機会をこれまで以上に重要なもの

として認識する契機となり，体育教師像にポジティブな変容をもたらしうる可能性がある。

　翻って，体育教師像の不変的な側面が維持される背景として「社会の成熟度」の問題が指摘されたことを踏まえると，たとえ運動部活動が地域へ移行したとしても，その受け皿はそれまでネガティブな体育教師像を許容してきた「日本社会」であることに変わりはない。つまり，その体育教師像を再生産してきたメカニズムは，学校の手を離れ「日本社会」の中で維持される可能性が高いように思われる。

　また，現実的にはこれまで体育教師が地域の競技連盟でも一定の役割を果たしてきたことや，運動部活動の地域移行を支える人材が結局のところ教員に限られる地域が多く，「地域部活動」での兼職兼業を推進する形で子供のスポーツ活動を支えている現状を踏まえれば，果たして体育教師が「教科指導の専門家」としての役割に専念できるかどうかは疑わしい。むしろ，「地域部活動」での指導に金銭的報酬が発生することによって，「教科指導の専門家」としての役割意識がさらに薄まる危険性すらあるのではないだろうか。

　ややネガティブな展望となってしまったが，否が応でも運動部活動の地域移行によってもたらされる変化は体育教師にいくつもの挑戦をもたらすだろう。地域社会と連携しながらこれらの課題に立ち向かい，子供たちにとってよりよいスポーツ環境を主体的に創造することは，われわれ体育教師の果たすべき現代的役割であり，それを担うにふさわしい体育教師像を創出しなければならない。

［文献］
藤森成吉（1922）ある体操教師の死．現代日本文学全集 第47巻．改造社，pp.425-430．
木下秀明（2015）体操の日本近代史．不昧堂出版．
小村渡岐麿・古谷嘉邦・井上一男（1973）体育教師像についての一考察．東海大学紀要，3：13-19．
小村渡岐麿・古谷嘉邦・井上一男（1974）戦後における体育教師像についての一考察．東海大学紀要，4：13-19．
近藤義忠（1975）体育教師の歴史．前田幹夫・森昭三編，保健・体育科教育の教師論．日本体育社，pp.17-32．
久保正秋（2002）「教師」か，「コーチ」か：「運動部活動の指導」と「コーチング」の問題点．体育学研究，47：485-490．
前田幹夫（1975）新しい体育教師像を求めて．前田幹夫・森昭三編，保健・体育科教育の教師論．日本体育社，pp.71-86．
文部省学校衛生課体育運動掛（1924）体操科担任教員に関する調査．帝国教育，508：54-62．

文部省（1913）学校体操教授要目．東京宝文館．

文部省（1951）保健体育ならびにレクリエーションの振興方策について（答申）．文部科学省HP（国立国会図書館インターネット資料収集保存事業（WARP）．https://warp.ndl.go.jp/info:ndljp/pid/283151/www.mext.go.jp/b_menu/shingi/12/hoken/index.htm　2023/5/29取得）．

森川貞夫（1989）「なぜ体育教師は暴力／体罰教師になるのか」という声に対して．日本体育学会，第40回大会号：453．

森田信博（1995）「体育」概念の形成過程について．秋田大学教育学部研究紀要 教育科学部門，48：61-71．

中井隆司・高橋健夫・岡沢祥訓（1996）体育教師のイメージに関する研究：特に，大学生の中学・高校時代の体育教師に対する回顧的分析を通して．スポーツ教育学研究，16（2）：125-135．

中村民雄（1982）明治期における体操教員資格制度の研究．福島大学教育学部論集 教育・心理部門，34：107-117．

中村民雄（1983）明治期における体操教員資格制度の研究（二）．福島大学教育学部論集 教育・心理部門，35：129-138．

成田十次郎編（1988）スポーツと教育の歴史．不昧堂出版．

大熊廣明（2001）わが国学校体育の成立と再編における兵式体操・教練採用の意味：明治・大正期を中心として．筑波大学体育科学系紀要，24：57-70．

佐伯年詩雄（1992）二一世紀の体育教師像：どこから，どこへ．佐伯年詩雄著，これからの体育を学ぶ人のために（2006年出版）所収．世界思想社，pp.256-264．

坂本拓弥（2013）「体育教師らしさ」を担う身体文化の形成過程：体育教師の身体論序説．体育学研究，58：505-521．

坂本拓弥（2022）体育教師はどこから来て，どこへ行くのか．現代スポーツ評論，47：36-47．

沢田和明（2001）体育教師論．杉本厚夫編，体育教育を学ぶ人のために．世界思想社，pp.204-219．

スポーツ庁（2018）運動部活動の在り方に関する総合的なガイドライン．スポーツ庁ホームページ．https://www.mext.go.jp/sports/b_menu/shingi/013_index/toushin/1402678.htm（2023/5/30取得）

須甲理生・四方田健二（2013）体育教師が有する教師観に関する一考察：運動部活動指導者としての教師観から授業者としての教師観へ．日本女子体育大学紀要，43：41-50．

鈴木秀人（2020）我が国の運動部に見られる「体罰」に関する一考察．体育学研究，65：205-223．

竹之下休蔵（1950）体育五十年．時事通信社．

竹之下休蔵・岸野雄三（1959）近代日本学校体育史．東洋館出版社．

宇土正彦（1993）体育授業五十年．大修館書店．

コラム2 ―――― アメリカの中学校及び高等学校の体育の動向

　アメリカでは多くの州で表現学習（例：体育，音楽，芸術）の予算が削減されている。これに伴って，高等学校において生徒が体育・スポーツ関連の部活動に参加した場合に，体育授業が免除される PE WAIVER POLICY という規則が広まっている。その理由としては，生徒の学習成果のアセスメント（生徒が体育の授業の中で認知領域，情意領域，運動技能領域の目標のどの範囲と水準まで習得したかを測定すること）が，学校，教育委員会，または州で十分に実施されず，そのエビデンスが出せなかったことが挙げられている。

　そのような中，私の共同研究者であるニューヨーク州立大学の Samalot-Rivera 准教授によると，ニューヨーク州では学校体育を生徒の成長過程で重要な科目として位置づけているため，PE WAIVER POLICY をまだ導入していない。その背景には，ニューヨーク州では教育委員会が，すべての中学・高校の保健体育教師に体育授業のアセスメントと生徒の成績表をオンラインシステムで提出させ，さらにそれらを教育委員会が管理したことによって，学校体育の価値を高める努力がなされていたことがあるという。また，学校体育において，アダプテッド体育のような個別指導主体の授業からインクルーシブ体育へのアップデートを推進することで，障害のある生徒も参加し履修できるようにしているため，体育を選択科目にしていないようである。

　アメリカでは，州の体育科教育カリキュラム，指導法，教育モデルについては，各州の大学の研究者の研究業績を基にして，州のスタンダードに反映されることが多い。例えばアリゾナ州立大学ではフィットネス教育が非常に有名であったために，学校体育のカリキュラムの中にフィットネス教育が組み込まれている。ほかにも，オハイオ州立大学はスポーツ教育モデルを，またケント州立大学は戦術学習モデル（Teaching Games for Understanding）を，それぞれ開発した大学である。オハイオ州の教育委員会は，この両教育モデルを使ったカリキュラムを推進した。

　このように，それぞれの州において体育のカリキュラムには独自性がある。近年では，保健体育教師が体育の授業を構想して実施し，それを録画してSNSに投稿することによって，全米の保健体育教師と共有するという動きもみられる。学校体育の動向が変化する中で，全米体育学会は研究よりも実践を中心とした学術団体に変わり，学会大会の参加者には研究者に加えて保健体育教師の姿も目立つようになっている。今後はさらに，体育授業のアセスメントや生徒の学習成果をどのように評価するのかについて注目したい。

（佐藤貴弘）

■第4講

[仲宗根森敦]

運動やスポーツを教えるとは
どういうことか

概要●体育の授業では，身体活動が中心となる。しかしながら，教師にとってその身体活動は，何を意図して行われているのだろうか。ここでは，スポーツジムや地域スポーツクラブでは代替できない，「体育」という教科の独自性を運動学の立場から考えてみることにする。

1　運動学とはどのような学問か

　まず，本講を進めていくにあたりその射程を示しておくこととしたい。本講のベースとなる学問である運動学[*1]とは，端的に言えば指導者や学習者が運動[*2]を行う際の主観的な「動きの感じ」に着目して，運動の指導や技能習得の場面において問題解決を試みる立場である。たとえば，身長，体重，筋肉量，BMIといった数値が同じであっても，泳げる人とそうでない人がいるのはなぜであろうか。その理由は「泳ぐ感じ」を知っているか否かの違いがあるからに他ならない。そしてその泳ぐ感じを知っているかどうかは，立っている状態では見ることはできない。同様に体操選手がつり輪で自身の体を支える十字懸垂や，頭でボールを止めるサッカー選手の動きの感じも目には見えない。

　運動を行う場面では「こう動けばうまくいく」，「味方の選手からいいボール

＊1　マイネルの『スポーツ運動学』(1981)にはじまり，現在多くの教員養成系大学においてスポーツ運動学あるいは運動学との名称で開設されている理論体系及び金子の近年の運動学理論（2002；2005a；2005b；2007；2009；2015；2018）は「発生運動学」，「スポーツ運動学」，「発生目的論的運動学」，「目的論的運動学」や「発生論的身体運動学」などの名称で用いられることもある。本講で用いる「運動学」という用語は上記と同じ意味で使用している。

＊2　「スポーツ」と「運動」は厳密に言えば定義は異なる（エリッヒ・バイヤー，1993）。ただし，その定義を本講で説明するには紙面が足りない。本講では，スポーツにおいて身体を媒介として活動を行うことを「運動」として定義し，運動はスポーツを含む概念として進めていくこととする。詳しくは『スポーツ科学辞典』を参照のこと。

がきたので合わせただけ」といったように，動きの感じを説明することがある。その学習者にとって運動を解決する際に直接的に必要なこのような動きの感じは「コツ」や「カン」と言われ，運動学においては指導の際の中核に据えられるものになる[*3]。しかし，「コツ」や「カン」は学習者それぞれで異なるため，個々人がもっている動きの感じも1人として同じではない。運動学をベースにした運動指導の場面では，学習者の過去の運動経験や状況を踏まえながら現在有している動きの感じを分析し，課題解決に向けた練習段階を与え，さらにコツやカンなどの動きの情報を伝えていくことになるのである。

　運動を行う場面では「この運動にはこの動きかたが必要だ」，「この箇所の筋肉の使いかたはよくない」などの，運動のしくみや生理学的な知識を知っている大人ができないことがある一方で，そういった知識をもたない子供があっという間にできることも少なくない。言語的な思考力がままならない幼児でも運動を覚える例は数え切れないほどあるし，大学の講義などでスポーツバイオメカニクスや解剖生理学などの知識を専門的に学んでいない10代のオリンピック金メダリストも存在する。医者の診断や芸術家の創作能力などに代表されるような数字や文字などの形式知として表すことが難しい隠れた形で形成される知を，ポランニー（2003）は「暗黙知」と呼んでいるが，身体活動における動きの感じやその力動性（時間性）は「身体知」と呼ばれ，運動指導では技能習得に向けた大きな関心事となる（金子，2005a，p.2）。

　運動の習得場面において身体知が適切に働いた場合，「もう一度やればできるような気がする」や「ちょっと難しそうだ」という，まるで未来を予期したかのような言動で現れることもあれば，初めて取り組む運動でも一気にできてしまうこともある。スポーツなどの非日常的な身体活動において顕著に現れる身体知は，運動を行う場面だけにとどまらない。たとえば，丈夫な上質紙と今にも破れそうなわら半紙に書かれた文字を消す時とでは，本人が自覚するしないにかかわらず紙質によって紙の押さえかたや消しゴムのもちかた，力の入れかたが異なってくるのは自明であろう。また，鍋の豆腐を箸でつかむ時と大根をつかむ時の力加減が違うのも身体知のなす業（わざ）になる（金子，2015，p.19）。このように，日常的な場面でも働く身体知は，運動場面においては特に重要な問題となって浮かび上がってくる。

　ここまで述べてきた通り，運動学では生理学的な知識や自然科学的な運動の知識を用いて運動課題を解決するのではなく，学習者の身体知を分析し，運動

＊3　運動学において，コツとは「運動を行う際のポイントや要領」，カンとは「変化する運動状況に応じて，どちらが良いか考慮し，判断」する能力である（金子一秀，2015，p.124）。

の発生とそのプロセスに焦点を向けることになる。学習者のコツやカンといった主観的な動きの感じである身体知に着目し，技能習得へ役立てようとする立場である運動学は，指導現場へ直接的に還元できることから，実践に定位した学問であると言えるのである。では，保健体育教師にとって運動やスポーツを教えるとはどういうことか。以下，いくつかの例を示しながら運動学の立場から考えていくこととしたい。

2　保健体育教師は身体活動を通して何を教えているのか

(1) コロナ禍の体育

　新型コロナウイルス感染症が猛威を振るった2020（令和2）年度の運動学習は，非常に困難を強いられた。特に多くの大学において，実技実習はオンラインによる遠隔授業を余儀なくされたのである。たとえば，器械運動ではマットや跳び箱，鉄棒などの器械器具を用いて実技実習を行うが，感染症対策により大学の体育館は使用できなかった。オンラインによる遠隔授業においては誰でも，いつでも，どこでも実施できるような動きを扱わざるを得なかったため，各授業の担当者に工夫が迫られた。もちろん，器械運動における技能の習得を考慮に入れず，生理学的な筋力や体力向上，あるいはそのために必要な栄養学及び解剖学的な知識のみを深めることを意図したものであれば，実技実習はオンラインで代替可能になったであろう。担当の講師を画面越しに見て，四畳半で可能な各種筋肉の部位を疲弊させるようなトレーニングに励みさえすれば目的は達成され，座学による講義を画面越しに受講すれば知識は得られることになるからである。実際，動画配信サイトには，自宅でできるトレーニングを紹介したものも多く，閲覧数も伸びている（図4-1）。

　また，オンラインの授業とは言わなくとも，フィットネスクラブに行きランニングマシンを走ることや，高価で重厚なマシンを使って各種筋肉の部位を効率的に刺激し，超回復させることは健康の維持増進のため，あるいは運動不足の解消やシェイプアップに効果的なことに異論の余地はない。それらが，「生涯にわたって健康を保持増進し，豊かなスポーツライフを実現する資質・能力を育成する」（文部科学省，2018，p.6）ことにつながる可能性があることも否定できない。このように，生理学的な体力向上や，運動に関する知識を得るためのエクササイズ的な目的を達成する点に関しては，対面や遠隔にかかわらずフィットネスクラブやスポーツジム，個人でのパーソナルレッスンでも代替可能な道が開かれたと言えよう。

図4-1　オンラインレッスンを受けている映像の例

　そういった可能性に開かれた一方で，難波ほか（2020）が指摘するように，
技能習得に向けて課題が残ったと言ってもいいであろう。昔から言われるよう
に，畳の上で泳法を練習しても実際に水中でクロールや平泳ぎができるように
なるのであろうか。また，エアロバイクなどの進まない自転車をこぐことで自
転車に乗れるようになるのであろうか。そのような問いにオンライン授業やス
ポーツジムは答えることができるのであろうか。

　保健体育教師が運動を教えることは，ベルトコンベアの上を走ることで健康
の維持増進を図ることや，四畳半でもできる筋力トレーニングで体力の向上を
促すことだけではないであろう。ましてや，フィットネスクラブで代替可能な
ことがその目的になってしまった時に，保健体育教師は体育で行う運動の意義
をどのように説明するのであろうか。運動学的な立場からするとここに，運動
を教える意義のヒントが隠されているのである。

(2) 体育に様々な種目は必要なのか

　では，フィットネスクラブで代替可能ではない，運動を教える目的とは何で
あろうか。先ほどオンライン授業の課題として指摘された「技能の習得」とい
う視点について考えてみたい。運動を行うにあたり，効率よく体を動かすこと
や発展的な技能を身につけることは，スポーツの本来の目的の1つのように考
えられる。しかし，そのような技能習得を目的とするのであれば，地域にある
スポーツクラブで十分目的は達成できるのではないだろうか。たとえば，専門
的な指導者がいる地域スポーツクラブではスポーツに関連する種目の一部が取

り上げられ，必要な動きを効率よく，安全に配慮された設備で，少人数の運動指導が行われることになる。もし学習者が上手くならなければ，クラブをやめることや変えることもできてしまうため，それを避けるためにも，指導者は学習者の技能習得を強力にバックアップしてくれるであろう。

　考えてみたいのは，保健体育教師が運動を指導するということは，学習者が一部の興味ある種目の専門的な技能向上を図ることだけが本来の目的か，ということである。技能習得のためには学習者の主観的な情報に着目して運動指導を行うことになる。そのため，どうしても学習者の身体の知恵である身体知を充実させることが目指される。そのような身体知が適切に働くと，初めて目の当たりにする運動でも「なんとなくできそう」や「この課題をやると怪我をしそう」など，未来に起こるであろう運動の結果を予想できるようになる。さらに，測定してもいない水溜りをなんなく越えることができ，以前できた運動でも現在の身体の状況を踏まえて危険と捉えた場合「やらない」という判断を下すこともある。身体知は，できた経験の連続だけではなく，「こういうふうにやったらできなかった」といった失敗した経験でも充実されることになる。さらに，身体知は開脚とびや平泳ぎなどの体育で行われる多くの非日常的な種目を行うことで充実されるのである。その中で，自身の取り組めそうな動きや，今後続けていきたい運動種目に出会うのである。

　現在の学習指導要領の体育分野においては，多くの領域が設定されている（文部科学省，2018）。これらの中には，歩くことや重いものをもち上げること，

図4-2　校庭や体育館でよく見かける鉄棒という種目は教科に本当に必要なのであろうか

自転車に乗るといった日常的な運動ではなく，ボールを巧みに扱うことや水中で速く泳ぐための非日常的なからだの動かしかたを取り扱うこととなっている。その内容はただ単に一部の特殊な動きを習得することではなく，下位教材をクリアすると上位の教材につながっているような系統性とまとまりをもっているのであり，他の領域の運動の「なじみ」*4となるような身体知の獲得が期待される可能性を有しているのである。それらの活動の中では，当然自身の言うことを聞かない身体である「反逆身体」*5に気がつくことができるのである。一部の種目の技能を高めるだけでなく，様々な運動を行うことで時には思い通りにならない身体と出会い，対話し，身体知の充実を手助けする役割こそ学校体育の分野において保健体育教師が担っている重要な役割であろう（図4-2）。

3　運動はカンニングできるのか

(1) 映像を見ればできるようになるのか

　近年ではICT機器を利用した運動指導も一般的になってきているようである。自分の動きが終わった直後に，その映像をすぐに見ることが可能となり，目指す動き方と比較し，修正し，動きの改善に役立てることができるので，有効な手段となっていることも否定できない。一方，水泳の学習において自身の平泳ぎの練習映像を見ても〈あおり足〉がなかなか修正できない学習者もいるであろう。映像を見て自身の動きが修正できる学習者もいる一方で，何度見ても修正できない学習者もいるのである。

　ここで問題となるのは，映像で自分の欠点がわかっても，それを修正できるかどうかは別問題ということである。そこに，外形的な動きにおける欠点の理解だけでは解決できない運動発生の問題があると言えるだろう。

　具体的に考えてみよう。たとえば，泳いでいる最中の自分自身の足の動きは，映像で確認できる。目指す動きかたと比較して，外形的な違いを見つけることは，それほど難しくはないかもしれない。しかし学習者自身が，修正すべき動

---

*4　ここで言う「なじみ」とは，対象となる運動を行う準備ができている状態にあることである。「何となく『嫌な気分はしない』」など，その運動世界を感情的に忌避しない」（金子，2002，p.418）という形で，運動世界に共感が生じていることである。その運動に対して感情的になじまず，何となく嫌な気分に襲われる人なら最初からそこに近づかないであろう。

*5　反逆身体とは「〈そう動きたい〉と思っても〈そう動けない〉」（金子，2005，pp.200-201）といったような自分自身の身体のはずなのに思う通りに操れない状態の身体のことである。運動場面では，やらなければわからないことは知っていても，その通りに動けない状況に出会うことがある。

きかたに意識が向かない場合には，どのような動きの感じだと〈あおり足〉なのかがわからない。もちろん目指す動きかたの動きの感じももっていないため，何を基準にどのように修正すればいいのかわからないのである。さらに，運動指導の際は学習者の過去の経験も踏まえたレディネスを考慮に入れる必要がある。たとえば，ある学習者は，水に顔をつけるのが怖いのかもしれないし，泳いでいる際の息継ぎができないのかもしれない。その場合には，〈あおり足〉の指導よりも水に慣れさせることや，息継ぎの仕方を教えなければならない。このように学習者の過去の経験を踏まえて指導するとなると，動きの外形的な欠点だけから学習者に適した運動課題を与えるのには限界があろう。

　運動指導の場面では，学習者の運動感覚や過去の経験を考慮に入れながら，オーダメイドの指導を行わなければならない場面があるため，映像視聴による欠点の理解とその指摘だけでは，解決できないことが多くある。映像視聴で運動修正が可能になるのは，修正前の動きの感じがあり，映像で示された動きが理想と違うことを理解し，そして外型的な動きの変えかたを知っていて，実際に動けるという学習者の場合に限る。すべての学習者がその条件に当てはまるわけではないため，運動指導においては学習者ごとに〈あおり足〉を修正させる動きの指導，つまり身体知を充実することのできるような練習段階を提示できる理論とそれに基づく指導が必要になる。身体知の充実に向けた学習者の運動に直接的にかかわることなく，学習活動のマネジメントや励ましのみの指導は「野次馬」と呼ばれ，運動学では強く非難されることになる。

(2) 運動を通じて「反逆身体」に気がつく

　運動を行うのは人間であり，意志をもっていることは言うまでもないであろう。たとえば，普段は飛び越せる2mの幅でも，10mの高さでは途端に動けなくなることや，1人では難なくできるダンスの振り付けが大勢の前や緊張した場面だと，体が思い通りに動かなくなり，その後何をやったのか覚えていないこともある。また，ケガをする前なら難なくできていたことも，ケガが回復したとしても急に怖くなってしまうこともある。運動を行っていると「どうしてもやりたいけど体が動かない」，「やることはわかっているけどできない」といった思い通りに動かない自分の体に気がつくことになる。それらは，生理学的に何の異常もない場合には，メンタルの問題として捉えられるが，運動指導の専門家は幼稚園児や小学校低学年の児童に対してメンタルトレーニングを授業で行うのであろうか。多くの場合，課題設定を容易にし，補助を用いたりしながら，場合によっては反復練習を行わせることによって徐々に運動習得へ導いて

いくはずである。運動の問題を，心の問題としてではなく実際に動くことによっ
て，つまり身体知の充実によって反逆身体の克服を目指すのである。

　運動の学習とは，学習計画としての運動の順序や実施回数・時間などを対象
にした学習活動の意味で捉えられることも少なくないようであるが，それだけ
では，運動を教えたことにはならない。それはカリキュラム的な観点であって，
その前提として，目標となる運動の動きかた（運動経過）それ自体に目を向けて，
身体をどのように動かすかを問題にする学習がどうしても必要になるからであ
る（金子監修，1996，pp.27-30）。授業においては提示された課題に対して「で
きるけどやりたくない」学習者と，提示された課題がそもそも「できない」学
習者が混在している。学習内容や時間管理と場所の工夫だけでは，「できない」
学習者の対応に限界があるのは言うまでもない。そこには，動きかたそのもの
の指導が抜け落ちているからである。その場合，体育の授業計画のマネジメン
トと，運動を覚える学習との区別がついていないことになる。体育の授業では，
誰でもできる簡単な課題を提示することと，できない学習者の運動指導がイ
コールにすり替わっていないか今一度，考えてみる必要がある。保健体育教師
は授業計画の立案とそのマネジメントをするだけではない。提示された課題が
できない学習者は，動きかたの指導をしてもらいたいはずである。授業の上手
な熟練教師こそ，全体の学習者に紛れた，運動ができずに悩んでいる学習者に
目が向くであろう。

　人それぞれ身体知が異なるため，「1回できるとわかった」と感じて何回も
できる学習者もいれば，何回できても不安そうな顔を浮かべている学習者もい
る。思い通りに動かない身体と対話し，動きかたを工夫し，自ら試行錯誤して，
やっとのことで技を習得するまでの経験は，それぞれの運動のみならず，他の
種目の技能習得へ向けて有効に働くことになり，似た経験や似た運動をする際
に，ふっと顔を出すのである。「どう動くのかという〈今ここ〉の〈身体経験
の豊かさ〉」（金子，2015，p.294）が，改めて学校の身体教育に主題化される
必要がある。

　ある運動を行った後で学習者から「楽しかった」という声が聞けたとする。
ただし，言葉だけを表層的に捉え，「楽しいだけ」の運動指導をしても，将来，
自主的に運動に取り組む学習者は一握りであろう。さらに，「できない」運動
を1人でやることもなかなかないであろう。一方で，将来，生きていると日常
でふとしたときに言うことを聞かない身体は，大小様々な形で現れてくる。筋
力が落ちたら，その時の身体で運動を行う必要があり，身体知が充実されてい
ない場合には，適切な判断ができずケガをすることもある。

自分自身の興味関心や個性に基づいて生涯にわたりスポーツに親しむために
は、「やらされる体力つくり」，ではなく自らが自己の体に関心をもち，自己の
体力や生活に応じた課題をもって，自らの力で体力を高めることのできる能力
を育てる（三木，2005，p.2）ことが必要になる。つまり，運動そのものに親
しむ実践的な力が求められるのである。具体的には，自分自身で体力を高める
手段や方法を知ることと，そのための動きかたが可能であることが条件になる。
自分はどんなことならできそうか，というトレーニング内容の決定や，スポー
ツ種目の選択と決断をするための身体知の充実は，将来のスポーツライフの形
成に欠かせないことは言うまでもないであろう。

　このように，保健体育教師にとって身体知の獲得と充実を図ることが運動を
教える上での目的であれば，その過程で出てくる生理学的な体力向上も認めら
れるであろう。そして，思うように動く身体を手に入れるために技能習得が中
心の活動になるのである。そのような場合，跳び箱を跳び越せずに止まってし
まった学習者にも「よく止まったね」と身体知が適切に働いたことを評価して
あげられるのである。

4　保健体育教師が運動やスポーツを教える真の目的

　私たちが運動を教える相手は人間である。人間が運動を行おうとする際には，
「できるけど今はやらない」，「昔できたけど今は怖い」といった目的や価値の
観念と運動を切り離して考えることはできない。さらに，運動発生の際にはコ
ツやカンといった身体知の発生が絡んでくることになる。このような学習者の
主観的な事柄は数値を用いた客観的な論理や測定によって捉えることが難しい
ため，運動発生においてはどうしても学習者の主観に根差した身体知を扱わざ
るを得ない。

　これまで述べてきたように運動学の立場からすると，保健体育教師が運動を
教えることは，スポーツジムで代替可能な体力の向上を促すものではないし，
1つの種目の技能を効率よく習得させるだけにとどまるものでもない。他の教
科や学校外での活動で目的が達成されそうになった場合に，体育は教科として
の独自性を失うことになってしまうであろう。体育では，技能を習得する過程
で出てくる「反逆身体」とも言うべき，言うことの聞かない自分自身の身体に
気がつくこと，その上で技能習得へ向けて身体知を獲得したり充実したりさせ
ることこそが中心になる。そのために，体育では多種多様な種目や「わざ」が
体系的・系統的に取り上げられることになるのである。こうした経験の連続に

よって，「この運動はできそうだ」，「今の動きはうまくいかなかった」などのような自ら行う運動に対して判断や評価を下すことができるようになるのだろう．それは，生涯にわたって運動を行うための大切な資質であり，身体の知恵とも言うべき身体的教養を養成することになる．運動学の立場からすると，保健体育教師が運動やスポーツを教える真の目的はここにあると言えよう．言うまでもなく，身体知の充実を図ることを目的とした運動指導では，その過程で得られる生理学的な体力の向上や技能習得，さらには他者とのかかわり合いは当然認められることになるのである．

［文献］
バイヤー編：朝岡正雄監訳（1993）スポーツ科学辞典．大修館書店．
金子明友（2002）わざの伝承．明和出版．
金子明友（2005a）身体知の形成（上）．明和出版．
金子明友（2005b）身体知の形成（下）．明和出版．
金子明友（2007）身体知の構造．明和出版．
金子明友（2009）スポーツ運動学．明和出版．
金子明友（2015）運動感覚の深層．明和出版．
金子明友（2018）わざ伝承の道しるべ．明和出版．
金子一秀（2014）促発分析の存在論を問う．伝承，14：53-76．
金子一秀（2015）スポーツ運動学入門．明和出版．
金子明友監修／吉田茂・三木四郎編（1996）教師のための運動学．大修館書店．
三木四郎（2005）新しい体育授業の運動学．明和出版．
ポランニー：高橋勇夫訳（2003）暗黙知の次元．ちくま学芸文庫．
マイネル：金子明友訳（1981）スポーツ運動学．大修館書店．
文部科学省（2018）中学校学習指導要領（平成29年告示）解説保健体育編．東山書房．
難波秀行・佐藤和・園部豊・西田順一・木内敦詞・小林雄志・田原亮二・中田征克・中山正剛・西垣景太・西脇雅人・平工志穂（2020）授業者からみたコロナ禍に行われた遠隔による大学体育実技の教育効果の検証．大学体育スポーツ研究，18：21-34．

［片岡千恵］

学校保健からみた
保健体育教師の役割とは

概要●本講では，学校保健の意義や内容を概説し，その活動の中核を担う保健体育教師の役割と期待について述べる。具体的には，生徒の現代的な健康課題や学校安全上の課題を踏まえて，その解決に向けた指導の考え方及び進め方を示す。また，保健教育の柱である教科としての保健の授業において，指導の工夫と留意点について説明する。

1　「教育の目的」の実現に向けて重要な役割を担う保健体育教師

　「教育は，人格の完成を目指し，平和で民主的な国家及び社会の形成者として必要な資質を備えた心身ともに健康な国民の育成を期して行われなければならない」（教育基本法第一条，下線引用者）という教育の目的から鑑みると，「学校保健」の活動の中心的存在である保健体育教師は，学校において最も重要な役割を担っていると言っても過言ではないであろう。

　学校保健は，健康な生活に必要な資質・能力の育成を目指して教科体育・保健体育や特別活動等の学校の教育活動全体を通して行う「保健教育」と，学校保健安全法に基づいて行う健康診断，救急処置，学校環境の安全・衛生的管理などの「保健管理」の2つの視点から進められる。保健体育教師は，学級担任として，保健授業（小学校体育科保健領域，中学校保健体育科保健分野及び高等学校保健体育科科目保健における授業）の担当者として，体育授業の担当者として，運動部活動の指導者としてなど，健康や安全に関する授業や指導，環境管理，健康観察，健康相談をはじめとした学校保健の様々な活動の主体となる。生徒の健康や安全，ひいては命を守る職務を担う者として保健体育教師の存在意義は極めて大きい。保健体育教師としてはまず，このことを重く受け止めておきたい。

　ところで日本では，学校保健は近代学校教育とともに始まり，発展してきた。

1872（明治5）年に発布された学制において，種痘あるいは天然痘をすませた者でなければ小学校への入学を許可しないことが規定されており（第211章），当時の伝染病を学校においても予防するという学校衛生施策の考え方が既に見られた。その後，今日に至るまで，それぞれの時代における社会的な健康課題や教育課題などを踏まえながら，保健管理にかかわっては改正小学校令（1890年），学校医制度（1898年），学生生徒身体検査規程（1900年），学校看護婦に関する訓令（1929年），学校保健法（1958年），学校保健安全法（2009年）などが，保健教育にかかわっては教育令（1879年），国民学校令（1941年），学習指導要領などがそれぞれ示され，法的な根拠の下で学校保健活動が推進されて子供たちの健康や安全が保障されてきた。このように歴史的に見ても，学校教育において学校保健の視点がなくてはならないものであることは疑う余地がない。

　学校保健の意義として，大塚（1972）によれば「教学の実をあげようとする」ことが言われている。すなわち学校保健の活動は，教育の成果を高めるためのいわば手段という性格を有するものであるというのである。何より子供たちの健康や安全が保たれているという前提がなければ，教育を実施していくことができないことは言うまでもない。実際に，子供たちのより高い学業成績には，心身の健康にかかわる行動の良好さが関連することも報告されている（Rodericks et al., 2018）。

　他方で，今日の子供たちの健康課題を見ると，社会環境や生活様式の急激な変化などを背景として，運動時間の減少，睡眠時間の減少，食生活の変化，長時間のスクリーンタイム，メンタルヘルスにかかわる問題が見られる（公益財団法人日本学校保健会，2018）。こうした現代的な健康課題の解決のためには，生活習慣の改善をはじめとして子供たち本人が問題に気づくことや，自分の力で問題解決に取り組んでいこうとする意欲を高めるなどの教育的な支援が重要となる。医療や専門的な助言・指導だけではなく，むしろ子供たちにとってより身近な立場で影響が大きい教師が，日常的に彼らの心身の健康に向き合うことこそが，その健やかな成長を支えているのだと言える。

　学校保健の活動は子供たちを支えるための当たり前とも言える仕事であることから，目立つものではなく，表舞台に立ったり花形となったりすることも決して多くないかもしれない。しかし，教師という専門職が尊いと評価される理由の1つには，こうした子供たちの健康や安全を「守り」「育てる」という根本的な役割を担っている側面があることを忘れてはいけない。

2　保健体育教師の専門性を生かして進める学校保健活動

　学校保健活動は，学級担任となるすべての教師，保健授業を担当する保健体育教師，養護教諭，学校長をはじめとした管理職，学校医，学校歯科医，学校薬剤師，栄養教諭，学校栄養職員，スクールカウンセラー，スクールソーシャルワーカーなど，学校において生徒にかかわる全教職員等が担うものである。ここで重要なことは，こうした教職員等がそれぞれの専門性を生かして役割を分担するとともに，組織的に活動することである。2015年に中央教育審議会は「チームとしての学校の在り方と今後の改善方策について」を答申し，学校の教育力や組織力を効果的に高めるためのチームとしての学校の考え方と具体的な改善方策を示している。この視点を，「チーム学校保健」に置き換えて考えた場合，学校保健はまさにチームとして，複雑・多様化した生徒の健康課題の解決に向け，取り組みを進めていかなければならない（栗原，2019）。

　「チーム学校保健」において，リーダーシップを発揮し学校保健活動を統括する学校長等の管理職は，チームのいわば「監督」であると言えよう。学校保健活動を企画・調整し，組織活動を推進する役職である保健主事は，「キャプテン」（主将）であろう。保健室経営をし，主に救急処置や健康診断をはじめとする保健管理の面から生徒の健康を守る養護教諭は，「ゴールキーパー」（守護神）と捉えられよう。そして，生徒に最も近い学級担任として健康観察や保健指導などを実施するとともに，保健授業を実践する保健体育教師は，チームの「エース」（主力選手）であると言えるだろう。そうした中，学校現場においては，保健体育教師はとりわけ養護教諭と有機的に連携することにより，生徒の健康を適切に把握・評価し，改善していくことにつながる。養護教諭は，医学・看護学系の知識及び技能（森，2002）を有する専門的立場から学校における生徒の健康を管理，指導しており，保健体育教師にとって力強いパートナーとなる存在である。

　学校保健における保健体育教師の専門性を，教育職員免許法施行規則に規定された必修科目から見るとするならば，中学校及び高等学校の教諭一種免許状（保健体育）の取得には「保健体育科の指導法」のみならず「学校保健（小児保健，精神保健，学校安全及び救急処置を含む）」も修得しなければならない科目として位置づけられている点にうかがうことができる。学校保健の2本柱である保健教育と保健管理の双方の考え方や進め方を教員養成課程で学修していることは保健体育教師の強みであり，独自性の1つでもあると言える。保健体育教師はこの専門性を自覚し，その力を発揮して着実に実行していくことが生徒の健

康の保持増進や安全な学校生活につながっていることを誇りに思ってほしい。

3 体育や運動部活動を担当する保健体育教師として重要な学校安全の視点

　学校管理下では残念ながら，事故の発生が少なくないのが現状である。独立行政法人日本スポーツ振興センター（2021）によれば，2020年度の学校管理下における負傷・疾病の発生件数は約75万件であり，死亡見舞金の給付は44件，障害見舞金の給付は393件であることが示されている。その中で負傷・疾病の発生は「体育・保健体育」の授業及び「体育的部活動」において顕著に多く，高等学校ではそれらの場合で80％以上を占める。もちろん，体育授業を担い，運動部活動を指導することが多い保健体育教師は，生徒の安全面にとりわけ配慮しながら指導に当たっていることは事実である。また，予期できなかったり防ぐことが困難であったりする事例もある。その上で，事前に危険の予知や予測（リスクマネジメント）が可能なものや，事故後の対応を適正に行えば被害を最小限に抑えること（クライシスマネジメント）が可能なものが多いことから，この両者の視点からの取り組みを地道に続けていきたい。たとえばハインリッヒの法則として，1件の大きな事故・災害の裏には29件の軽微な事故・災害が，そして事故には至らなかったが300件のヒヤリ・ハット事例があるとされていることを踏まえると，最も防ぐべき重大な事故の防止のためには，事故の発生が予測されるヒヤリ・ハットの段階で対処していくことが必要である。事故の芽を小さいうちに摘み取るとともに，過去の教訓から学びながら，常に危機意識と危機管理の知識及びスキルを向上して生徒の安全を守っていかなければならない。

　ここで特筆すべきこととして，学校管理下における子供の死亡の約半数を占める突然死の予防を取り上げる。突然死は，WHO（世界保健機関）によれば「発症から24時間以内の予期せぬ内因性（病）死」と定義され，学校管理下では心臓系の疾患が原因である場合が目立つ（独立行政法人日本スポーツ振興センター，2011）。中学校及び高等学校では，特に「運動中・運動後」の発生が多く，保健体育教師としてはまさに生徒の命を守るための配慮が欠かせない（図5-1）。中でも，心疾患のある子供が学校生活を健康で安全に送るために，生活上の注意及び指示事項を主治医が記入した表である「学校生活管理指導表」は理解しておきたい。この表には，体育的活動を伴う場合の運動強度の区分が示されており，これに基づいて指導していくことになる。また保健体育教師は，負傷や

```
基本的な注意事項
  1．学校心臓検診（健康診断）と事後措置を確実に行う
  2．健康観察，健康相談を十分に行う
  3．健康教育を充実し，体調が悪いときには，無理をしない，させない
  4．運動時には，準備運動・整理運動を十分に行う
疾患のある（疑いのある）子どもに対する注意事項
  5．必要に応じた検査の受診，正しい治療，生活管理，経過観察を行う
  6．学校生活管理指導表の指導区分を遵守し，それを守る
  7．自己の病態を正しく理解する，理解させる
  8．学校，家庭，主治医間で健康状態の情報を交換する
その他，日頃からの心がけ
  9．救急に対する体制を整備し，充実する
  10．AEDの使用法を含む心肺蘇生法を教職員と生徒全員が習得する
```

（独立行政法人日本スポーツ振興センター，2011）

図5-1 「突然死を防ぐための10か条」

急病が発生した時にその場に居合わせるバイスタンダーとなることが多いことから，学校におけるAEDの設置場所や使用方法を理解しておくことはもちろん，心肺蘇生法や応急手当のスキルを十分身につけておくこと，緊急時の連絡体制や他の教職員との連携を含む対応方法について事前に準備しておくことが必要である。

4　健康を保持増進する資質・能力を育てる保健教育の要となる保健体育教師の役割と期待

　今日，多様化・深刻化する人々の健康問題は，国際社会全体にかかわる地球規模課題の1つとなっており，将来に向けても新型コロナウイルス感染症に見られたような新たな脅威の出現は絶えないものと思われる。生徒がこれからの予測困難な時代を生きていくためには，生涯を通じて健康な生活を送ることのできる資質・能力の育成を目指した保健教育を推進することが不可欠である。

　保健教育は学校の教育活動全体を通じて進められるものであり，各教科，特別活動，総合的な学習（探究）の時間等のそれぞれの特質に応じて指導される。その中でも教科体育・保健体育における保健授業は保健教育の中核となるものであり，その役割が期待されている。保健体育教師においては，その意義について理解し，よりよい指導実践に向けて保健の授業力を一層磨いていきたい。

(1) 保健の指導意欲が高い教師はどのような教師か

　保健体育教師の授業力を高める最初の鍵は，保健の指導意欲であることが指摘されている（野津ほか，2011）。体育授業と保健授業の合一的な教科形態として指導されるという背景などから，保健体育教師は保健に関して必ずしも指導に対する意識が十分でないことがしばしば語られてきた。そうした中で，保健の指導意欲に着目することの意義は大きく，その向上にかかわる方策を検討することは，保健授業の改善，充実に向けて有益であると言えよう。

　公益財団法人日本学校保健会（2017）は2004年，2010年，2015年に，47都道府県の児童生徒，保護者，保健授業を担当する教師を対象とした大規模な全国調査を実施し，保健授業の実施状況などを明らかにしている。そのうち，教師を対象とした調査結果から，保健の指導意欲は決して憂うべき状況ではないものの，保健授業の指導が「好きだ」と回答した教師が約7割にとどまるなど，さらなるアプローチの必要性も示されている。そして，こうした保健の指導意欲に関連する要因について検討された結果，保健の指導意欲が高い教師は指導の準備や指導方法の工夫，適切な評価などの実施状況が良好であることがまず示された。また，そうした指導意欲は熱心な教師仲間がいること，有用な教材などが容易に利用できること，研修状況が良好であること，養成課程や教育実習の状況が良好であることなどによって高められることが示された。さらに興味深いことに，体育の指導意欲が高い教師は，保健の指導意欲も高いことが示されている。

　他方で子供たちにおいては，保健授業の中で考えたり工夫したりし，内容が理解でき，好きだと思えるような学びが経験されれば，保健の学習意欲が高まると共に，学習内容の習得が促され，さらには日常生活における実践や健康の価値の認知も良好な状況になることが示唆されている（上原ほか，2005）。

　これらのことから，保健体育教師が高い指導意欲の下で望ましい保健授業が実現されれば生徒らの保健の学習成果を高められると考えられ，注目される。

(2) よい保健授業を実践するためにどのような工夫ができるか

　保健授業で陥りがちなこととして，「〜しましょう」や「〜してはいけません」といった語尾に代表されるように生活指導的なまとめ方に終始してしまうことがある。もちろん，健康な生活のためには「〜すること」や「〜しないこと」が重要であることに間違いはないが，あくまでも「教科」として保健が位置づいていることの意義は，「生涯を通じて人々が自らの健康や環境を適切に管理し，改善していくための資質・能力」（高等学校学習指導要領（平成30年告示））

を育成すること，いわば「保健の学力」を育成することであり，目先の生活実践の変容を直接的に促すものではない。すなわち，保健の「知識及び技能」，「思考力，判断力，表現力等」，「学びに向かう力，人間性等」を，授業での学びを通して生徒に身につけさせたいのである。

　今村（2019）は，保健授業の担当教師として必要な力量の中核である「授業の遂行能力・技術」の具体として，①学習者に理解・獲得されるべき中身（学習内容）の理解・設定，②子供が興味を持ちそうなネタ（素材）の発見・選択，③学習内容を理解してもらうための具体的道具（教材）の創出・選択，④説明・発問・指示・評価・板書等（教授）の遂行，⑤これら①～④を総合的に見通す（授業の構想）力，を示しており，示唆的である。

　では具体的に，生徒が身につけるべき資質・能力を育むための授業の質的改善に向けて，どのように考えて，どう取り組んでいくとよいだろうか。まず，今日求められている「主体的・対話的で深い学び」（いわゆる「アクティブ・ラーニング」）で展開される授業実践において留意しなければならないことは，アクティブにさせたいのは生徒の「思考」であるということである。そこで鍵となるのは，「発問」，「教材」，「指導方法」をいかに工夫するかであり，教師の専門性が問われるところである。もちろん発問や教材，指導方法は，単に生徒の興味をあおるだけの「おもしろい」ものであればよいというものではない。あくまでも習得させたい学習内容（学習指導要領）を見据えて，その意図の下で考えていくことが大前提である。

　最近では「主体的・対話的で深い学び」を意図してグループワークやディスカッションを用いた授業が多く見られるようになったが，残念なことに単なる時間つぶしの話し合いに終わってしまっている例もしばしば見られるようである。言うまでもなくグループワークやディスカッションにおいても，すべて教師の意図をもって進められることが不可欠であり，意見交換や話し合いを通して生徒に気づかせたいこと，すなわち落としどころを見据えて指導していくことが求められる。教科教育としては，学習内容を教師がそのまま伝えて教え込むというよりも，それを生徒から引き出したり生徒自らに気づかせたりして納得させることが大切である。それによって本来の意味で学習内容が身についたと言え，生徒が生涯にわたって健康を保持増進していくための生きて働く実践力となるのであろう。そのためには，身につけさせたい学習内容を逆算して，どのような「発問」をすれば，生徒に考えさせたいことが明確となり，気づかせたい内容を確実に引き出せるかということについて工夫することが重要となる。さらに究極的には，学習活動を進める中で「生徒自らから問いが生まれる」

ような授業を仕組んで展開することが，それがまさに生徒にとって主体的な学びであり，深い学びとなるのだと言える。

そして，保健の内容については，生徒は常識として既にわかっていることも少なくない中で，そうした保健の知識を授業で重ねて伝えることに留まるのではなく，むしろ生徒が生活経験に基づいたり，これまでに習得した知識を活用したりすることを促して，健康や安全に関する原則や概念にかかわって考えたり話し合ったりする展開を構想することが求められる。また，生徒がこれまでに知らなかった事実や歴史的な知見などを活かしたり，データなどで根拠を具体的に示したりして，考えを深める発問を工夫することも必要である。

さらには，ブレインストーミング，ケーススタディ，実習，実験，ロールプレイング，課題学習などの指導方法を用いる際には，健康課題の解決や健康の保持増進にかかわって，考える方向性を見えやすくする工夫や考えを揺さぶる工夫などを仕組んでおくことも重要である。たとえば，グループでの話し合いの際に，「この資料からわかることは何か」といった抽象的な問いかけではなく，今後の動向を予測してグラフ中に図示させたり，その事柄が生じている背景について意見を書かせたりするなど，具体的に課題を提示することが考えられる（片岡，2019）。

5　学校保健を担う保健体育教師として大切な心構え

第一に，健康とは何かについて考え続け，豊かな健康観をもつようにしてほしい。例えば，WHO（世界保健機関）は「Health is a state of complete physical, mental and social well-being and not merely the absence of disease or infirmity.（健康とは，肉体的，精神的及び社会的に完全に良好な状態であり，単に疾病又は病弱の存在しないことではない）」と定義しているが，こうした理想的な健康の状態を踏まえながらも，実際の生徒の具体的な健康の姿についてはどのように捉えることができるであろうか。また，障害や疾病等を抱えながら生きている時，それは健康であるとは本当に言えないのだろうか。さらに，学校保健活動で保持増進を目指すべき生徒の健康の状態とはどのようであろうか。

第二に，人権意識を忘れないでほしい。健康課題には人権の問題が大きくかかわっており，障害や疾病等に対して偏見や差別が存在することは決して許されるものではない。疾病や傷害等に関係のない人生を送ることはあり得ず，人として生きている限り健康を損ねる場合があることは当然である。そうした中で，「健康であるべき」や「健康でなければならない」といった，いわば健康

至上主義に陥ってしまうと，自分や他者が健康を損なった時にそれがあたかも「悪」であるかのように捉えてしまいかねない。学校保健を担う教師としては，生徒の健康を願い，その保持増進に努めつつ，その上で，生徒が健康を損なった時にこそ，より肯定的なまなざしを向けて支援していくことが極めて重要となる。こうした意識は，たとえ健康に問題を抱えているとしてもそれによって差別や排除をされず，誰もが生きやすい社会をつくりあげていくことにつながる。

　第三に，健康上の問題を抱えている多様な生徒への理解を深めてほしい。学齢期の子供において，心疾患，アレルギー疾患，精神疾患，生活習慣病，障害等を有する者も多く存在する。また他方で，生徒の心身の不調の背景には，虐待，貧困，いじめなどの問題がかかわっていることも指摘されている。何よりこうした問題を抱えている生徒の「気持ち」を理解して，接していきたい。保健管理や保健教育においては，教師は熱心になるあまり，しばしば上から目線の指導や助言になりがちであるが，生徒の横に寄り添い，共感し，信頼関係の下でかかわっていきたい。とりわけ，最近の日本の10〜14歳及び15〜19歳における死因の第一位は自殺であり（厚生労働省「令和2年（2020）人口動態統計月報年計（概数）の概況」），その防止が最も重大な課題となっている。保健体育教師は，学校保健活動を担う中心的存在として子供の命のゲートキーパー（内閣府，2013）となり，悩んでいる子供のサインに気づき，声をかけ，話を聞いて，必要な支援につなげ，見守ってほしい。そして，保健教育をはじめとした様々な機会において命の大切さを伝えるとともに，生徒一人ひとりの「あなた」が何より大切でかけがえのない存在であることを，生徒自身が実感できるような学校をつくりあげていきたい。

　最後に，日本では「体育」という教員免許状はなく，「保健体育」という教員免許状であることの意味を胸に留めて，職務に当たってほしいと思う。

[文献]
独立行政法人日本スポーツ振興センター（2011）学校における突然死予防必携改訂版.
独立行政法人日本スポーツ振興センター（2021）学校の管理下の災害（令和3年版）.
今村修（2019）保健の担当教師として求められる力量形成のために．教員養成系大学保健協議会編，学校保健ハンドブック第7次改訂．ぎょうせい，pp.96-101.
片岡千恵（2019）平成時代の成果と積み残された課題—新しい時代の教育課程に基づく授業実践の工夫—．体育科教育，67（8）：16-19.
公益財団法人日本学校保健会（2017）保健学習推進委員会報告書—第3回全国調査の結果—.
公益財団法人日本学校保健会（2018）平成28〜29年度調査児童生徒の健康状態サーベイランス事業報告書.

栗原淳（2019）学校保健を担う教職員等の責任．教員養成系大学保健協議会編，学校保健ハンドブック第7次改訂．ぎょうせい，pp.22-28.

森昭三（2002）変革期の養護教諭：企画力・調整力・実行力をつちかうために．大修館書店．

内閣府（2013）ゲートキーパー養成研修用テキスト．

野津有司・今関豊一・植田誠治・大見学・加藤俊文・和唐正勝・久保元芳・岩田英樹・富岡寛・渡邉正樹・西岡伸紀（2011）保健担当教師の指導意欲，実施状況等について：平成16年と平成22年の全国調査の比較から．学校保健研究，53（Suppl.）：233.

大塚正八郎（1972）現代保健体育学大系（11）学校保健改訂版．大修館書店．

Rodericks, R., Vu, U., Holmes, J. R., Ryan, J., and Sentell, T. (2018) Data highlights from the Hawai'i youth risk behavior survey: Links between academic achievement and health behaviors. Hawaii. J. Med. Public. Health., 77: 297-304.

上原千恵・野津有司（2005）小学校3・4年の保健学習が保健の学習意欲に及ぼす影響．日本体育学会，第56回大会予稿集，364.

［秋山和輝］

保健体育教師の日常とは

概要●本講は，学術的内容というよりはできる限り学校現場の教師の“生”の声を読者と共有したいと思っている。その内容は決して教師の多忙感や大変さを伝えるものではなく，教師を目指す若者のあこがれの職業として，教師という職業の誇らしさを伝えていきたい。私の短い教職歴の中で経験してきたこと，個人の主観に依拠する内容であるとご理解いただき，温かく最後まで読み進めていただけたら幸いである。

1　保健体育教師としての心構え

　教師はどのような心境で生徒の前で授業をすべきであろうか。私は教師として初めて生徒の前で授業をしたことを鮮明に覚えている。教師が教えること，見せることなどをすべて吸収しようとする生徒の純粋なまなざしに圧倒された記憶が残っている。そのような生徒にどのような授業を提供できるのか，共に学べるのか，共に成長できるのかは教師の授業準備に尽きると思う。教材研究はもちろんのこと，単元目標，1時間単位の指導目標，指導内容を明確にし，計画的に設定することが生徒に十分な学習を保障することにつながる。

　どのような素材（種目）を選択するのか，時数は何時間確保できるのか，単元を通してどのような内容を生徒に習得させたいのか，教師自身が授業を通して大切にしていることは何か，といった様々な問いに対して自分なりの答えを見つけ，計画していく。綿密な計画を立てても学校現場は常に流動的に動くものであり，その都度，臨機応変な対応が求められる。たとえば，健康診断や学校行事の準備等で授業中のわずかな時間しか活動ができないことがある。学校によって事情は様々であるが，このような学校全体の動きと授業計画は密接に関係している。さらに実施期間が限られている水泳授業や運動会（体育的行事）との関係によって授業で取り扱う内容や時数，時期を検討していく必要がある。そのような方針は年間指導計画としてどの学年がどれくらいの時数を何の素材（種目）で，どこの施設を使用し，いつ取り扱うのかを年度の始めに決定する

ことが多い。

　1時間単位の授業を計画する際には単元の目標と連動させ，目の前の生徒の学びとは何かを問いながら検討を進める。授業や生徒に対する教師の想いや考えが強いほど授業で取り扱う内容が肥大化し，逆に生徒の学習が断片的になってしまうことがある。これは，特に生徒の実態を十分に把握できていない初任者に多く見られる傾向である。そのような状況を回避するために，期待する学習成果，評価方法を最初に設定し，その達成に向けて学習指導方略を検討するバックワードデザイン（逆向き設計）（岡出，2018）の視点が必要である。

　また授業中に生徒の表情を見ることも心構えとしてもってほしい。初任者は計画した授業を実施するので精一杯かもしれないが，生徒がどのような表情で授業に参加しているのか，自分の指導内容と生徒の実態に齟齬はないのか，生徒が課題として認識している内容と教師が把握している課題に乖離は見られないかといった視点で生徒の表情を見るとそこから感じ取れるものが変わってくる。私自身もその授業で伝えたいことや考えてほしい内容を詰め込みすぎて，生徒との対話や表情より計画通り授業を展開することを優先した授業を経験している。生徒の反応は正直で，そのような授業では十分な学習活動はできておらず，ほとんど理解していないことが多い。教師は生徒に確かな体育的学力[*1]を保障しなければならない立場であるとすると，生徒との対話や表情から指導内容を修正し，柔軟に授業を展開する力が必要である。

2　教師の1日，1週間，1ヶ月

　教師は1日どのような生活，仕事をしているのかを紹介する。勤務時間はあるものの教師の朝は早い。配布プリントの印刷やライン引き，用具の出し入れなどの授業の準備だけでなく，学級担任であれば教室整備やその日に生徒に伝えなければいけないことや提出物の確認，さらには校務分掌（生徒指導など）の仕事をこなすなど時間を効率よく使えるかどうかが出勤時間，退勤時間にかかわってくる。授業の空いている時間は，もちろん教材研究などの授業準備やその他の業務をこなす。公立校では1日の活動を振り返るシートやノートを帰

＊1　体育的学力とは，①体の動かし方や，運動・スポーツの行い方に関する内容，②運動やスポーツにおける体力，健康・安全に関する内容，③運動やスポーツの実践につながる態度に関する内容，④運動やスポーツの生涯設計に関する内容等の体育で保証すべき学力を示す（佐藤・友添，2011）。ここでの学力とは「学習者が学習内容を身に付けることによって備わった能力」（佐藤・友添，2011，p.12）としている。

りの会で生徒に提出させ，それを放課後に担任が確認し，翌日の朝の会で生徒に戻すことがある。これは生徒に家庭学習の習慣を身につけさせるだけではなく，日々の振り返りや生活リズムを担任が確認することに意味がある。生徒からの提出物を確認する時間はどうしても部活動終了後になってしまう。このように教師は教科のことだけを行っていればよいのではなく，担任や分掌など様々な仕事をしながら授業準備を進めなければならない。

　1週間の単位で見ていくと，1週間の予定は，授業の進度に合わせた次週の授業計画の修正と休日の部活動の予定に大きく左右される。授業が単発ではなく，前後の授業と関連して生徒の学びを深めていくためには特に指導内容の修正は重要である。具体的には当初に計画していた単元計画に対して生徒にどの程度の内容を指導できたのか，生徒の習得状況はどのようなものかといった視点から現状を把握し，その後の指導を修正していく過程である。さらに1ヶ月単位ではクラス間の授業時数のずれを確認し（必要であれば授業変更を検討する），次単元の開始時期の検討や使用予定の用具の準備や施設の利用状況を確認する。また，行事や部活動の活動予定，次単元の計画の進捗状況により仕事量は変わってくる。

　昨今の学校教育を取り巻く状況は大きく変化し，教師の働き方改革や部活動の地域移行，人員の確保など，学校教育に関する課題が連日ニュースで報道されている。さらにコロナ禍におけるICT端末の活用やオンライン授業配信など教師に求められる技術に関しても多岐にわたる。そのような教師を取り巻く多忙な環境でどのようなことがやりがいとして存在するのだろうか。

3　中学校保健体育科教師としてのやりがい

　私が感じる「教師」としてのやりがいは，生徒の成長を一番近くで感じられる（見られる）ことである。私自身，初任校でやりがいについて年配の先生にうかがったことがある。その先生からは「学級担任をもって一度卒業させればわかる」とだけ言われ，具体的な内容は教えてくれなかった。初めて学級担任としてかかわった生徒の卒業式。主役は生徒なのに「私はたくさんのことを学ばせてもらった3年間だったな」と感慨深かった。しつこい私の言うことに反抗的で耳を傾けることがなかった生徒に，卒業式でボソッと「ありがとうございました」と言われた時は，教師としてどのように接すればよいか悩んだこともあったが，まっすぐにその生徒と向き合ってよかったと心から思えた。中学1年生の幼さが残る生徒から立派な大人になっていく過程に間近で寄り添うこ

とができることはとても崇高なことであり，教師としての誇りを感じる。でき
ないことが少しずつできるようになる，わからなかったことが少しずつわかる
ようになる成長過程にはいつも驚かされ，そして感動させられる。教師として
の大変さを感じることや悩む時期があったとしても，その一瞬で報われる気が
してしまう。

　では，「保健体育科教師」としてのやりがいは何だろうか。それは自分で授
業を組み立てる楽しさを味わうことができるということだ。学生であった私は
よい授業ができる指導案がほしいと思ったことがあった。しかし，今は他の教
師の授業は参考にすることはあってもまったく同じ授業をやってみたいとは思
わない。授業を組み立てるためにはそのための準備に費やす時間は膨大である
が，生徒の反応や楽しむ姿を想像しながら指導内容や教材を検討し，教具を考
える過程はある種，少年がプラモデルを作成するワクワク感と近いものがある。
10 年近く教職の立場で生徒と接していると自分の授業スタイルは確立され始
め，押さえなければいけない授業の指導ポイントがわかってくる。その上で前
回の実践よりもさらによい授業にするためにはどのようなことを改善，修正し
なければいけないかを自分に問いながら進めていく。私はゴール型球技（サッ
カー）の競技経験を有しているが，授業でゴール型球技を指導する際は，他の
素材よりも内容選択に手を焼く。ゲームで求められている戦術的課題を生徒に
気づかせるためにゲームを修正する（Thorpe et al., 1986）が，ドリブルの有
無やコートサイズ，人数によってゲームの様相は大きく変わることを知ってい
るため細かい指導内容やゲーム条件に悩んでしまうからだ。

　生徒の振り返りや感想，時には直接言ってくれる生の声は「これからも授業
を頑張ろう」と思える活力になる。ネガティブな内容が私のところに届けられ
た時は「チャンス！」と思うようにしている。それは自分では気づけなかった
視点や生徒にどのように授業が映っていたのかを深掘りできる機会であるから
だ。生徒が授業終了後に「先生，○○ができるようになりました」と溢れるば
かりの笑顔と清々しい表情で伝えにきてくれることは何ものにも代えがたい。
限られた授業内でそのような経験ができるように教師は自覚と使命感をもって
毎回の授業に臨んでいる。

4　授業をデザインする力を育む

　授業をデザインする力とはどのような力だろうか。学習者が夢中になり，一
生懸命に活動してもその活動が適切でない内容であれば授業として成立しない。

ここまで説明もなく用いてきたが，体育科教育では素材，学習内容，教材，教具という用語が区別されて用いられてきた（岩田，1997）。運動種目を素材として捉えると，学習者に習得させたい内容を学習内容，その学習内容を習得する手段として教材，教材の有効性を高める物体化された構成要素を教具としている。たとえば，サッカー（素材）の授業で，得点しやすい味方にパスを出せる（学習内容）ようにするためにボール保持者のボールを奪うことを禁止したルール（教材）を用い，さらに周囲の状況を把握でき，ボールを止めやすいように空気の抜いたフットサルボール（教具）を使用することである。これらの工夫された授業を展開するためには生徒に学習させたい内容を明確に設定し，その習得のために教材の配列や場の設定，発問を工夫し，適切な指導言語で指導することが必要である。また教材をどのタイミングで説明し，どのような発問をするのか，発問と関連づけられた課題であるかなどの様々な視点で検討していかなければならない。あわせて評価規準の作成と評価計画を具体的に設定することは学習成果の確認，説明責任（アカウンタビリティ）を果たすだけではなく，自身の授業改善の糸口となり得る。これらの授業を設計する上で検討すべき内容を踏まえて実際の授業に落とし込める力は授業をデザインする力と言える。また，授業を設計する際に，あらかじめ生徒がつまずきそうな内容を回避するための予防的指導と，生徒が直面する課題を明確にし，その解決策を学ぶ処方箋的指導が想定される。いずれも生徒にどのような学びを充実させたいのかを明確にし，教師の意図的，計画的な授業設計が重要であることは言うまでもない。

　他方で授業をデザインする力の向上には他者からのフィードバックが重要な要素である。TALIS2018[*2]の調査では，参加国の平均と比べ日本の小中学校教師は過去12ヶ月の間に受けたフィードバックが「担当教科等の指導法に関する能力」，「主な担当教科等の分野に関する知識と理解」によい影響を与えたと回答した教師の割合が高いことがうかがえる（図6-1）。これは他者からのフィードバックが自身の授業改善のために肯定的に作用する裏づけと言えるデータである。もちろんフィードバックには校内研修会等の公的な場での内容や職員室での雑談のようなインフォーマルな内容があるが，いずれにしても他

---

*2　OECD（経済協力開発機構）の国際教員指導環境調査（TALIS：Teaching and Learning International Survey）は，教師及び校長を対象に2008年から5年ごとに，教員及び校長の勤務環境や学校の学習環境に焦点を当てた国際調査である。日本は第2回目（2013年）から参加し，小学校は第3回目が初参加である。2018年調査は，日本を含む48か国・地域が参加し，同年2月中旬から3月中旬に実施された。

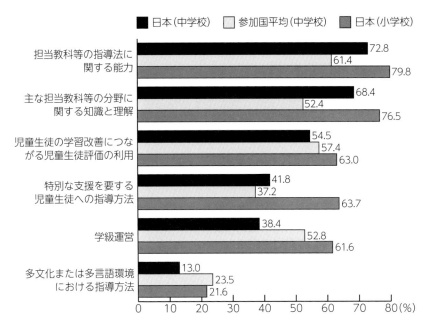

凡例: ■ 日本（中学校） □ 参加国平均（中学校） ■ 日本（小学校）

- 担当教科等の指導法に関する能力: 72.8 / 61.4 / 79.8
- 主な担当教科等の分野に関する知識と理解: 68.4 / 52.4 / 76.5
- 児童生徒の学習改善につながる児童生徒評価の利用: 54.5 / 57.4 / 63.0
- 特別な支援を要する児童生徒への指導方法: 41.8 / 37.2 / 63.7
- 学級運営: 38.4 / 52.8 / 61.6
- 多文化または多言語環境における指導方法: 13.0 / 23.5 / 21.6

図6-1　教師へのフィードバックがよい影響を与えた内容（国立教育政策研究所，2020a）

者のフィードバックは自身の授業を振り返る際の1つの視点になることは間違いない。また日本はTALIS2018参加国と比較して30歳未満の中学校教員のほうが，そして経験年数が5年以下のほうがフィードバックを受ける割合が高いことが指摘されている（国立教育政策研究所，2020b）。つまり若手教師は様々な視点のフィードバックを受けるので，授業改善の糸口として有効的に活用してほしい。そのためには自分と異なる視点のフィードバックをまずはしっかりと受け止め，自分の授業を振り返る材料にしてもらいたい。

5　他教科の教師との仕事や日常の違い

　保健体育科教師は学校現場で期待されることが多い。たとえば生徒指導は全教員で行うものであるにもかかわらず，保健体育科教師が先導的立場に就くことがある。そして整列指導や集会の運営など他の教員よりも生徒の前に出る機会は必然的に多くなると感じる。様々な行事を運営することも求められる。教科特性上，集団を動かすことに長けていることやリーダーシップ，フォロワーシップを理解し，教職員と協同的に行事を計画，運営できる力を身につけてい

るからである。それは保健体育教師が「身体的教養を備えた人物（Physically Educated Person）」（NASPE, 2004, p.11）であり，スポーツが好き，できるということだけではなく，スポーツ科学を通して形成された教養や資質に学校現場が期待しているということである。

　教科の特性上，体育実技の授業では用具や場の設定（ライン引きや掲示物等）の準備で他教科よりも準備の時間を確保しなければいけない。授業開始時に活動場所にいればよいのではなく，生徒の活動を想像し，用具や教具の設置場所を綿密に計画し，準備する必要がある。

6　教師という仕事とワークライフバランス

　教師が教師であり続けるためには，教師自身が健康である必要がある。ここでの健康とは，心の健康と体の健康を意味する。休日に家族と過ごす時間，趣味に没頭できる時間や読書を嗜む時間が教師自身の人生を豊かにすることにつながる。保健体育科教師はどうしても休日の時間を，運動部活動の指導に割いてしまいがちであるが，適切な休息の時間について自治体や学校ごとで決まり事を設定し，確保していただきたい。これから教師を目指していく学生が働き方で悩まないような環境づくりを現職の教師全員が自分事として捉え，改善していく必要がある。

　また教師の勤務時間の超過は周知の事実である（国立教育政策研究所, 2020a）が，勤務時間を検討する上では教師の業務内容は切っても切り離せない関係性と言える。日本の教師が担当する業務は諸外国と比較すると多いこと（国立教育政策研究所, 2017）が報告されている（表6-1）。「欠席児童の連絡」や「朝のホームルーム」，「給食・昼食時間の食育」といった日本では教師の業務として当たり前になっている内容に関しても教師の業務として位置づけていない国も見受けられる。しかしわが国の業務のスリム化を図ることばかりに目を向けるのではなく，教育制度や教育を取り巻く社会環境，文化的背景に即した適応性等を慎重に吟味して検討していかなければならない。そして学校教育の今までの当たり前を考え直し，常識にとらわれずに物事を考え，教師一人ひとりが当事者意識をもつべきである。教育全体の抱えている課題を整理し，否定的にではなく，批判的に捉え，さらには改善策を学校現場の教師から提示できる。そのような生産的，建設的な議論を今後行っていく必要があると考える。

表6-1 諸外国における教師の役割（国立教育政策研究所，2017）

業務 \ 象限・国名	I アメリカ	I イギリス	I 中国	I シンガポール	II フランス	II ドイツ	IV 日本	IV 韓国
児童生徒の指導に関わる業務								
登下校の時間の指導・見守り	×	×	×	×	×	×	△	×
欠席児童への連絡	×	×	○	○	×	○	○	○
朝のホームルーム	×	×	○	○	×	×	○	○
教材購入の発注・事務処理	×	×	△	×	×	○	△	×
成績情報管理	○	×	△	○	○	○	○	○
教材準備（印刷や物品の準備）	○	○	○	○	○	○	○	○
課題のある児童生徒への個別指導，補習指導	○	○	○	○	○	○	○	○
体験活動の運営・準備	○	○	○	○	○	○	○	○
給食・昼食時間の食育	×	×	○	×	×	×	○	○
休み時間の指導	○	○	○	△	×	○	○	△
校内清掃指導	×	×	○	×	×	×	○	○
運動会，文化祭など	○	○	○	○	○	○	○	○
運動会，文化祭などの運営・準備	○	○	○	○	○	○	○	○
進路指導・相談	△	○	○	○	○	○	○	○
健康・保健指導	×	×	○	○	○	○	△	○
問題行動を起こした児童生徒への指導	△	○	○	○	○	○	○	○
カウンセリング，心理的なケア	×	×	○	○	×	△	×	×
授業に含まれないクラブ活動・部活動の指導	△	△	○	△	×	△	△	△
児童会・生徒会指導	○	○	○	○	○	○	○	○
教室環境の整理，備品管理	○	○	△	○	○	○	○	○
学校の運営に関わる業務								
校内巡視，安全点検	×	×	△	×	×	×	△	×
国や地方自治体の調査・統計への回答	×	×	△	×	×	×	○	×
文書の受付・保管	×	×	△	×	×	×	△	×
予算案の作成・執行	×	×	×	×	×	×	△	×
施設管理・点検・修繕	×	×	△	×	×	×	△	×
学納金の徴収	×	×	○	×	×	×	△	×
教師の出張に関する書類の作成	×	×	△	×	×	×	○	×
学校広報（ウェブサイト等）	×	×	△	×	×	×	○	○
児童生徒の転入・転出関係事務	×	×	△	×	×	×	×	×
外部対応に関わる業務								
家庭訪問	×	×	○	×	×	×	○	△
地域行事への協力	○	○	△	×	○	×	△	△
地域のボランティアとの連絡調整	×	×	△	×	×	○	△	×
地域住民が参加した運営組織の運営	△	×	×	×	×	△	△	×

※教員の「担当とされているもの」に○を，「部分的にあるいは一部の教員が担当する場合があるもの」に△を，「担当ではないもの」に×を付けている。3か国以上の国で△または×が選択されている業務をグレー表示している。全部で40業務設けたが，「出欠確認」「授業」「教材研究」「体験活動」「試験問題の作成，採点，評価」「試験監督」「避難訓練，学校安全指導」「出欠確認」「授業」等全ての国で「担当とされているもの」7項目は掲載していない。

7　保健体育教師における学び続ける教師とは

　教師自身が学び続ける存在であるべきであるという「学び続ける教師像」の確立（中央教育審議会，2012）が提唱され，教師は継続的な授業改善や研修の機会の確保が求められた。教師は省察的実践家（reflective practitioner）であるならば自身の授業を振り返った際に自分なりの問いを立てることは重要である。特に初任者教師は「授業に即して反省的な方法で理解する能力」（米国学術研究推進会議，2002, p.159）が求められる。実践として経験したことを省察的に振り返る時間を確保しなければ授業改善は望めない。また新たな指導方略や教授方法の知識を習得したとしても実践に活かすために自身の授業を振り返り，指導法に反映されなければただの知識の集合体でしかない。

　公立校では他者に授業を参観してもらう機会や他者の授業を参観する機会が少ない。研修や自己研鑽に時間を費やしたいと思っている教師であってもそのための時間を十分に確保できない現状を踏まえると，研修や研究を通して自身の授業改善の必要性を感じた際に，初めて学校外の世界に目を向けることができる。学会や民間教育研究団体の勉強会，大学教員の講演などインプットは多くてもその内容を解釈し，自分の授業に活かすことは容易ではない。さらに教師自身が授業改善のために休日の時間と労力とお金を使って勉強会や学会へ参加するのはハードルが高いのかもしれない。

　しかし，自分だけで自身の授業を検討しても限界があることは事実である。その際に必要になるものとしては，人的ネットワークが挙げられる。これは外部機関と連携を図らなければいけないのではなく，同僚，初任者の同期や学生時代の仲間，研修や研究会で知り合った方など互いに授業や職場についての悩みや課題，成果などを気兼ねなく共有できる関係性のことである。そのような関係性は忙しい中でも授業に対して考えるきっかけをつくり，勉強会に一緒に参加できた際にはその後の食事が楽しみで仕方ない。初任教師の力量形成にとって授業に関して日常的に語り合う関係性をつくることは重要である（木原，2007）ことを踏まえると，何気ない授業に関する相談や成果，課題を共有できる職場であるならば必ずと言っていいほど人間関係も良好であると考える。

　授業は，教職経験を積まなければ絶対に上手くならないのか。授業の知識は実践経験とその省察により身につく実践的知識と，文献学習による理論的知識があるとされている（木原，2015）。もちろん熟達教師は教科内容に関する知識だけでなく，生徒が直面するつまずきやそのつまずきに働きかける有効な指導方法に関する知識を身につけ，教科内容と教授学的知識を関連づけている（米

国学術研究推進会議，2002）ので初任者教師の指導とは一線を画す。しかし若手教師は教職歴が浅くても，教材の専門的理解や理論的理解などの教科内容にかかわることについては文献等から知識を得ることができる。つまり経験で取得した実践的知識と学習で習得した理論的知識の両方が重要であり，双方を関連づけながら，往還できる知識の形成が教師自身の学びに必要である。

　教師が何気なく言ったアドバイスで生徒が自信をもてるようになることや，何事にも全力で取り組む熱血教師との時間は，生徒にとってかけがえのないものである。私たち，保健体育教師は身体活動を通した教育のプロフェッショナルとしての自覚をもち，生徒の学びの充実を図るために実践と自己研鑽を繰り返していく必要がある。できない生徒目線に立ち教具を工夫してみる，声の大きさやトーンを工夫して生徒の注目を引き付ける，得点が取れたら生徒と共に全力で喜ぶ，そんな教師たちの授業で子供たちは輝く。すばらしい保健体育教師に共通することは目の前の子供に対して運動をできるように，わかるようにさせたいという熱意であろう。

　本講が，日々の忙しさで見失いがちであるが，教師になった（なりたい）時の想いや展望，教師としてのやりがいを読者と共に再確認，共有できる機会であったなら幸いである。保健体育教師は，授業の他にも様々な業務を任され，忙しい日々を過ごしていることは間違いない。しかし，そのような日常の中にも授業を振り返る時間，または計画・検討する時間を意図的に確保し，実践と自己研鑽を建設的に繰り返すプロセスを教師自身が楽しみたいものである。様々な先生方と授業について情報を共有し，それに対して建設的な意見交換をし，明日の授業準備が楽しみになる。そのような生き生きとした教師の授業は絶対に楽しいに決まっている。

［文献］
Thorpe, R., Bunker, D. and Almond, L. (1986) Rethinking games teaching. Department of Physical Education and Sport Science. Loughborough: University of Technology, Loughborough.
米国学術研究推進会議編：森敏昭・秋田喜代美監訳（2002）授業を変える―認知心理学の新たな挑戦．北大路出版．
中央教育審議会（2012）教職生活の全体を通じた教員の資質能力の総合的な向上方策について（答申）．https://www.mext.go.jp/b_menu/shingi/chukyo/chukyo0/toushin/1325092.htm，（参照日2022年7月3日）．
岩田靖（1997）体育科の教材づくり論．竹田清彦他編著，体育科教育学の探究．大修館書店，pp.224-253．
木原成一郎（2007）初任教師の抱える心配と力量形成の契機．グループ・ディダクティカ編，

学びのための教師論．勁草書房，pp.29-55.

木原成一郎（2015）まえがき．木原成一郎ほか編，体育授業を学び続ける〜教師の成長物語
　〜．創文企画，pp.1-3.

国立教育政策研究所（2017）学校組織全体の総合力を高める教職員配置とマネジメントに関
　する調査研究報告書．https://www.nier.go.jp/05_kenkyu_seika/pdf_seika/h28a/kyosyo
　ku-1-8_a.pdf（参照日2022年5月20日）.

国立教育政策研究所（2020a）OECD国際教員指導環境調査（TALIS）2018報告書vol. 2の
　ポイント．https://www.nier.go.jp/kokusai/talis/pdf/tails2018-vol2.pdf（参照日2022年
　6月13日）.

国立教育政策研究所（2020b）教員環境の国際比較 OECD国際教員指導環境調査（TALIS）
　2018報告書［第2巻］専門職としての教員と校長．明石書店.

NASPE（2004）Moving into the future：national standards for physical education 2nd
　ed. McGraw-Hill.

岡出美則（2018）初等体育科教育の学習指導論．吉田武男監修，岡出美則編著，MINERVA
　はじめて学ぶ教科教育⑨ 初等体育科教育．ミネルヴァ書房，pp.51-61.

佐藤豊・友添秀則（2011）楽しい体育理論の授業をつくろう．大修館書店.

コラム3ーーー 保健体育教師の困難と感動

「生徒たちが体育の授業に夢中になって取り組み，運動することを好きになって，生涯にわたって続けてほしい」

　私たち体育教師は，このような願いを持ち，教材の研究を行い，指導方法を工夫して日々の授業を実践している。しかし，現実としてなかなか高校の生徒たちを夢中にさせられない。小学校の時は一生懸命に体を動かすことを楽しんでいたのに，高校ではそれを極度に嫌う生徒もいる。高校の体育授業を一括りにすることはできないが，ここでは定年退職までに5つの学校に勤務した私が，実際に経験したことの一端を紹介しよう。

　はじめに，いわゆる教育困難校と呼ばれる学校の話。教師の仕事は授業が中心だと言われるが，その学校では生徒指導の合間に「授業をこなす」という現実があった。そして授業の大変さは授業のマネジメントにあった。まず，生徒を時間通りグラウンドに集合させることが難しい。チャイム後に遅刻者や見学者が続々と来て時間通りに始められない。見学者は水泳や長距離走の授業で増える傾向にあった。また，出欠席の確認にも時間を要した。なぜなら，授業を中抜けしたり，欠席者の代返をしたりする生徒もいるからだ。そのため，顔を見ながら一人ひとり全員の名前を呼んで確認した。

　チーム編成も難関だった。教師がチームを決めるのだが，生徒たちは仲良しグループが分けられてしまうことを極端に嫌う。仲良し同士を別チームにすると試合が盛り上がらない。反対に同じチームにするとふざけてしまう可能性がある。

　次に，別の学校で盛り上がった授業の話。「チャレンジ運動」を取り入れた，体ほぐし運動の授業を実施したことがあった。その単元は，船が難破して無人島に漂着したところから始まり，最後は皆で協力して宝物を手に入れるというストーリー仕立てにした。生徒たちがチャレンジ運動の授業を受け入れてくれるか不安もあったが，結果的に盛り上がった。宝物は友達からもらった「良いところを書いた手紙」（頑張っているところ）。その手紙を集中して真剣に読んでいる光景は，今でも忘れられない。

　最後に，別の学校で行ったアルティメットの授業の話。授業が進んでいくと，生徒たちは試合に勝つため主体的に昼休みの練習を始めた。一つのチームが練習を始めると別のチームも練習を始めた。結局，全チームが練習をするようになった。そして，授業の公式戦で敗れた時，生徒が涙を流して悔しがっていた。その光景を見た私も目頭が熱くなった。

　体育の授業は，広い空間で生徒とかかわりながら進んでいく。学習課題がうまくハマると授業はとても盛り上がり，共に感動することができる。卒業してから10年後，ある生徒の結婚式に招かれた。私は，その生徒の部活の顧問でもクラス担任でもなかった。体育教師はそれくらい生徒と深いかかわりを持つことができる職業だと感じた。

（小林　寿）

［須甲理生］

どのような学生が保健体育教師を目指すのか

概要●本講では，「どのような学生が保健体育教師を目指すのか」という問いについて，「教師の信念」と「職業的社会化」という視点から，以下の2点について理解し，考察することをねらいとする。
①教職志望学生は，どのような被教育体験期の経験を通して，どのような信念を形成してきているのか。
②被教育体験期の経験で形成した教職志望学生の信念は，どのような教職課程において，どのように変容していくのか。

1　教職志望学生における被教育体験期の重要性

　近年，わが国では，教師不足の問題が深刻化しており，教師の確保にかかわる教員制度改革が急速に進められている（文部科学省，2022b）。一方で，中等教育段階の保健体育教師の確保については，教員免許状（普通免許状）の授与件数の多さ（文部科学省，2022b）[*1]や，各自治体における教員採用試験の応募者数の多さ・採用倍率の高さ[*2]から見ると，中等教育段階における他教科や幼・小・特別支援の「教師不足」とは異なる状況であると言える。

　ところで，「教職課程を置く大学等に所属する学生の教職への志望動向に関する調査」では，「教員免許を取得する者・卒業後に教員になる者のほとんどが，大学入学前に教職課程を履修することを決めている」ことが報告されている（浜

[*1]　2022（令和4）年の中央教育審議会答申によれば，教科別における教員免許状（普通免許状）の授与件数について，中学校では保健体育，社会，外国語，高等学校では保健体育，理科，外国語の順で多い状況であり，中学校の教科別（標準授業時数を踏まえた比較）では，保健体育，音楽，社会の授与件数が多いのに対し，技術，数学，理科が少ないことが報告されている（文部科学省，2022b）。

[*2]　たとえば，東京都の令和4年度公立学校教員採用候補者選考の応募状況では，中・高等学校共通の応募者数として，保健体育は全教科の中で唯一4桁の1,021人であり，中・高等学校共通全体の応募者数のおよそ4分の1を占めている（東京都教育委員会，2022）。この教員採用試験における保健体育科の応募者数の多さや採用倍率の高い状況は，東京都以外の自治体も例外ではない。

銀総合研究所，2022；文部科学省，2022a）。この調査報告を踏まえると，他教科とは異なり，量の面から確実に教師を確保できている保健体育科の状況は，保健体育教師を目指す学生（以下，教職志望学生と略す）特有の大学入学前における被教育体験期の経験から生み出されている可能性がある。

　実際，教職志望学生は，大学入学前の体育授業やスポーツ等の経験，教師やスポーツコーチ等の他者とのかかわりが保健体育教師としてのキャリア選択に大きな影響を及ぼすことが指摘されている（Lawson, 1983）。また，教職志望学生の被教育体験期の経験は，学生自身の教職課程での学び，さらには教職入職後の教師としての力量形成にも大きな影響を与えることが指摘されている（朝倉，2016；Curtner-Smith, 2017）。その意味では，効果的な保健体育科教職課程の在り方を検討する際，「養成・採用・研修」を一体的に捉えるだけでなく，そこに教職志望学生の被教育体験期の経験をも踏まえた検討が必要になると言える。

　もっとも，効果的な保健体育科教職課程の在り方を検討していく際，教職志望学生における力量の中の何を対象に検討していくのかが問題になる。2022（令和4）年の中央教育審議会答申では，理想的な教師の姿として，「教師が技術の発達や新たなニーズなど学校教育を取り巻く環境の変化を前向きに受け止め，教職生涯を通じて探究心を持ちつつ自律的かつ継続的に新しい知識・技能を学び続け，子供一人一人の学びを最大限に引き出す教師としての役割を果たしている。その際，子供の主体的な学びを支援する伴走者としての能力も備えている」（文部科学省，2022b, p.5）ことを挙げている。加えて，同答申では，教師に求められる資質能力を，「①教職に必要な素養，②学習指導，③生徒指導，④特別な配慮や支援を必要とする子供への対応，⑤ICTや情報・教育データの利活用」の5項目に再整理するとともに，「教員養成段階においては，これまでの教育の単なる再生産に陥るのではなく，教職志願者の『授業観・学習観』の転換を図り，『令和の日本型学校教育』を担うにふさわしい教師を育成する必要がある」（文部科学省，2022b, p.24）と明記されている。

　他方で，教師の授業力量は，信念，知識，技術に大別される（木原，2004）。その中でも，教師の信念は，授業行動や生徒指導，生徒への期待などについての考え方であり，ある事態について正しいか正しくないか，望ましいか否かというように，命題の形で判断されるような心理的表象のことを指す（秋田，2006）。また，教師の信念とは，客観的な事実としての知識とは異なり，事実の評価や判断に基づくものであるとも指摘されている（Pajares, 1992, p.313）。教師が有する信念内容には，教師観[*3]，授業観，指導観等があり，それらが相

互に関連した信念体系として教師の中に保有される（秋田，2000，2006；Calderhead，1996）。加えて，教師の信念は，知識，技術の発揮や習得すべき知識，技術の取捨選択を規定するフィルターとして機能している（秋田，2006）。したがって，保健体育科教職課程では，教職生涯を通じて学び続けながら教師に求められる力量を形成していくための素地として，教職志望学生の信念の形成・変容を主眼に置く必要があると言える（須甲・四方田，2013；須甲，2018）。

　では，教職志望学生は，どのような被教育体験期の経験を通して，どのような信念を形成してきているのであろうか。また，被教育体験期の経験で形成した教職志望学生の信念は，どのような教職課程において，どのように変容していくのであろうか。諸外国の保健体育教師教育の改革をめぐる動向には，職業的社会化という視点から，この問いへの回答を示そうとする試みがみられる。そこで，本講では，以下，「どのような学生が保健体育教師を目指すのか」という点について，「教師の信念」と「職業的社会化」という視点から検討していく。

2　職業的社会化からみた教職志望学生が有する信念の形成

　職業的社会化とは，「将来従事する，または現在従事している職業の地位・役割達成に必要とされる知識・技術・価値規範を習得し，その職業への一体化を確立してゆく過程」（今津，1985，p.168）と定義されている。一方で，保健体育教師教育分野において，Lawson（1986, p.107）は，職業的社会化（occupational socialization）について，「最初に人が体育の分野に入るように影響を与え，後に教師教育者及び教師としての認識と行動に影響を与える全ての種類の社会化」*4 と定義している。また，Lawson（1983）は，職業的社会化を「教

---

*3　教師観とは，「教師としての自己のあり方や役割，自身の力量形成についての考え方」と定義される（Calderhead, 1996；須甲・四方田，2013）。その中でも，教職課程おいては，「保健体育教師として継続的な授業改善や自身の授業力量形成を志向する構え」と定義される「授業者としての教師観」を形成させる必要があるだろう（須甲，2018）。なぜなら，良質な体育授業があらゆる段階の学校で教えられるべきであるならば，その良質な体育授業に真に貢献したいという献身的な教師を必要とするためである（Stidder, 2015, p.22）。

*4　ここで「教師教育者」も対象とされているのは，諸外国における保健体育科の教師教育研究では，保健体育教師や教職志望学生のみならず，大学の保健体育教師教育者を対象とした研究も行われることがあるためである（McEvoy et al., 2015）。他方で，わが国においては，大学の保健体育教師教育者が教師教育を行うための力量形成にかかわる研究はほとんど行われてきていないため，今後の研究課題となるだろう。

職課程に入学する以前の段階（acculturation）」、「教職課程での学びの段階（professional socialization）」、「教職に入職以降の段階（organizational socialization）」という３つの段階に区分している。その中でも、「教職課程に入学する以前の段階」は、他の２つの段階よりも、保健体育教師の信念の形成に大きな影響を及ぼすことがこれまでの一連の職業的社会化研究の成果として報告されている（Curtner-Smith, 2017）。そもそもローティ（2021, p.106）が指摘するように、「教職は、就こうと決心する人が仕事中のメンバーを観察するという例外的な機会を有してきた点において、一般的な職業ではない」。つまり、教職志望学生は、被教育体験期の経験を通して、教職を間近に継続的に観察してきているため、このような長期間の「観察の徒弟制（apprenticeship-observation）」（Lortie, 1975；ローティ，2021）によって、教師観や授業観等といった信念を形成してきている。この点にかかわって、Lawson（1983）によれば、教職志望学生は、保健体育教師や授業に対する「主観的な論拠・主観的フィルター（subjective warrant）」（Lortie, 1975）を「教職課程に入学する以前の段階」の長い期間に形成してきており、その結果、教職課程プログラムの開始時には、「白紙の状態（blank slates）」からスタートするのではないという。

　他方で、ローティ（2021, p.106）は、「将来教師となる人たち（teacher-to-be）は、その仕事の困難を過小評価するのであるが、このことは、教職に就くことを計画している人々が教師の役割の性質に関する限定的な考えを形成している」と指摘している。また、このような被教育体験期の経験を通して形成した教職志望学生の教職に関する限定的な信念は、学生自身が教職課程プログラムの教育内容を取捨選択することにつながっている（Curtner-Smith, 2017）。さらに、「初任教師が自分の個人主義的で伝統的な経験を相殺する養成教育を経験しないのならば、教職は共有された専門文化の構築にほとんど関心をもたない人ばかりになるだろう」（ローティ，2021, p.108）とも指摘されている。

　したがって、教職課程プログラムでは、誤った思い込み、信念、価値観を有した教職志望学生が教職課程を履修した場合、彼らの信念等を変容させるような強力なプログラムを設計する必要がある（Curtner-Smith, 2017）。

3　教職志望学生が有する信念の内容

　Curtner-Smith（2017）は、保健体育科教職課程の中には、コーチング志向（coaching orientation）とティーチング志向（teaching orientation）の２つのタイプの教職志望学生が存在すると指摘している。コーチング志向の教職志望学

生とは，教育課程外のスポーツのコーチングを担うために教職を志望し，教科指導を「キャリアの付随的な事柄（career contingency）」として，また，受け入れるというより耐えるべきものとして捉えている傾向があると指摘されている（Curtner-Smith, 2017, p.35）。一方で，ティーチング志向の教職志望学生とは，教科指導を担うために教職を志望し，教育課程外のスポーツのコーチングを「キャリアの付随的な事柄」として捉えている傾向があると指摘されている（Curtner-Smith, 2017, p.35）。これらの中でも，コーチング志向の教職志望学生は，効果的な指導や革新的な授業実践の方法等に関する教職課程の内容を受け入れない傾向があると指摘されている（Curtner-Smith, 2009; Curtner-Smith, 2017）。また，コーチング志向の教職志望学生は，伝統的な体育授業の方法に固執し，自身の主要な役割を課外活動のコーチだと認識している保健体育教師の授業を受けてきている可能性があると指摘されている（Graber et al., 2017）。Curtner-smith（2009）は，コーチング志向の保健体育教師による「教えない体育授業（non-teaching physical education）」[5]を受けてきた教職志望学生は，授業のイメージが貧困であり，また，コーチング志向になることが多く，結局，教職課程での学びは教員になってから活かされずに，「教えない体育授業」が再生産される可能性が高いと指摘している。さらに，そのことが，学校内における教科としての体育の周辺的位置付け（marginal subject）を促進させることにつながっている（Curtner-Smith, 2009）。

　わが国においては，運動部活動指導の成果で昇進が決定したり，そもそも都道府県によっては，採用時に，運動部活動指導における種目のバランスを考慮した採用や人事が行われる場合があり（沢田，2001）[6]，この状況においては，保健体育教師が授業者としてではなく，運動部活動指導者としての教師観に傾倒してしまう可能性は極めて高くなる（須甲・四方田，2013）。実際，わが国の保健体育教師が運動部活動指導者としての教師観に傾倒している実態については，学生，保健体育教師自身，同僚等を対象とした実証的な研究の成果としてこれまでに数多く報告されてきている（たとえば，高橋，1996;谷口，2003など）。

---

*5　「教えない体育授業（non-teaching physical education）」のような実践例として，休み時間のような体育授業，授業の中で罰として運動を利用すること，服装に基づいた評価，国や州のスタンダードを無視した授業等が存在していると指摘されている（Richards and Templin, 2019）。

*6　この点について，文部科学省（2019，p.68）は，特定の教科の教師を限定していないとはいえ，「教師の本務は授業であり，限られた時間の中で授業準備がおろそかになるほどまでに部活動に注力することは適切ではないが，部活動に過度に注力してしまう教師の存在も指摘されていることから，教師の意識改革も必要である。このため，教育委員会は，採用や人事配置等において，教師の部活動の指導力を過度に評価しないよう留意すべきである」と警鐘を鳴らしている。

また，わが国の中等教育段階の体育授業については，豊かなスポーツライフの素地をつくることのできる，必修たりうる体育授業が行われていない事例も見られると指摘されている（本村，2016）。

このような，わが国における保健体育教師や体育授業の実態を踏まえれば，先に示した「観察の徒弟制」（Lortie, 1975）や職業的社会化における「教職課程に入学する以前の段階」の影響の大きさから，教職志望学生は運動部活動指導者としての教師観を形成・保持した状態で保健体育科の教職課程を履修し始める可能性が高いことを示している。

他方で，良質な体育授業と保健体育教師の効果的な指導を経験した教職志望学生は，ティーチング志向が強くなる可能性があることが指摘されている（Graber et al., 2017）。また，このような教職志望学生は，教職課程プログラムの教育内容を受け入れ，教職に就いた後の授業においても，教職課程プログラムで教わった革新的な指導方法等を採用する可能性が高いことが指摘されている（Curtner-Smith, 2017; Graber et al., 2017）。

では，運動部活動指導者としての教師観を有する教職志望学生の信念の変容を促すとともに，ティーチング志向，つまり，「授業者としての教師観」を有する教職志望学生の信念をサポートし，さらに深めていくための保健体育科教職課程には何が求められるのであろうか。また，教職志望学生の信念はどのように変容するのであろうか。

4 保健体育科教職課程の在り方と教職志望学生が有する信念の変容

教職志望学生の信念の形成・変容を促す教職課程プログラムには，体育授業の効果的な指導のために求められる技術，知識，信念等といった「専門文化（technical culture）」を教職課程のスタッフ間で共有すること，また，教職課程のカリキュラム全体の一貫性を保つことが重要であると指摘されている（Curtner-Smith, 2009; Graber et al., 2017; Richards and Templin, 2019）[7]。

わが国では，2021（令和3）年5月に「教育職員免許法施行規則等の一部を改正する省令（令和3年文部科学省令第25号）」が交付・施行され，教職課程を設置する大学の全学的な体制の整備や，教職課程の自己点検・評価とその公表が

---

[7] 一方で，教職課程のスタッフ間で共通のビジョンが共有できない場合，また，教職課程カリキュラム内に矛盾が生じている場合，教職志望学生は，被教育体験期の経験で形成した既存の信念を再確認することになると指摘されている（Graber et al., 2017）。

求められるようになった。これは，保健体育科教職課程を有する大学にとって，大学全体の教職課程に関する共通理解や連携を図る契機となり，目指すべき教師像や教員として求められる力量を大学スタッフ間で共有すること[*8]を通して，教職志望学生の信念の形成・変容を促すことに資する可能性がある。また，教職課程のスタッフ間の共通理解を図ることについては，「教科に関する専門的事項」等の担当者も含めた教職課程にかかわる複数のスタッフが連携して取り組むことが求められている「教職実践演習」という具体的な科目の中でも可能になると言えるだろう（須甲，2019）。

　実際，保健体育科教職課程において，教科指導にかかわる事項を中核とした教職実践演習を展開した結果，教職志望学生が「授業者としての教師観」を形成することに一定の成果が見られたという事例も報告されている（須甲，2018）。

　他方で，2022（令和4）年の中央教育審議会答申において「『理論と実践の往還』の手法による授業観・学習観の転換」（文部科学省，2022b，p.23）が掲げられたように，教職課程では，模擬授業とその省察を通して，信念の変容を促すことも重要になると言えるだろう。この点にかかわって，模擬授業やその省察を中核とした教職課程の授業により，教職志望学生が保健体育教師イメージを変容させ，「授業者としての教師観」を形成することにつながることが報告されている（須甲・助友，2017）。また，この教職課程では，模擬授業やその省察について，「教科教育法」と「教育実習事前・事後指導」とを関連させて実施し，「教科に関する専門的事項」等の担当者も含めた教職課程にかかわる複数のスタッフで模擬授業とその省察の指導に加わっている（須甲・助友，2017）。その意味では，先に示した，教職課程のスタッフ間の共通理解に基づく，「理論と実践の往還」の効果が示された成果とも言えるだろう。

5　教職志望学生における信念研究の必要性

　教職課程コアカリキュラムでは，「各教科の指導法」において，「模擬授業とその振り返り」を取り入れることが求められている（文部科学省，2017）。また，わが国の体育科教育学分野では，2003年時点において，大学における反省的

---

*8　この点の重要性については，たとえば，「全国私立大学教職課程協会 教職課程質保証に関する特別委員会」（2022）が作成した「教職課程自己点検・評価基準」における基準領域の1つ目に，「教職課程に関わる教職員の共通理解に基づく協働的な取り組み」が設定されている点からも確認できる。

授業（模擬授業）は部分的にしか行われていないと指摘されていた（高橋, 2003）が, 近年, 模擬授業やその省察に関する教職課程の授業報告や成果が知見として数多く蓄積されてきている（たとえば, 須甲・助友, 2017など）。加えて, 先に示した通り, 「教職課程の自己点検・評価」等に見られるように, 教職課程のスタッフ間の共通理解と連携を深める契機となりうる教員制度改革が進められてきている。

　その意味では, 今後, 「授業者としての教師観」を有する保健体育教師が学校現場に数多く輩出される可能性があり, これは, 職業的社会化の視点から見れば, 「授業者としての教師観」を有する保健体育教師の養成における好循環を生み出す可能性を秘めている（須甲, 2019）。

　他方で, わが国において, 教師の授業力量形成の基盤となる保健体育教師の信念に焦点を当てた研究は, 朝倉（2016）の研究を中心にして蓄積されてきているとはいえ, 諸外国に比べれば少ない状況にある。特に, 被教育体験期の経験を通して形成してきた教職志望学生の信念の実態や, 教育実習を含めた教職課程全体のプログラムが教職志望学生の信念の形成・変容に与える効果等については未解明の部分が多いと言えよう。

　したがって, 今後は, 保健体育科教職課程プログラムの改善や教員制度改革への提言等に向けた, 教職志望学生の信念に関する知見を蓄積していくことが求められると言えるだろう。

［文献］
秋田喜代美（2000）教師の信念．日本教育工学会編, 教育工学事典．実教出版, pp.194-197.
秋田喜代美（2006）教師の信念体系．森敏昭・秋田喜代美編, 教育心理学キーワード．有斐閣双書, pp.156-157.
朝倉雅史（2016）体育教師の学びと成長─信念と経験の相互影響関係に関する実証研究─．学文社.
Calderhead, J. (1996) Teachers: beliefs and knowledge. In: Berliner, D. C. and Calfee, R. C. (Ed.) Handbook of Education Psychology. Macmillan, pp.709-725.
Curtner-Smith, M. (2009) Breaking the cycle of non-teaching physical education teachers: Lessons to be learned from the occupational socialization literature. In L. D. Housner, M. W. Metzler, P. G. Schempp, T. J. Templin (Eds.) Historic traditions and future directions of research on teaching and teacher education in physical education. Fitness Information Technology, pp.221-225.
Curtner-Smith, M. (2017) Acculturation, recruitment, and the development of orientations. In K. A. R. Richards, & K. L. Gaudreault (Eds.) Teacher socialization in physical education: New perspectives. Routledge, pp.33-46.

Graber, K. C., Killian, C., and Woods, A. (2017) Professional socialization, teacher education program, and dialectics. In K. A. R. Richards, & K. L. Gaudreault (Eds.) Teacher socialization in physical education: New perspectives. Routledge, pp.63-78.

浜銀総合研究所（2022）令和3年度 文部科学省委託調査「教員の養成・採用・研修の一体的改革推進事業」教職の魅力向上に関する取組の推進（教職課程を置く大学等に所属する学生の教職への志望動向に関する調査）成果報告書.

今津幸次郎（1985）教師の職業的社会化―教職の社会学―. 柴野昌山編，教育社会学を学ぶ人のために. 世界思想社，pp.166-182.

Lawson, H, (1983) Toward a model of teacher socialization in physical education: the subjective warrant, recruitment and teacher education, Journal of Teaching in Physical Education, 2(3): 3-16.

Lawson, H. (1986) Occupational Socialization and the Design of Teacher Education Programs. Journal of teaching in Physical Education, 5(2): 107-116.

Lortie, D. (1975) Schoolteacher: A sociological study. The university of Chicago Press.

ローティ：佐藤学監訳・織田泰幸ほか訳（2021）スクールティーチャー：教職の社会学的考察. 学文社.

McEvoy, E., MacPhail, A., and Heikinaro-Johansson, P. (2015) Physical education teacher educators: A 25-year scoping review of literature. Teaching and Teacher Education, 51: 162-181.

本村清人（2016）「知・徳・体」を育む学校体育・スポーツの力. 大修館書店.

文部科学省（2017）教職課程コアカリキュラム. https://www.mext.go.jp/component/b_menu/shingi/toushin/__icsFiles/afieldfile/2017/11/27/1398442_1_3.pdf（参照日：2022年7月20日）

文部科学省（2019）新しい時代の教育に向けた持続可能な学校指導・運営体制の構築のための学校における働き方改革に関する総合的な方策について（答申）. https://www.mext.go.jp/component/b_menu/shingi/toushin/__icsFiles/afieldfile/2019/03/08/1412993_1_1.pdf（参照日：2022年7月31日）

文部科学省（2022a）中央教育審議会「令和の日本型学校教育」を担う教師の在り方特別部会(第8回)・基本問題小委員会(第8回)合同会議【資料1】. https://www.mext.go.jp/content/220909_mxt_kyoikujinzai01-1412213_00003-01.pdf（参照日：2022年10月21日）

文部科学省（2022b）『令和の日本型学校教員』を担う教師の養成・採用・研修等の在り方について～「新たな教師の学びの姿」の実現と，多様な専門性を有する質の高い教職員集団の形成～（答申）. https://www.mext.go.jp/content/20221219-mxt_kyoikujinzai01-1412985_00004-1.pdf（参照日：2022年12月20日）

Pajares, M. F. (1992) Teacher's belief and educational research: Cleaning up a messy construct. Review of Educational Research, 62(3): 307-332.

沢田和明（2001）体育教師論：体育教師はどのように作られ，利用されてきたか. 杉本厚夫編，体育教育を学ぶ人のために. 世界思想社，pp.204-219.

Richards, K. A. R., and Templin, T. (2019) Recruitment and retention in PETE: Foundations in occupational socialization theory. Journal of Teaching in Physical Education, 38: 14-22.

須甲理生（2018）保健体育科教職課程における教職実践演習の成果―保健体育科教職志望学生における教師観を視点にして―．日本女子体育大学紀要，48：33-45．

須甲理生（2019）中・高校の現場に直結する教職課程での学び．体育科教育，67（9）：30-33．

須甲理生・四方田健二（2013）体育教師が有する教師観に関する一考察―運動部活動指導者としての教師観から授業者としての教師観へ―．日本女子体育大学紀要，43：41-50．

須甲理生・助友裕子（2017）保健体育科教職志望学生における保健体育教師イメージの変容―模擬授業とその省察を中核に展開した教科教育法の前後に着目して―．日本女子体育大学紀要，47：49-63．

Stidder, G. (2015) Becoming a physical education teacher. Routledge: London.

髙橋健夫（1996）今こそ問われる体育教師の専門性．体育科教育，44（3）：21-24．

髙橋健夫（2003）体育教師はどう変わるべきか．体育科教育，(51) 4：12-16．

谷口勇一（2003）大分県内高等学校運動部活動顧問教師の指導意識に関する調査研究．大分大学教育福祉科学部研究紀要，25（2）：305-317．

東京都教育委員会（2022）令和4年度東京都公立教員採用候補者選考（5年度採用）応募状況．https://www.metro.tokyo.lg.jp/tosei/hodohappyo/press/2022/06/14/documents/12.pdf（参照日：2022年12月20日）

全国私立大学教職課程協会（2022）令和2年度 文部科学省委託研究「教員の養成・採用・研修の一体的改革推進事業」 運営の責任体制と自己点検・評価を核とした教職課程質保証評価に関する研究．https://www.zenshikyo.org/topics/2021/06/08/bea6240de325ee498d460b4e4a89f6aed6369c29.pdf（参照日：2022年2月10日）

■第8講

［濱本想子］

学生は何を学んで
保健体育教師になるのか

概要●運動やスポーツが得意なだけでは，保健体育教師にはなれない。保健体育教師には，「教える」ための知識やスキルも必要である。本講では，保健体育教師を目指すが学生が，養成段階で何をどのように学んでいくのか，特に，保健体育教師が有する知識の複雑性とその魅力に着目しながら論じていく。

1　たくさんの引き出しをもった教師を目指す理由

　運動・スポーツができれば，保健体育教師になれるだろうか。答えは，「No」である。「できる＝教えられる」ではない。では，様々な運動・スポーツのルールやポイント，体のこと，健康に関することなどについてよく知っていれば，保健体育教師になれるだろうか。この答えも，「No」である。「わかっている＝教えられる」でもない。

　保健体育教師というのは，単に運動・スポーツができて，運動・スポーツや健康に関することをよく知っているだけではない。教科の内容はもちろん，子供，教育に関連する多分な知識や教え方に関する技術を有しており，目の前の子供に合わせてそれらを瞬時に結びつけて「教える」という行為を行っている。

図8-1　保健体育教師の頭の中？

78

この「教える」という行為は，とても複雑である。しかし，子供主体の学びの実現が目指される現代において，教師が単に知っていることを伝えるという伝統的な教授スタイルはナンセンスである。これからの教師は，多様で豊かな知識や技術を用いながら，子供たちの好奇心を高め，世界を広げ，成長を促し，大人になっても他者や社会との関わりの中で主体的に生きていく力を身につけられるよう，「教える」ことが大切なのである（ビースタ，2018）。

　日々変化し複雑化する社会の中で，豊かに生きていくことができる子供を育てられる，たくさんの引き出しをもった豊かな保健体育教師を目指してほしい。本講では，そのために大学で何をどのように学ぶべきか，論じていきたい。

2　保健体育教師の知識とは

(1) 教師の知識とは

　まず，教師の「教える」という複雑な行為の背景にある，教師の知識について整理しておこう。教師の知識は，普遍的で概念化された「理論的知識」と，個人的，経験的な「実践的知識」に分けられる（佐藤，2015）。特に，「実践的知識」は実践（授業）において機能する教師固有の複雑な知識である。

　複雑な教師の知識について，その構造化・体系化に取り組む学者も多く存在する。たとえば，Shulman（1987）は7つの領域に構造化した「知識基礎」を提示した。その中でも，「PCK（Pedagogical Content Knowledge）」という，授業（子供の学習）を想定して教育内容と教育方法を結びつけて発揮する教師固有の知識が重要視されている（朝倉，2016；日本教師教育学会，2017；佐藤，2015）。また，吉崎（1988）は「授業についての教師の知識領域」を示し，「教材内容」「教授方法」「生徒」についての3つの単一的な知識と，それらが重なり合う4つの複合的な知識で捉えた（図8-2）。ダーリング-ハモンド＆バラッツ-スノーデン（2009）は，教えることの複雑性を教育心理学や学習科学の知見を踏まえて知識の観点から捉え，教員に求められる資質能力を体系的に示す「教えることと学ぶことの理解のための枠組み」を提唱した（図8-3）。

　図8-2・8-3のように，教師の知識が複数の円で示されることが多いのはその複雑性ゆえであり，それらの重なりが教師の知識の特徴を示している。また，教師の「教える」という行為には，それぞれの円（領域）に関連する多様な知識を得て，状況に合わせて選択し，結びつけるステップがある。そして，教師の「教える」という行為にまったく同じものはなく，"ある教室"で"ある子供（ら）"に対して営まれるとても限定的で創造的なものであるとも言える。

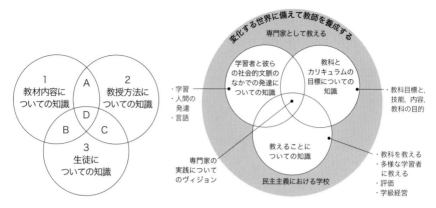

図8-2　授業についての教師の
　　　知識領域（出所：吉崎，1988）

図8-3　教えることと学ぶことの理解のための枠組み
　　　（出所：ダーリング-ハモンド＆バラッツ-
　　　スノーデン，2009)

(2) 日本の教師に求められている知識とは

①制度の視点から

　上述した欧米の知識研究の成果は，日本の教師の専門性にも多分に影響を与えた。最近の中央教育審議会答申「教職生活の全体を通じた教員の資質能力の総合的な向上方策について」(2012) や「これからの学校教育を担う教員の資質能力の向上について」(2015) では，時代や社会，環境の変化に応じて，常に「教える」ための専門的で高度な知識や能力の習得が求められている。

　その基礎を養成するのが，教員養成課程である。すべての大学の養成課程で共通に習得すべき資質能力が示されている「教職課程コアカリキュラム」の中に，教科の指導力養成の中核を担う科目として「各教科の指導法」がある。この科目では，各教科の目標や学習指導要領に示される指導内容，学習指導理論の理解，授業設計を行う方法などの習得が目指される。保健体育科では，この科目に保健と体育に関して理論的・実践的に学ぶ機会が設定される場合が多い。また，「教職課程の質の保証・向上を図る取組の推進調査研究報告書」(大学基準協会，2019) の「学士課程レベルの教職課程修了者に求められる資質能力の一覧」に示された「教科等に関する専門的知識と実践的指導力」(表8-1) を見ると，学生の間に修めることが期待される知識や力がわかりやすいだろう。

②学問の視点から

　次に，体育科教育学及び保健科教育学の視点から見てみよう。『体育科教育学入門』(岡出ほか，2021) 及び『保健科教育法入門』(日本保健科教育学会，

表8-1 「学士課程レベルの教職課程修了者に求められる資質能力の一覧」より「教科等に関する専門的知識と実践的指導力」(抜粋, pp.81-82)

---

(1)教科等に関する専門的知識
・担当教科の教科書の内容を十分かつ的確に理解できている
・学習指導要領及び同「解説」の趣旨の理解の上に立って，教科書の各単元の目標の意義を認識することの重要性を理解している
・教科に関連する新しい知識や情報を積極的に取り入れることができる

---

(2)教科等に関する実践的指導力
①授業を構想する力
・授業では，個々の児童・生徒の個性を尊重・考慮しつつ，学力向上を図ることの重要性を理解している
・学習指導要領及び同「解説」の趣旨を踏まえ，1時限（若しくは1単元）の授業計画（学習指導案）に沿って授業を進めることの重要性を理解している
・実際の授業を想定して，児童・生徒の授業への関心を引きつけるために，常時，教材研究にいそしみ必要に応じて教材開発を行うことの重要性を理解している
②授業を展開する力
・授業展開に必要な基本的なコミュニケーション・スキルを身に付けていると共に，授業を進めるための基本的な技術（発問や板書に仕方など）を会得している
③評価し改善する力
・学習評価の方法を理解している
・学習評価の意義を「学びの評価」に限定することなく，児童・生徒の学習の質の向上，教師の指導方法の改善に連結させることの重要性を理解している
・指導力の向上のため，自身の課題を発見・認識し，その克服に向けて教職としての力量を高めることの重要性を理解している

---

(3)教育上の要請に対応し指導できる力
・児童・生徒のキャリア形成を視野に収め，職場体験等の自律性を育む組織的な体験学習の意義を理解している
・アクティブ・ラーニング等の方法による，対話を基礎に据えた主体的で思索的な学習に児童・生徒をいざなうことの意義や重要性を理解している
・ICTを活用した授業の意義を理解すると共に，教育の現場でその活用を進める上で必要な基礎的なスキルを身に付けている
・「道徳の時間」が「特別の教科 道徳」へと格上げされたことの意義並びに学習指導要領・同「解説」に即した授業計画（学習指導案）に即してその授業を進めることの重要性を理解している
・インクルーシブ教育の一環として，特別支援教育の基礎知識をもつと同時に，そのための支援の在り方を理解している
・主権者としての自覚をもって国や地域の意思決定に参画することを通じて持続可能な社会の担い手としての役割を果たすと共に，国際社会の平和と発展に積極的に寄与することの重要性を自覚している

2017）に示されている知識や技術を概観すると，保健体育に関する「歴史」，「制度」，「カリキュラム」，「目標」，「内容」，「学習者」，「教授技術や指導法」，「授業設計」，「評価」などがキーワードとして挙げられる。これまでの実践者や学者らの実践や研究の成果がベースとなって，これらの知見が蓄えられてきた。

　また，保健体育の内容の背景には，多様な学問（たとえば，体育科学：体育哲学・体育史・体育心理学・体育経営学・運動生理学・バイオメカニクスなど，健康

科学：医学・心理学・保健学・公衆衛生学・栄養学など）が関連しているところに特徴がある。つまり，保健体育教師を目指す学生は，大学で教育学を背景とする教職に関する科目，保健科教育学と体育科教育学を背景とする教科の指導法に関する科目，そして，体育科学・健康科学を背景とする教科の内容に関する科目を履修し，背景にある多様な学問の知見を学ぶのである。もちろん，体育で扱う各運動・スポーツ種目の実技科目を通して知識や技術を学び，「わかってできる」力も身につける。

　保健体育教師を目指す学生から，「こんなにも学ばないといけないことがあるなんてびっくりした」と言われたことがある。その通りである。豊かな知識と能力をもった保健体育教師になるために，好奇心・向上心をもちながら，幅広く知的・身体的教養を高めた上でそれらを結びつける力を身につけてほしい。

3　保健体育教師を目指す学生はいかに知識や技術を学ぶのか

　では，いかに関連科目や体育実技の授業を通して学んだことを結びつけ，授業という実践に活かしていけばよいのだろうか。実践的知識を獲得し，実践的指導力を高めるためには，授業実践経験の蓄積やリフレクション[*1]が重要である。以下，具体的に学生がどのような体育及び保健の授業における知識を，どうやって獲得し，発達させていくか，これまでの研究成果を基に述べていきたい。

(1) 体育の授業における知識

　とりわけ，実体のない教師の知識を調査することは難しい。そこで，これまで日本では，特に体育の授業で発揮される知識に関しては，先に示した吉崎（1988）の知識領域を枠組みに対象者の発言を分析する研究が蓄積されてきた（たとえば，濱本ほか，2020；濱本，2021a；早川・大友，2010；岩田ほか，2014）。早川・大友（2010）や岩田ほか（2014）は，大学院生を対象に授業ビデオを視聴しながら行ったインタビューのデータを知識領域の枠組みに沿って分析し，体育指導に関する意思決定や知識を検討した。濱本ほか（2020）と濱本（2021a）では，学生の模擬授業及び教育実習での授業実践後に，授業の良し悪しや改善点について議論する協議会での発言（リフレクション）に着目し，そこに表出

＊1　「リフレクション」は「振り返り」「反省」「省察」などと訳されることがあるが，本講ではより広い概念で捉えられるようカタカナ表記で統一している。

する知識を枠組みに沿って分析した。ここでは，中学校・高等学校の保健体育教師を目指す学生（学部生）の知識の発達過程を検討した濱本（2021a）とその成果を博士論文にまとめた濱本（2021b）について，簡潔に紹介したい。

①学生が獲得しやすい／しにくい知識

　濱本（2021a）では，6名の学生を対象に模擬授業と教育実習を通した縦断的調査が行われた。模擬授業では，学生が教師役と生徒役を担い，模擬的に体育授業を実践する。この段階では，教授方法に関連する知識（特に，「教授方法についての知識（領域2）」や「教材内容と教授方法についての知識（領域A）」）を獲得・発揮しやすいことが示されている。たとえば，領域2には一般的な単元や授業構成（導入―展開―まとめ），指導方法などの知識が含まれる。さらに，体育では体育館やグラウンドなど教室よりも広い空間で活動を行うため，授業を行う上で重要な学習環境の整え方や授業中の移動の仕方など，授業をマネジメントするために必要な知識なども含まれる。また，体育では様々な種目やスキルを扱うが，各学習内容に適した説明の仕方など（領域A）も重要である。これらは，言語を通してその良し悪しを説明することができ，視覚的にもわかりやすいため，理論的にも実践を通しても学生にとっては理解しやすい知識である。一方，生徒の心理的・身体的発達や個々の特徴といった「生徒についての知識」（領域3）や多様な生徒に適した指導といった「教授方法と生徒についての知識」（領域C）など，特に生徒に関連する知識は獲得や発揮が難しかったと推察されている。これは，実際の生徒を想像することが難しいからであろう。

　また，教育実習では，実際の学校現場で実際の生徒に対して体育授業を実践する。ここでは，学習内容に対する生徒の興味や実態を把握するといった「教材内容と生徒についての知識」（領域B）を獲得・発揮しやすいと考えられている。一方，たとえば，学習内容に対する生徒の誤りやつまずきを防いだり，指導したりする際に発揮する，最も複雑な「教材内容，教授方法，生徒についての知識」（領域D）は，課題としてリフレクションに表出していた。ある生徒に対して，ある学習内容を効果的に教える（つまずきを克服させる）ために必要な知識の獲得や発揮は，知識や経験の少ない学生にとっては難しい。だからこそ，その基盤となる知識や実践の蓄積，リフレクションが大切なのである。

　「教材内容についての知識」（領域1）は，教材研究や過去の運動・スポーツ経験もその獲得や発揮に影響を及ぼすと考えられるが，体育で扱う種目が多くその内容も幅広いことから，課題と自覚する学生も存在した。模擬授業や教育実習で実践できる運動領域（単元）は限られており，すべてを網羅することはとても難しいが，この知識の豊かさが保健体育教師の専門性の基盤となること

は間違いない。読者自身の小中高での学びも，振り返ってみてはどうだろうか。

②学生の知識の発達

　濱本（2021a）は，表出した知識の割合を領域ごとに算出している（表8-2）。模擬授業場面から教育実習場面にかけて，単一的な知識（特に領域2）の割合が減少し，複合的な知識（特に，領域B）の割合が増加している。この結果から，学生は授業実践を通して徐々に単一的な知識を結びつけて，複合的な知識，つまり，領域同士が関連し合ったより複雑な実践的知識へと発達させていく傾向にあると推察している。特に，模擬授業場面では領域1（教材内容）と領域2（教授方法）の知識の統合（領域Aへの発達）が，教育実習場面では領域1と領域3（生徒）の知識の統合が促されやすい（領域Bへの発達）と推察している。そして，事例的ではあるが，教育実習での実践や他者の授業観察，リフレクションを何度も繰り返すことで，領域Bまでの知識に関する課題が克服されたり，さらに，徐々に生徒に目を向かせたりすることができるようになると，領域2と領域3の知識の統合（領域Cへの発達）や領域1〜領域3の知識の統合（領域Dへの発達）が促されるといった順序性があることが示された（図8-4）。

表8-2　学生のリフレクションに表出した「体育の授業における知識」の比較（出所：濱本，2021a）

領　　域	1	2	3	A	B	C	D
模擬授業	11.2%	45.3%	2.4%	18.9%	10.6%	2.0%	9.7%
教育実習	13.4%	28.1%	1.7%	11.6%	31.2%	2.4%	11.6%
増　　減*	2.2%	-17.2%	-0.7%	-7.3%	20.6%	0.4%	1.9%

＊教育実習−模擬授業

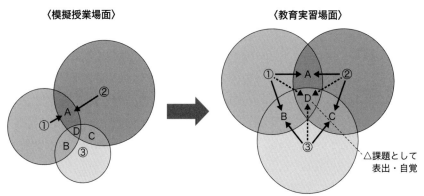

〈模擬授業場面〉　　　　　　　　　　　　　〈教育実習場面〉

△課題として表出・自覚

①：教材内容についての知識　②：教授方法についての知識　③：生徒についての知識

図8-4　模擬授業及び教育実習を通した「体育の授業における知識」の発達（出所：濱本，2021b）

(2) 保健の授業における知識

　次に，保健の授業における知識についてである。濱本（2021c）は，養成課程の学生を対象に，「各教科の指導法」の授業（保健に特化）を通して獲得した／獲得しにくかった保健の授業における知識について自由記述式のアンケート調査を実施し，帰納的に分析した。なお，当該授業では，保健科教育に関して理論的に学習する回と，保健の模擬授業を実践／省察する回が設けられていた。

　獲得した知識として，「保健科教育（歴史／目標／学習内容／意義）」，「一般的な授業構成や指導法（授業構成／学習指導法／学習評価）」，「授業の計画（授業準備／教材研究／授業計画／学習指導案の書き方）」，「授業の実践（教授技術／生徒について）」，「授業のリフレクション（リフレクションの仕方／協働的な授業改善）」が挙げられた。一方，獲得が難しかった知識として，「保健科教育（目標／課題）」，「授業の計画（教材研究／学習指導案の書き方）」，「授業の実践（教授技術／対応力／実際の生徒に対する指導の仕方）」，「ICT教育（オンライン授業／ICT活用技術）」，「授業の分析・評価（教材や指導案の分析／授業の評価）」が挙げられた。なお，獲得した知識と獲得が難しかった知識に重複があるのは，関連する知識を得たために，逆に知らないことがあるということにも気がついたからだと考えられる。教師の知識は領域や構造で示されることが多いが，その内実は際限がないと言っても過言ではない。だからこそ，知らないことを自覚しながら，教師が自ら掘り下げたり広げたり，新たに創造していくところに成長の道がある。

　さて，学生は，保健科教育に関する理論的知識や，授業の計画・実践・リフレクションに関する理論的及び実践的知識を獲得することができていた。それら知識の獲得には，講義内容や学習指導案作成に関する指導，グループでの模擬授業実践やリフレクションが効果的であったと推察された。一方，効果的な教授技術，実際の生徒を対象とした際の指導などが課題として挙げられ，体育の授業における知識の獲得や発達の課題と類似している点も多かった。加えて，保健は体育と比べ生徒の学習状況やつまずきが見えにくい。さらに，内容が身近で心身に関連するため，生徒の多様性や精神的な面に配慮が必要な場合もある。これは，大学生同士の模擬授業にも共通する。保健では，授業者自身が多様性を認め，他者理解に努める姿勢をもち，それを示すことも大切である。

　養成課程における保健の指導法に関する学習機会は体育と比べて少なく，内容の充実が課題となっている（物部，2016）。じつは，知識研究の蓄積も浅い。一方，日本の保健の学習内容はとても広範で専門的であり，先で示したようにその背景には多様な学問がある。しかし，どれも自分たちにとって身近で大切

なものである。読者には，健康に関することに興味をもち，感性を広げながら正しい知識の獲得や探究に励んでほしい。

4　これからの保健体育科教育を担うあなたへ

　「教える」力を高めるために，授業実践の経験とリフレクションが重要であることは，本講で述べてきた通りである。しかし，じつは養成課程での実践の機会は限られている。そのため，学生のうちは先に示したような教職や教科内容，教科の指導法に関する科目での学びを充実させ，知識を蓄えてほしい。そして，自他の実践及びそのリフレクションなどから，点と点（知識と知識）の結び方を学んでほしい。大学での学びが，実際に教師になってからも，「教える」という複雑でクリエイティブな営みをアップデートする力につながることを期待する。

　また，知識基盤社会においては，数多の知識が存在し，驚くスピードで刷新・創造される。教師の知識も然りである。たとえば，2020年頃から，GIGAスクール構想や新型コロナウイルス感染症の拡大も相まって，教育のICT化が急ピッチで進められた。そのため，教師にはICTを使って「教える」力（「ICT活用指導力」とも呼ばれる）も求められるようになった。欧米では，テクノロジーを用いて教育するための教師の知識に関する研究も進められている（たとえば，「TPACK (Technological Pedagogical Content Knowledge)」(Mishra and Koehler, 2006)。20年後の保健体育の授業は，一体どうなっているのであろうか。テクノロジー利用が身近な読者のみなさんには，よい意味で型に囚われず，柔軟な発想でテクノロジーを使った新たな教師の知識の創出にチャレンジしてほしい。

　最後に，これからの教育を担う読者には，知識も感性も創造性も豊かな保健体育教師になってほしいと願う。世の中に数多ある知識を柔軟に取り込み，活用し，子供たちと共に豊かな実践ができる保健体育教師である。しかし，1人での成長は難しい。だからこそ，学生の間は，もちろん教師になってからも，多様な他者（友人や知人，大学教員，教師，子供，保護者，さらには赤の他人など）や情報とかかわり，学び続けてほしい。今が，その素地を養う時である。

［文献］
秋田喜代美（1992）教師の知識と思考に関する研究動向．東京大学教育学部紀要，32：221-232．
朝倉雅史（2016）体育教師の学びと成長：信念と経験の相互影響関係に関する実証研究．学

文社.

中央教育審議会（2012）教職生活の全体を通じた教員の資質能力の総合的な向上方策について（答申）.

中央教育審議会（2015）これからの学校教育を担う教員の資質能力の向上について―学び合い，高め合う教員養成コミュニティの構築に向けて―（答申）.

大学基準協会（2019）教職課程の質の保証・向上を図る取組の推進調査研究報告書：平成30年度文部科学省「教員の養成・採用・研修の一体的改革推進事業」. https://www.juaa.or.jp/common/docs/research/education_report_01.pdf（参照日2022年7月1日）.

ガード・ビースタ：上野正道監訳（2018）教えることの再発見. 東京大学出版会.

濱本想子・岩田昌太郎・齊藤一彦（2020）体育科教育実習生の「授業における知識」の特徴と変容に関する事例研究：協議会でのリフレクションに表出する「授業における知識」に着目して. 体育学研究，65：53-71.

濱本想子（2021a）模擬授業と教育実習を通して学生の「体育の授業における知識」はいかに発達するか：リフレクションの内容に着目して. 体育科教育学研究，37（1）：1-15.

濱本想子（2021b）保健体育科教員養成課程学生の教師の知識の発達に関する基礎的研究：リフレクションに表出する「体育の授業における知識」に着目して. 広島大学大学院教育学研究科，博士論文（要旨）.

濱本想子（2021c）保健体育科教員養成における保健科教育法の成果と課題：模擬授業を通して学生はどのような知識を獲得したのか. 名桜大学教員養成支援センター年報，5：91-103.

早川由紀・大友智（2010）体育指導における初心期の教師の意思決定と知識の関係に関する研究：大学院生の体育指導を対象として. 群馬大学教育実践研究，27：107-117.

岩田昌太郎・齊藤一彦・前田一篤・山木彩加・手島祥平・中山泉（2014）修士課程段階におけるアクションリサーチ型実習の効果に関する事例的検討：保健体育実習生の授業についての知識と教授方法の変容に着目して. 学校教育実践学研究，20：141-151.

L. ダーリング-ハモンド＆J. バラッツ-スノーデン：秋田喜代美・藤田慶子訳（2009）よい教師をすべての教室へ：専門職としての教師に必須の知識とその習得. 新曜社.

Mishra, P., and Koehler, M. J. (2006) Technological Pedagogical Content Knowledge: A framework for teacher knowledge. Teachers College Record, 108(6): 1017-1054.

物部博文・杉崎弘周・植田誠治（2016）保健体育科教員養成における保健科教育法に関する実態調査：インターネット公開のシラバス内容の検討. 横浜国立大学教育人間科学部紀要，18：128-138.

日本保健科教育学会（2017）保健科教育学入門. 大修館書店.

日本教師教育学会（2017）教師教育研究ハンドブック. 学文社.

岡出美則・友添秀則・岩田靖編著（2021）体育科教育学入門 三訂版. 大修館書店.

佐藤学（2015）専門家として教師を育てる：教師教育改革のグランドデザイン. 岩波書店.

Shulman, L. S. (1987) Knowledge and Teaching; Foundation of the New Reform. Harvard Educational Review, 57(1): 1-22.

吉崎静夫（1988）授業研究と教師教育（1）教師の知識研究を媒介として. 教育方法学研究，13：11-17.

■第9講

［三田部勇］

学生は養成段階でどのように 変わっていくか

概要●本講では，学生のみなさんが，教員養成段階でどのように学びを深め変容する可能性があるのか，地域との連携や模擬授業，教育実習，大学院進学などの側面から具体的な場面を示していく。様々な報道等による，ステレオタイプに陥らずに，保健体育教師になることを，フラットに，そして前向きに捉えることができるようにすることをねらいとする。

1 教員養成におけるカリキュラムについて

　現在の教育職員免許法（以下，免許法）は，2016（平成28）年に改正され，中学校教諭1種・高等学校教諭1種の教員免許状取得のためには，表9-1のような区分で科目を修得し，必要単位数を満たした上で，都道府県教育委員会に申請する必要がある。これらの科目をカリキュラム上に配置するに当たっては，各大学において多少の差異はあるものの，科目の内容を踏まえ，履修の標準年次を定めた上で，教育実習までに必要な必履修科目を設定している。科目の名称は各大学で異なるものの，教員免許状取得を目指す学生は，これらの科目をすべて修得する必要がある。近年では，免許法施行規則の一部改正により「情報通信技術を活用した教育の理論及び方法」の新設がなされることとなった。

　中学校・高等学校の保健体育教師になるためには，これらの科目を開設している教員養成系大学の教育学部か，一般大学の教職課程のある大学（体育・スポーツの学部等）に在籍し教職課程を履修することが一般的である。中学校・高等学校の教員免許状1種（保健体育）を取得できる大学は，180大学にのぼる。この他に，中学校2種免許を取得できる大学が4大学，専修免許状を取得できる大学が98大学，通信制で取得できる大学が1大学ある（保健の免許のみは除く）。

　もちろん，どの大学の教職課程で履修しても免許法上定められた科目を修得しなければならないわけであるが，教員養成系大学と一般大学とでは，そのカリキュラムが異なる。教員養成系大学では，既に1年生の段階から，学校見学，

表9-1　教育職員免許法により必履修となる科目と単位数

免許法に規定する科目		単位数	
区　　　分	各科目に含めることが必要な事項	中学校	高等学校
教科及び教科の指導法に関する科目	・教科に関する専門的事項	20	20
	・各教科の指導法	8	4
教育の基礎的理解に関する科目	・教育の理念並びに教育に関する歴史及び思想 ・教職の意義及び教員の役割，職務内容 ・教育に関する社会的，制度的又は経営的事項 ・幼児，児童及び生徒の心身の発達及び学習の過程 ・特別の支援を必要とする幼児，児童及び生徒に対する理解 ・教育課程の意義及び編成の方法	10	10
道徳，総合的な学習の時間等の指導法及び生徒指導，教育相談等に関する科目	・道徳の理論及び指導法 ・総合的な学習の時間の指導法 ・特別活動の指導法 ・教育の方法及び技術 ・生徒指導の理論及び方法 ・教育相談の理論及び方法 ・進路指導及びキャリア教育の理論及び方法	10	8
教育実践に関する科目	・教育実習	5	3
	・教職実践演習	2	2
大学が独自に設定する科目		4	12
合　　　計		59	59

学校への授業参観等がカリキュラム上に位置づけられており，特に独立行政法人となった国立大学においては，附属学校と連携した様々な取り組みが行われている。また，教育実習についても，3年生で小学校，4年生で中学校（その逆もある）といったように，主専攻，副専攻の両方での教育実習を経験することができる。校種は違うが，教育実習を繰り返し行えることで，省察を生かした学び直しの機会が保障されていると言える。さらに，教育実習に参加することが，大学卒業の必要条件となっており，教員免許状を取得していくことが当たり前の状況で学んでいるとも言える。

　一方，一般大学においては，自分の所属する学部の専門科目とは別に，教職課程を履修することになる。体育実技のように，専門科目として選択必修の形で履修した単位が，教職科目としての教科専門科目の単位として読み替えられる科目もあるが，基本的には自分の所属する学部を卒業する条件を満たす単位数を取得した上で，教職科目を上乗せして取得することになる。それにより，カリキュラム上，4年生となった段階で，教育実習が初めて設定される状況が

多く見られる。また，卒業の条件として教育実習への参加や教員免許状取得が義務づけられているわけではない。加えて，附属学校などが設置されていないと，教育実習前までに学校現場に触れる機会が少ないという課題も挙げられる。一方で，体育・スポーツに関した専門的な科目が充実しており，保健体育教師として必要な専門的な知識や技能について，学びを深められることになる。

　このように，教員養成系大学と一般大学には異なる点が多くあり，中でも大きいのは教育実習の時期である。教育実習は，理論と実践の往還を図る極めて重要な位置づけにある。教育実習を通して，学生は実際の指導現場で，生徒に指導することを通して大きく成長していく。これまでも，教育実習における学生の変容については，多くの検証がなされている。

　嘉数ほか（2013）は，教育実習における授業実践に関する様々な経験や学習を通して「体育授業の実践」という授業を想定した考えを形成していくことや，自己の授業観通りの授業がある程度実践されることで，授業観を強化する傾向にあることを明らかにしている。また，濱本ほか（2020）は，「体育の授業における知識」が，教育実習を通して「教授方法についての知識」，「説明・指示・概念の表現・発問」，「教材に対する生徒の理解度及び技能到達度」，「教材内容，教授方法，生徒についての知識」と段階的に変容していくことを明らかにしている。

　このように，教育実習における学びは大きく，教職希望の意思を強固にしていく1つの大きな要因であると言える。

　その意味では，できるだけ早い段階で教育実習に参加できることが望ましいと言えるが，教育実習だけがそのような学びを得られる機会というわけでもない。その1つの方法としては，大学と地域とが連携した事業に参加することである。市区町村教育委員会との連携事業では，体育授業に限らず学習サポーターのような形で児童生徒の指導にたずさわれる機会を得られることになる。他には，地域の中学校の体育祭におけるテントの設営や会場準備，運営の手伝いといった学校行事に参加することが挙げられる。また，都道府県教育委員会との連携事業に参加することも考えられる。たとえば，茨城県教育委員会では，「体育授業サポーター派遣事業」として近隣小学校への学生の派遣を行っている。そういった事業に参加し，指導の機会を積極的に得ることも考えられる。さらに，地域スポーツクラブでの実技指導，中学校・高等学校の運動部活動における外部指導者・部活動指導員などが，体育の専門的な知識や技能を生かしながら指導経験を積むよい機会となり得る。こうした，生の学校現場や指導現場において，児童生徒に直接指導する経験は，指導力向上のために学びを深めようとする学生のプラスの変容を促す要因となると考える。

2　学生の教職に対する意識の変容

　では，学生の教職に対する意識はどうなのか。表9-2は，体育・スポーツ系の学部に所属するA大学の3年生において，入学時の教職への意識と3年時での教職希望の意識の変化についてgoogleフォームによるアンケート調査（166名，2022年7月1日実施）を行い，その変容についてタイプ別に分けたものである。

表9-2　教職志望の変容のタイプ

群	入学時の教職志望	3年時の教職志望
A群	あ　り	強くなった
B群	あ　り	弱くなった
C群	あ　り	変わらない
D群	な　し	強くなった
E群	な　し	変わらない
F群	1つの選択肢	強くなった
G群	1つの選択肢	弱くなった
H群	1つの選択肢	変わらない

　ここでは，特に，入学当時は教職希望ではない，または1つの選択肢として考えていたが，3年時には志望の度合いが強くなったD・F群（向上群）と，反対に弱くなったB・G群（低下群）とについて取り上げ，その変化した理由について質的に検討することにする。

　D・F群の教職への意識の変容の理由を見ると，大学での授業により何らかの影響を受けたことがうかがえる。中でも特徴的なのは，教科の指導法による模擬授業がきっかけとなった変容である。意識が変化した理由についての主な記述は次の通りである。「模擬授業をして気持ちが強くなった」，「模擬授業をやってみて授業づくりの面白さを感じた」，「模擬授業を準備・運営する中で，教職がクリエイティブでやりがいのある仕事だということを実感した」，「自分が教師になっている姿を想像できるようになった」。

　一方で，B・G群の変容を見てみると，次のような内容が挙げられている。「あまり自分に向いていないと思ったため」，「自分には役割を果たせないと感じたから」，「教師の実情を知り，将来をイメージしたが教職に就く自分が想像できなかったため」，「授業を考えたり，運営したりするのが大変だから」，「教員よりも魅力的な職業があると感じるようになったから」。これらは，教職課程における様々な科目の受講から教職全体へのイメージをネガティブに捉えた集団と，模擬授業を準備・運営した結果として自分の自信の喪失につながった集団に大別できる。

　教職課程のカリキュラム（表9-1）に照らし合わせると，学生の教職への意識は，特に教科の指導法，もしくはそれ以外の教職科目の受講を通して，プラスにもマイナスにも変容すると考えられる。教科の指導法は，教職課程の中盤以降で扱われることが多いことから，序盤に設定されているそれ以外の教職科

目の内容が，保健体育教師としての専門性を発揮する上でも重要であるという認識をもって受講することが大切である。

3　教科の指導法における模擬授業を通しての変容

　前述したような学生の意識にもあるように，教員養成段階において，学生の変容が期待できる1つの要因は，教科の指導法の受講であり，中でも保健体育科指導法等の科目における「模擬授業」の計画・実践・省察であると言える。そして，模擬授業後のプラスの変容には，次の2通りの姿が見られる。

(1) 自己効力感の獲得

　1つは，その経験により，指導がある程度自分の想定通りに進み，自分が教えるというイメージがもてた場合である。これは，実際に教師役として指導することで，それまでの講義や授業映像などで知識としては知っていた「指導する」ということが現実味を帯び，実感として理解できたことによるものであると考える。これにより，教員になろうという意思が強くなるタイプである。このように，自分で指導できた，教えたことが伝わったといった意識が明確になることによって，教職への意識のプラスの変容につながると考える。つまり，教師効力感の上昇に伴い，その後の教職希望に対する意識がプラスに変化すると言える。教師効力感とは，「教育場面において，子どもの学習や発達に望ましい変化をもたらす教育的行為ができるという教師の信念」(Ashton, 1985)のことである。これは，教師の「自己効力感」と言い換えてもよい。

　こうした自己効力感を高めるためにも，模擬授業の機会が繰り返し経験できるように，連続して設けられる必要がある。必履修，選択履修の別はあるが，各大学において，複数の模擬授業の機会が設けられているカリキュラム編成も見られる。また，この模擬授業を，教育実習と関連づけて，「模擬授業→教育実習→模擬授業→教育実習」といったカリキュラムを実践している教職課程もある。たとえば，藤田ほか (2020) は，附属中学校との意思疎通を図り，学校現場で行う「教育実習」と大学で行う「教科教育法」について連携を図っている。3年次に行われる教育実習において，ネット型教材を単元教材として取り扱い，その後の大学に戻ってから履修する教科の指導法においてもネット型教材を扱い，実習で得た成果や課題をグループ内で共有し授業づくり及び模擬授業を行っている。そうすることで，教材解釈が深まり，それに基づく指導の在り方を洗練させていく視点の獲得がなされることを明らかにしている。もちろ

ん，カリキュラム編成は大学によって異なるが，省察を生かして教育実習で作成した指導案を修正し，授業計画を再構築した上で，研究室のゼミを利用したり，指導法の授業を再履修すれば，模擬授業を再度行うこともできる。これらのことは，4年次で教育実習に始めて参加する一般大学においても，教職課程のまとめとして設定されている「教職実践演習」の中で模擬授業を行うことで，連続した学びが可能になる。さらに，大学院進学まで視野に入れ長いスパンで考えれば，省察に基づく模擬授業を連続して行う機会をより多く得ることができるであろう。

(2) 課題解決の指向性

　もう1つは，模擬授業の省察を行い，計画・運営がうまくいかなかったことが，自分自身を見つめ直すきっかけとなり，それが次の機会に改善していこうとする意欲につながり，教職への意思が強くなるタイプである。先述の教職に対する学生の意識の中で，「模擬授業の運営がうまくできなかった」，「教科の指導法などの授業を通して，授業を作る難しさや奥深さに魅力を感じたから」といった，困難さを感じた経験を理由として，教職への意識が向上した者が見られる。

　また，中学校の授業と，高等学校の授業に対する学生のもつイメージが大きく違っている様子が見受けられる。高等学校の授業イメージは，多くの学生が生徒の主体性に任せて，ゲーム中心の授業を行っていたと回答する傾向にあり，授業のための準備のイメージが乏しいと考えられる。模擬授業を行うにあたり，指導案の作成，準備物の用意，グルーピング，学習カード等様々な準備が必要であり，大変さを実感し，そこをやりがいと感じられるのか，自分には難しいと考え学びを止めてしまうのかで，教職への意識も変化してくる。

　こういった，自分の思うような結果が得られなかったことが，教職への意識を向上させたり，準備・運営の大変さを乗り越えることに充実感を感じられたりする学生について考察してみると，本人の性格やものごとを捉える考え方が大いに関係しているのはもちろんだが，教員や学生同士のフィードバックや省察が影響していると考える。その授業における教員及び学生相互の密なかかわりにより，プラスの変化が期待できる。ぜひ授業づくりについての活発な議論を期待したい。

4　大学院での学びを通した変容

　4年制大学を卒業してすぐに保健体育科教師になる進路もあるが，大学院を

修了後に教師になる進路もある。大学院については，47の国立大学で教職大学院が設置されている（2022年5月現在）。また，一般大学においては，体育学を専攻する大学院も設置されている。

　教職大学院においては，学部段階における教育実習をさらに充実・発展し，実践的な指導力の強化を図る目的から，10単位以上，「学校における実習」を行うことになる。また，学部から進学してくるストレートマスターと，各都道府県教育委員会が選抜する現職教員とが，共に在籍する形での学びの場となる。学校現場での実地教育が主な内容になるが，何より現職教員からの生きた学びが，体育授業についての知識の獲得はもちろんのこと，教職のキャリアの具体や人生の先輩としての経験を聞くことで人としての視野を広げてくれることになる。一方で，一般大学における大学院では，研究テーマを立て，研究計画の作成，調査や実験，授業実践などを行い，収集したデータを分析し考察を加え，1つの研究として修士論文をまとめることになる。文献や先行研究にあたり，1つの事象について考察を加え，結論を導いていくといった力は，直接的な実践力というよりは，様々な教育場面で汎用的に使える能力を身につけることにつながると言える。

　どちらも，よい面があるが，共通して言えるのは視野を広げることができるということだと捉えることができる。たとえば，体育学部の出身であれば，4年生の最終段階まで運動部活動に取り組み，その営みが自分の生活の中心となり，コミュニティも部活動の部員間のみに限定されてしまうことが多い傾向にある。狭いコミュニティの中では，新しい見方・考え方に触れたり，新しい考えを創出したりすることはなかなか難しい面もある。大学院では，実践活動や研究活動を行うわけであるが，この期間では，これまでと違ったコミュニティが形成され，視野が広がると共に，自分で課題意識をもち，それを解決していくようなPDCAサイクルを回す機会が多くなる。最終的には，そこでの学びを実践報告や修士論文としてまとめていくわけだが，この営みにより，保健体育教師としての授業や職能に関する意識の高まりが見られるようになると考える。

　また，教員採用選考試験において，大学院修了まで，採用を猶予する制度を多くの自治体がとっている。対象を，教職大学院に限る自治体もあるが，一般大学における大学院も対象としている自治体が多い。この制度を生かすことで，大学院の2年間を教職に就くまでの資質・能力の向上に充てることができる。さらに，一般大学の体育・スポーツ系の学部を卒業した後，出身の自治体にある国立大学の教職大学院に進学することも1つの方法である。学部では体育・

スポーツの専門的知識を学び，大学院では教職に特化した学びを深めることで，実践的指導力を有して学校現場に出ることが可能になる。

5　保健体育科教師を諦めてしまう主な要因

先述したように，教職課程の科目履修の過程で教職の道を諦めてしまうことも考えられるが，それ以外にも次の3点が考えられる。

1つ目は，自分の視野が広がり，それまでもっていた職業観が変容することである。入学時は，「保健体育教師」という職業を描いているが，キャリア形成の授業，運動部活動など自分が所属するコミュニティでの先輩からの話，留学経験，ボランティア経験等を通して，これまでにない視点をもったり，視野が広がったりしたため，別の方面に興味関心を抱き，別の職業を選択するケースである。これは，決してマイナスではなく，1人の学生の成長過程として歓迎すべきことでもある。ただ，自分を教え導いてくれた保健体育教師がいたわけであり，その選択肢も残しつつ，セカンドキャリアの1つとして考えてほしいという願いもある。教員免許状更新講習が廃止になったため，教員免許を取得しておくことで，自分のセカンドキャリアとしての保健体育教師への移行がスムーズにできることになった。ファーストキャリアの後，教育現場に戻られることをぜひ期待したい。

さらに，教員採用選考試験の合格後に大学院に進学し，研究活動に魅力を感じ，後期課程に進み大学教員を目指す例も見られる。これも，大変素晴らしいことであるが，実際に自身が教員を経験してから，学生を教え導く大学教員を目指すことも，その後のキャリアを考えると重要な選択肢の1つであると言える。

2つ目は，教員採用選考試験への不安である。教員採用選考試験の採用者数と倍率について首都圏と地方（特に東北）を比較すると，首都圏に比べて地方のほうが，採用数が少なく高倍率になっていることがわかる。これにより，地方の地元志向の学生にとっては，教員採用選考試験に合格できなかった場合を心配し，足を踏み出せない場合も考えられる。地元へ帰りたいという気持ちも理解できるが，首都圏や，自分が学んだ大学のある自治体の採用試験を受験し，教員としてスタートを切ることも選択肢に含めるとよいかもしれない。また，近年，主に小学校における教員不足によって，人材確保のために試験日を他の自治体と併願できるよう変更する自治体もある。首都圏近郊で採用になり，何年か経験してから地元へ戻るのも1つの方法である。これについては，実務経

験による試験内容の負担軽減の方策がとられている自治体もある。一方で，教員採用試験に合格しなかった場合に，自分の地元に戻り講師をすることも1つの方法である。講師をしながらの教員採用試験の準備は，タイムマネジメントが重要になる。しかし，実際に教える経験を積み重ね，自己の指導力の向上に役立てることもできるし，そこでの人脈も広がり，勤務校では管理職の先生方が面接の指導をしてくれる場合もある。こうしたことからも，受験倍率が高いといった表面上の数字に惑わされることなく，長いスパンで教職のキャリアについて考えることをお勧めする。さらに，小学校の体育専科として，中学校・高等学校の保健体育科の教員免許保有者を採用する動きも見られることから，今後の教員採用試験の動向を注視していきたい。

　3つ目は，各種報道による，学校がブラックであるというステレオタイプの強化である。教員の過重労働については，OECD国際教員指導環境調査(TALIS)2013年調査においてわが国の教員（前期中等教育段階）の現状と課題として，「教員の1週間当たりの勤務時間は最長。授業時間は参加国平均と同程度であるが，課外活動（スポーツ・文化活動）の指導時間が特に長く，事務業務，授業の計画・準備時間も長い」ということが，世界比較の下，明らかにされた。これは，2018年の調査結果でも同様であり，このことで焦点が当たったのが，部活動の指導である。部活動指導が過重労働の大きな一因に挙げられ，教員の働き方改革が相まったことで，教職のマイナスイメージが広がったと言える。これにより，「教員は大変な職業である」といった認識や，給特法による「安い賃金で働かせ放題」といったマイナスの認識が報道等でも取り上げられることとなった。こういった過度なマイナス情報の氾濫により，学校現場を知らない者にとっては二の足を踏んでしまうことになると考える。

　しかし，これらの調査は前期中等教育段階（中学校）が対象であり，また，保健体育教師のみを対象としたものではない。さらに，教育関係の各種報道では，主に小学校教員を対象とした内容にもかかわらず，「学校」，「教員」と一括りに見なされてしまう傾向にあり，高等学校の教員までを含んでいないような場合も見受けられる。学生のみなさんが指導を受け，憧れを抱いた保健体育教師は，常に疲弊して暗い顔で接していただろうか？　そうではないはずである。生き生きとやりがいをもって指導に当たってくれていたはずである。ステレオタイプ化せずに，しっかりと正確な情報を収集し，間違った認識に陥らないことが肝要である。

　また，部活動の地域移行についても，中学校の休日の部活動から地域移行を始め，今後徐々に平日，そして高等学校へと移っていくことが考えられる。あ

たかも，部活動は学校から切り離すといった報道により，もう指導する場所はないように捉えがちであるが，そうではない。地域に移行されたとしても兼職・兼業の制度が認められれば，指導者として生徒と向き合えるのである。まさしく，保健体育教師だからこそ，その専門性を生かすとともに，学校と地域とを結ぶ架け橋となる役割を果たすことができると言える。

6　保健体育教師養成の好循環

　現在，部活動の地域移行が進められつつある中で，将来的には保健体育教師を志す理由が部活動顧問ではなく「保健体育の教師との出会い」となり，「先生のように授業をしたい」といったような変化が現れることになるのではないだろうか。そうなるためにも，保健体育教師は，何を専門とするのかと問われた場合，「保健体育の授業の専門家である」といった回答ができるように，実践的指導力を向上させることが重要であろう。また，これまで受けた学校教育の中で，すべての人が保健体育教師とのかかわりの中で，何らかの影響を受けているはずである。ぜひ，今度は自身が保健体育教師となり，それを目指すような生徒を育てて大学に送り返してくれることを望みたい。そして，その生徒がまた保健体育教師を目指し学校現場に出ていく好循環を切に望みたい。

［文献］
Ashton, P. T. (1985). Motivation and the teacher sense of efficacy. In C. Ames & R. Ames (Eds.), Research onMotivation in Education, Vol.2. Academic Press, 141-171.
藤田育郎・岩田靖（2020）保健体育科教員養成における附属学校と学部の連携・協同の試み：素材・教材選択を視点とした教育実習と教科教育法の授業の連続的体験．信州大学教育学部研究論集，14：322-330.
濱本想子・岩田昌太郎・齊藤一彦（2020）体育科教育実習生の「授業における知識」の特徴と変容に関する事例研究：協議会でのリフレクションに表出する「授業における知識」に着目して．体育科教育学研究，65：53-71.
嘉数健悟・岩田昌太郎（2013）教員養成段階における体育授業観の変容に関する研究：教育実習の前後に着目して．体育科教育学研究，29（1）：35-47.
国立教育政策研究所（2014）「教員環境の国際比較―OECD国際教員指導環境調査（TALIS）2013年調査結果報告書」.
国立教育政策研究所編（2019）「教員環境の国際比較：OECD国際教員指導環境調査（TALIS）2018報告書―学び続ける教員と校長―」.
渡邉駿太・中西良文（2017）日本における教師効力感に関する研究の動向と展望．三重大学教育学部研究紀要，68：245-254.

■第10講

[岩田昌太郎]

保健体育教師は, 学生から どのように見られているか

概要●本講では，保健体育教師のイメージ調査を手がかりとして，保健体育教師は学生から「どのように見られているか，あるいは見られるべきか」，その探究のために大切な視点を検討した。結論として，学生は自己の存在を俯瞰的に見ることで，保健体育教師としての専門性や自己成長の度合いを自覚することができることがわかった。また，学生は保持する「保健体育教師のイメージ」を常に問い直しながら，教師としての「主体性」を身につけていくことが重要である。

1 保健体育教師のイメージ

みなさんは，これまでの保健体育科の授業を受けてきて，どのようなイメージをもっているであろうか。そのイメージには，授業や教師，そして運動領域／種目などを対象として，ポジティブあるいはネガティブな側面であったり，何も記憶として残っていなかったりと様々であろう。

図10-1は，筆者の知り合いの大学1年生に依頼して「保健体育教師のイメージ」を描いてもらったものを示している。この絵の様子から，まず保健体育教

図10-1 大学1年生が描いた「保健体育教師のイメージ」の絵

師を取り巻くイメージを読み取ってみよう。第一に,「保健体育」と問うてみても,「保健」ではなく「体育」の印象が強く残っている様子がうかがえる。第二に, 児童・生徒たちが統制されている様子である。きちんと整列され, いわゆる「体操座り」をして教師の話を聞いている。また, 体操服は同じデザインで統一され, 運動や体育がしやすい髪型までも描かれている。第三に, 教師, つまり保健体育教師の立ち振る舞いである。もちろん, 生徒と同様に服装や身だしなみは整えられている。また, 腰に手を当てて笛を吹きながら, まさに指示か説明をしている。その表情や様子からは少し高圧的な印象も抱かざるを得ない。第四に, 体育授業全体の様子である。領域や種目はわからないが, ホワイトボード（黒板）を用いて, 今日の目標が明示され, 場の設定や実際に活動することが列挙されている。技能教科としての特質がある一方で, 運動学習に向けた「わかる」場面, つまり認知学習の場面を想起させる体育授業の様子を読み取ることができる。

　じつは, 松田恵示氏が2001年に大学1年生を対象に同じような調査を行っている（松田, 2001）。その調査の結果によると, 学生たちが描いた体育授業の場面は,「説明の場面」（19.0%）,「ランニング」（13.3%）,「跳び箱」（11.8%）,「サッカー」（10.8%）,「鉄棒」（5.6%）で6割を占めていた。すなわち, 小中高等学校において受けてきた体育授業イメージは, 運動の「指導場面」が多く, あとは自分の体育授業の領域／種目に関する運動の好嫌度に影響を受けた場面を描き出していた。さらに, 松田は,「絵に描かれた体育教師」の調査も実施しており,「身体的特徴」（短髪, 体格の良さなど）,「服装」（年中ジャージなど）,「アイテム」（笛, 出席簿など）,「行動」（語調など）といった体育教師イメージ像の特徴についても明らかにした。

　以上のように, 2001年と2022年という約20年の時差はあるが, 大学生たちが経験してきた, いわゆる「保健体育教師のイメージ」はそれほど変容していないのかもしれない。しかし, 果たして, そのようなイメージの実態や内実は本当に変容していないのであろうか。そこで本講では, 現に保健体育科の教職志望学生が「保健体育教師のイメージ」をどのように抱いているのか, そしてそのイメージは時代を経て変容しているか否かについて, 筆者が行った調査結果を基に言及していく。

2　教員養成系の大学生が抱く保健体育教師のイメージの実態

(1) 調査に向けての背景

　体育教師研究の中でも，先駆的に「体育教師のイメージ」に関する学術的な調査研究をしたのは中井ほか（1996）であろう。中井ほか（1996）は，大学生を対象にアンケート調査を行い，中学・高校時代の体育教師に対するイメージの回顧的分析を試みた。その結果，「体育教師のイメージ」は「慕われる人」，「専門的な能力」，「熱心な指導」，「無計画な授業」，「恐い存在」，「精神力の強さ」，「社会的教養の欠如」，「健康な人」，「情意的な授業」，「科学的な授業」，「狭い専門性」の11因子からなる特徴がわかった。

　一方，これまでの体育教師研究を概観すると，保健体育教師は，生徒指導を担当する教師としての役割（Schempp et al., 1993）や運動部活動指導者としての役割（沢田，2001；須甲・四方田，2013）に対する周囲からの役割期待とその受容といった側面の特徴がある。その結果，体育教師自身は職務の核となる授業に消極的な態度を示すことがしばしば指摘されてきた（朝倉，2016，p.181）。このように，現在まで保健体育教師は他教科の教師に比べてみても，教科の特性とは別に学校文化の中で求められてきた役割があることがわかる。しかも，そのような役割がある意味，社会や学校文化の中で強化され，ステレオタイプ化された保健体育教師像を形成してきた実態もある。

　そして，2000年以降の社会状況の変化や教育改革の中で，日本の学校や教師の環境は激変しており，「ICTの利活用」，「特別な配慮を要する子供への指導」，「ジェンダーについての配慮」，「体育理論や保健の授業」などといった保健体育科固有の新たな教育内容や指導法の改善も求められている。そのような背景も考慮しつつ，中井ほか（1996）を参考にアンケート項目を改変して調査を行った。それでは，次に詳細を述べていく。

(2) 調査対象と調査内容

　調査対象は，国立のX大学，公立のY大学，そして私立のZ大学とW大学の4大学であった。それぞれの大学は，中学校の保健体育科の免許が取得できる教員養成系の大学で，定員の規模としては約30名程度のコースであった。調査期間は2022年6月から7月に実施し，Google Formsを活用してアンケートを実施した。有効回答数は129件であった。

　まず，回答者の属性として4年生が15名，3年生が53名，2年生が28名，1年

生が33名であった。教職の志望度は，「5　とてもなりたい」（35名, 27.1%），「4　なりたい」（31名, 24%），「3　迷っている」（39名, 30.2%），「2　あまりなりたくない」（11名, 8.5%），「1　なりたくない」（13名, 10.1%）であった。

　次に，調査内容は，まず中井ほか（1996）の体育教師のイメージ（11因子）を基盤とした。次に，それぞれの因子負荷量が高い4項目ずつでアンケート項目を構成し，5件法で回答してもらった（4項目×11因子）。また，上述したように近年の教育や保健体育科の事情に合わせた新たな内容を項目として追加し，講末資料のようなアンケート内容を作成した。データ分析は，定量的データをExcelで単純集計し，さらに項目間の比率の差の検定には，国公立と私立の比較や教職志望度の高低の比較を一元配置分散分析で行った。統計処理にはSPSS Statistics version.21（IBM社）を用い，有意水準は5%未満とした。

　なお，アンケート調査の配布と研究協力への同意の表明及び回収方法として，大学の管理者である学科長や責任者に関係文書を送付し，調査の許諾を得た上で実施した。また，アンケート用紙には「調査協力に同意する」意思を記入する欄を設けた。

(3) 調査結果
①「保健体育教師のイメージ」は変容したのか
　図10-2は，「保健体育教師のイメージ」における本調査（2022）と中井ほか

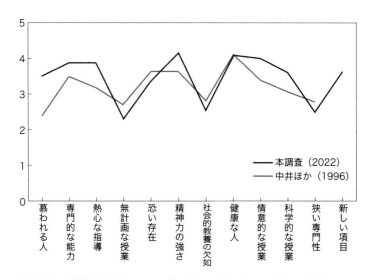

図10-2　保健体育教師のイメージに関する中井ほかの研究との比較

(1996) の因子間比較を示している。結果を見ると，本調査の大学生たちのほうが，「慕われる人」，「専門的な能力」，「熱心な指導」，「精神力の強さ」といった因子の「保健体育教師のイメージ」が強くなっている。また，「情意的な授業」，「科学的な授業」といった授業の質に関しても，より強いイメージを抱いている。逆に，「無計画な授業」，「怖い存在」，「社会的教養の欠如」といった因子得点が低値なのは興味深い。すなわち，この20年という月日の中で，そのようなネガティブなイメージが軽減されている傾向を示していると言えよう。さらに「新しい項目」が全体の中で高値を示していることから，2000年以降の社会や教育の変化に伴い，保健体育教師にも新たな専門性が求められているということもわかる。

②教職志望度や大学によってイメージは異なるのか

　結論から言えば，教職志望度や大学間によってイメージはそれほど異なるということはなかった。まず，教職志望度の差異による分析結果では，問11（話しをするのが下手である）だけは有意な差を示し，教職志望度が低い学生のほうが苦手意識を示していることがわかった。次に，「国公立」と「私立」の差異による分析結果では，4つの項目のみ有意な差が見られた。具体的には，「26 ジェンダー」，「41　授業をいい加減にする」，「42　体力づくりに重点」，「45 気が変わり安く感情的である」といった項目である。

　このような項目の差異は，大学間によるカリキュラム（専門科目の内容など）や教職担当教員の指導内容やそのスタイルなどによる影響が反映されているかもしれない。

③そもそも教員養成段階で「保健体育教師のイメージ」は変化するのか

　分析の結果，「保健体育教師のイメージ」が大学に入学して変わったのかという問いに対して，「4　大きく変わった」が24.8％，「3　変わった」が39.5％，「2　少し変わった」が22.5％，「1　変わってない」が13.2％という割合であった。そこで，大きく変化した者とそうでない者（「4・3」と「2・1」との差異）を検討した結果，とりわけ「26　ジェンダーへの配慮」と「42　体力づくりに重点をおいた授業」の項目に有意な差が見られた。

　つまり，「保健体育教師のイメージ」が変わったと回答した多くの学生は，性差への配慮や体力低下の課題といった内容を教員養成段階で意識するようになったと思われる。

3 「保健体育教師のイメージ」を常に問い直し，成長に つなげる

　これまで述べてきた結果より，教員養成系の学生がもつ「保健体育教師のイメージ」には，被教育体験としての保健体育科の授業や教師のイメージが土台としてあり，現職の保健体育教師に対するイメージも「不易と流行」がある。それでは，果たして保健体育教師は学生たちから，どのように見られるべき存在であるのか。ここでは，2つの視点から，今後の展望も含めて考察していく。

　第一に，教員養成系の学生は，保持する「保健体育教師のイメージ」を常に問い直しながら，教師としての「主体性（エージェンシー）」[*1]を身につけていくことが重要である。特に，上記の結果でも示したように，保健体育教師のもつ独自の教師像（「慕われる人」，「精神力の強さ」など）は時代の変化とともにイメージが強固になっている傾向が示された。むしろ，「無計画な授業」や「社会的教養の欠如」といった負のイメージは払拭される傾向を示し，特徴あるイメージ（「怖い存在」，「健康的な人」）は変化していないのが特筆すべき点であろう。また時代の経過と共に，「専門的な能力」や「熱心な指導」，そして「新しい項目」などといった保健体育教師の専門性の変化から，学生たちが抱くイメージが変容している点も興味深い。

　そして，全体的な項目の平均値や標準偏差を勘案してみると，いまだに「保健体育教師のイメージ」には「生徒指導」や「部活動」といった印象が付与されている。体育という教科特性として，これまで体育科が学校教育機能の周辺に追いやられる「周辺性（marginality）」（Siedentop and O'Sullivan, 1992）を最たる要因として，体育教師の授業に対する低いコミットなどが説明されることが多かった（朝倉，2016）。しかも，運動部活動志向の保健体育教師観を有したまま教員養成系の大学に入学した学生は，養成プログラムの内容を受け入れない傾向があるというアメリカの先行研究もある(Lawson, 1991)。たとえば，筆者も大学1年生たちに「なぜ，保健体育教師になりたいのか」と尋ねると，必ずと言っていいほど「中学校や高校で部活動を教えたいからです」との回答が戻ってくる。

　そのような点に鑑みると，教師を目指す学生が被教育体験から保持する「保健体育教師のイメージ」を誇示せずに，常に「主体性」をもちながら成長し続

＊1　エージェンシー（agency）は，一般的に「主体性」や「当事者意識」と理解されることが多い。また OECD は，「変革を起こすために目標を設定し，ふり返りながら責任ある行動をとる能力」という重合的な概念として定義している（白井，2020）。

けるべきであろう。

　第二に，学校や教師の文化並びに社会的な構造に埋め込められてきた保健体育教師のイメージを常に自覚しながら，「ステレオタイプ的なイメージ」[*2]を払拭できる「主体性（エージェンシー）」をもつことの重要性である。本講のメインテーマを別の視点から見てみると，そもそも保健体育教師たちは，自分たちに対してどのようなイメージを抱いているのだろうか。朝倉（2016）のイメージ調査によると，教師にとってのよい授業のイメージは，生徒の学習態度や様子，行動に映し出させる形，つまり主に「学習者に関わるもの」であったとされている。そして，教師たちが保持する授業観の変容は，「規律・態度志向」と「運動量・安全志向」から「協同的学習志向」へと変容するという。しかも，朝倉（2016）は，その変容に関して，教職歴といった時間的な経過ではなく，どれだけ自己成長の場となる研修に意欲的に参加し，自律的な専門性開発を成すかが1つの鍵になると主張している。

　そして，松田（2001）は，「子どもたちへの教育も含めて，簡単に，あるいはステレオタイプとして体育科とスポーツを区別したり看過するのではなく，このような，体育という身体文化が持つ社会を自省する力に対してやはりうまく言葉を与え，さらにそれを忘れないようにしたい」（p.135）と強調している。このようなステレオタイプ的な認知は誤った判断を招くこともあり，先入観や期待を通して，特定の個人に対する認知や判断に影響を与えるとされている（Hamilton and Gifford, 1976）。

　したがって，現職の保健体育教師は，常に他者からのイメージや社会や学校文化の中でつくられたイメージと対峙しながら，時代の変化への「柔軟性」と「主体性」をも持ち合わせながら専門性開発に努めていくべきであろう。

　以上，保健体育教師は学生たちから，どのように見られるべきかを2つの視点から検討してきた。何より大切なのは，図10-3のように自己の存在を俯瞰的に見ることで，保健体育教師としての専門性や自己成長の度合いを自覚することである。そのための具体的な方策として，「営みの機会」と「省察の質的

＊2　「ステレオタイプ的なイメージ」の「ステレオタイプ」とは，一般的に特定の集団成員の属性に対する一般化された固定観念として捉えることができる。たとえば，「スポーツのリーダー」という社会的カテゴリーに対し「外向的」という属性が結びついていて，「スポーツのリーダーは外向的だ」という「信念」が存在する場合である。というのも，今回の調査は，保健体育に関連する対象者のみで実施しているため，他教科の教師や保護者などといった「他者性」は考慮できていない。また，固定観念化されたイメージは，「よい」とか「悪い」といった評価的要素と「好き」とか「嫌い」といった感情的要素が加わり「偏見」を生むことにも注視しておかなければならない。

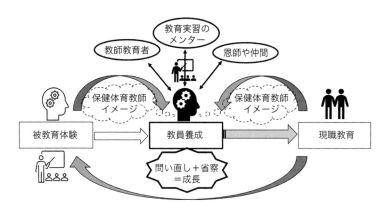

図10-3　「保健体育教師のイメージ」の変容における在り方

向上」の2つの側面から教員養成段階の充実・改善について言及していく。

　まず，前者の「営みの機会」として，教員養成段階でイメージに大きな揺さぶりが起きるのは教育実習であろう。しかも，教育実習生に大きな影響を及ぼすのは，教育実習の指導教員（メンター）の存在である。たとえば，三島（2007）は，教育実習前後での実習生の授業・教師・子どもイメージを複合的に検討し，実習後には授業を主体的・肯定的に捉えるようになり，子どもに対するイメージもポジティブ・ネガティブの両側面で捉えるようになることなどを指摘している。しかし一方で，教育実習を経験しても効果的な実習になる人とそうでない人もいるという（三島，2009）。また，保健体育科においても嘉数・岩田（2013）が，保健体育科の教職志望学生の信念の内容の1つである体育授業観や保健授業観について，学生による比喩生成課題のイメージから検討し，教育実習前後の変容を明らかにしている。したがって，「保健体育教師のイメージ」の変容には，教育実習のようなイメージ変容が期待できる充実した学校体験や教育実習の指導教員との学びといった「営みの機会」を常に意識しておかなければならない。

　一方，後者の「省察の質的向上」では，他者の支援を受けて，できることの限界を突破していくという意味での「他者性」（茂呂，2018）を意識することが重要である。教師の成長をもたらす学習の中心には，「省察（reflection）」が位置づけられているのは周知の事実であろう。たとえば，教師の信念と省察の相互作用における促進・阻害要因（四方田・須甲・荻原ほか，2013）や母校実習による保健体育科授業イメージの弊害（中川，2022）などがある。このよう

な阻害の要因には，「営みの機会」における他者との関係性が十分に考えられる。教育実習では指導教員の影響，そして教員養成や現職研修であれば教師教育者[*3]の影響など，他者との関係性が「省察の質的向上」に大きな影響を及ぼすのである。

　そのためにも，学生たちは，自己の「保健体育教師のイメージ」を大切にしつつ，教員養成段階において自己を成長させる機会に挑戦しつつ，恩師や仲間といった，生涯を通じて出会う他者と常に「問い直し」続ける姿勢が必要なのである。

4　教師の成長が存在意義の正当化につながる

　本書の冒頭でも示している「最新の科学的エビデンスに基づいた探究」を目指し，本講では，保健体育教師のイメージ調査を手がかりとして，「保健体育教師は学生からどのように見られているか」あるいは，見られるべきか，その探究のために大切な視点を検討してきた。

　一般的な教師の授業イメージに関する研究では，授業を「伝達の場」から「共同作成の場」と捉え直すようになる傾向があるという（秋田，1998）。しかし，他教科と比べて，保健体育教師の授業や教師のイメージは，その形成過程や変容に特殊性が存在する。したがって，常に学生たちは保健体育教師のイメージを問い直し，それと同時に現職の保健体育教師の専門性開発にも支援を促すといった教師教育の研究の蓄積や発展が急務である。それが結局，保健体育科の必要性や保健体育教師の存在意義といった「正当化」にもつながるであろう。

　最後に，朝倉（2016）の言葉――「体育教師はどのようにして体育教師になるのか」――を借用すれば，「保健体育教師を目指す学生は，どのようにして保健体育教師になるのか，あるいはなるべきなのか」。もちろん，その「旅」の始まりに立っている教員養成段階のみなさんには，自分の可能性に限界をつくらず，「教師という仕事」の魅力に気づいてほしいと願うばかりである。

［文献］
秋田喜代美（1998）第5章　授業をイメージする．浅田匡・生田孝至・藤岡完治編著，成長する教師．金子書房，pp.74-88.
朝倉雅史（2016）体育教師の学びと成長：信念と経験の相互影響関係に関する実証研究．学

---

*3　教師教育者に関する定義は様々であるが，ここでは「高等教育機関における大学教員や大学院生，そして学校現場では研究主任，指導教員や教育委員会関係の指導主事，さらに民間では教育研究サークル代表など」（岩田，2021，p.128）とする。詳細は，岩田（2021）を参照されたい。

文社.

Hamilton, D.L., & Gifford, R.K. (1976) Illusory correlation in interpersonal perception: A cognitive basis of stereotypic judgments. Journal of Experimental Social Psychology, 12(4): 392-407.

岩田昌太郎 (2021) 8章　教師教育研究．日本体育科教育学会編，体育科教育学研究ハンドブック．大修館書店，pp.126-132.

嘉数健悟・岩田昌太郎 (2013) 教員養成段階における教師志望学生の体育授業観の変容に関する研究：教育実習の前後に着目して．体育科教育学研究，29：35-48.

Lawson, H.A. (1991) Future Research on Physical Education Teacher Education Professors. Journal of Teaching in Physical Education, 10: 229-248.

松田恵示 (2001) 交叉する身体と遊び―あいまいさの文化社会学．世界思想社．

中井隆司・髙橋健夫・岡沢祥訓 (1996) 体育教師のイメージに関する研究：特に，大学生の中学・高校時代の体育教師に対する回顧的析を通して．スポーツ教育学研究，16 (2)：125-135.

中川麻衣子 (2022) 保健体育科教員の教育実習における指導の内容に関する基礎的研究．広島大学大学院博士論文．

茂呂雄二 (2018) 第1章　人間の学習．青山征彦・茂呂雄二編，スタンダード学習心理学．サイエンス社．

白井俊 (2020) OECD Education 2030 プロジェクトが描く教育の未来．ミネルヴァ書房．

沢田和明 (2001) 体育教師論：体育教師はどのように作られ，利用されてきたか．杉本厚夫編，体育教育を学ぶ人のために．世界思想社，pp.204-219.

Schempp, P.G., Sparks, A.C. and Templin, T.J. (1993) Micropolitics of teacher introduction. America Educational Research Journal, 30(3): 447-472.

Siedentop, D. and O'Sullivan, M. (1992) Preface. Quest, 44: 285-286.

須甲理生・四方田健二 (2013) 体育教師が有する教師観に関する一考察：運動部活動指導者としての教師観から授業者としての教師観へ．日本女子体育大学紀要，43：41-50.

四方田健二・須甲理生・荻原朋子・浜上洋平・宮崎明世・三木ひろみ・長谷川悦示・岡出美則 (2013) 小学校教師の体育授業に対するコミットメントを促す要因の質的研究．体育学研究，58 (1)：45-60.

〈資料〉

　現在，あなたは保健体育教師に対してどのようなイメージを持っていますか。以下の45項目について，「5．強くそう思う，4．そう思う，3．どちらでもない，2．そう思わない，1．全くそう思わない」の中から，あなた自身の考えに一つ○をつけてください。ただし，中学校と高等学校の教師のイメージを想起しながら回答してください。

		強くそう思う	そう思う	どちらでもない	そう思わない	全くそう思わない
1	信頼できる人である	5	4	3	2	1
2	他教科の教師に比べて，生徒に慕われている	5	4	3	2	1
3	生徒の個人的特徴をつかむのが早い	5	4	3	2	1
4	生徒の気持ちをつかむのがへたである	5	4	3	2	1
5	どんな種目も示範してくれる	5	4	3	2	1
6	各種スポーツの技術的なポイントを理解している	5	4	3	2	1
7	各種スポーツのルールに精通している	5	4	3	2	1
8	各種の運動技能に優れている	5	4	3	2	1
9	できない生徒にも熱心に指導する	5	4	3	2	1
10	あらゆる生徒に助言を与え上達させようとしている	5	4	3	2	1
11	授業では適切なアドバイスを与えてくれる	5	4	3	2	1
12	一方的に知識や技能を伝達するのではなく，生徒に考えさせる場面をつくっている	5	4	3	2	1
13	指導法の研究をしない	5	4	3	2	1
14	指導目標を設定してない	5	4	3	2	1
15	授業をいいかげんにする	5	4	3	2	1
16	教材や教具の工夫をしない	5	4	3	2	1
17	行動の仕方，服装，片付けなどのしつけ面について厳しい	5	4	3	2	1
18	時には殴ることもある	5	4	3	2	1
19	気が変わりやすく感情的である	5	4	3	2	1
20	言葉遣いが荒っぽい	5	4	3	2	1
21	意志が強い	5	4	3	2	1
22	責任が強い	5	4	3	2	1
23	忍耐力がある	5	4	3	2	1
24	積極的である	5	4	3	2	1
25	現代の社会情勢にうとい	5	4	3	2	1
26	政治に対する認識が低い	5	4	3	2	1
27	一般教養が欠ける	5	4	3	2	1
28	健康である	5	4	3	2	1
29	体力がある	5	4	3	2	1
30	若々しい	5	4	3	2	1
31	スポーツを楽しくことに重点をおいて授業を進める	5	4	3	2	1
32	人間関係・仲間づくりに重点をおいて授業を進める	5	4	3	2	1
33	話好きである	5	4	3	2	1
34	知的理解面に重点をおいて授業を進める	5	4	3	2	1
35	体力づくりに重点をおいて授業を進める	5	4	3	2	1
36	始まりのチャイムが鳴る前に外に出て，授業の準備を周到にしている	5	4	3	2	1
37	話をするのが下手である	5	4	3	2	1
38	特定の項目については高い技能を持っているが他はだめである	5	4	3	2	1
39	自分の競技活動だけに熱中している	5	4	3	2	1
40	ICT機器を活用できる	5	4	3	2	1
41	部活動の指導に熱心である	5	4	3	2	1
42	体育的行事をリードできる	5	4	3	2	1
43	特別な配慮を要する子への指導ができる	5	4	3	2	1
44	体育理論の授業ができる	5	4	3	2	1
45	保健の授業がうまい	5	4	3	2	1
46	集団行動が指導できる	5	4	3	2	1
47	ラジオ体操がうまい	5	4	3	2	1
48	ジェンダーについて配慮している	5	4	3	2	1
49	一方的に話し込む保健授業が多い	5	4	3	2	1
50	保健授業の印象がない	5	4	3	2	1

他教科の学生からみた
「保健体育教師のイメージ」って？

　第10講では，保健体育科教員養成課程で実施したアンケートを中心に，学生が抱く「保健体育教師のイメージ」を述べたが，ここでは，他教科の学生，音楽科のAさんと英語科のBさんという2人の教員志望学生にインタビューして，今までに受けてきた体育授業と保健体育教師のイメージについて尋ねてみた。

　表は，インタビュー結果をまとめたものである。表からも読み取れるように，まず保健体育教師に抱くイメージは，ポジティブな印象であった。Aさんでいえば，生徒の体調やモチベーションにも配慮しながら授業を実施し，生徒たちの「伸び＝成長」をしっかりと評価しようとする保健体育教師に出会っていた。また，Bさんも総じて，中学校と高校の保健体育教師の印象はよく，「親しみやすく，明るく人気者」という人間性を持ち合わせていると語っていた。しかしながら，2人ともネガティブな側面として，「威圧的」や「いかつい」などの「怖い存在」（中井ほか，1996）といった一定の負のイメージを持っていたのも事実である。

　2人へのインタビューからは，「平成」という時代の保健体育教師のイメージは，肯定的な側面が多いようである。しかし，時代の変化や学校・教育改革が進めば，保健体育教師の置かれる状況も変わる。

　「令和の日本型保健体育教師」のイメージはどのように変容していくのか，注意深く見守ることが必要であろう。

X大学のAさん（大学3年生，音楽科コース）	Y大学のBさん（大学4年生，英語科コース）
〈ポジティブな側面〉 ・小学生のころ喘息になって体育があまり好きでなかったが，中学生の時の体育の先生が体調にも配慮して，親身になって指導してくれた（出会っていなかったら，体育を嫌いになっていた可能性もある）。 ・運動の技能だけでなく，学習意欲や態度も含めて総合的に見取りをしてくれた。 〈ネガティブな側面〉 ・近寄りがたい，いかついイメージの側面がある。 ・高校の体育は「めっちゃ楽しい！」ということはなかった。	〈中学校〉 ・親しみやすく，明るく人気者のイメージ ・総じて，中学校と高校もポジティブな印象が残っている。 ・ボーイッシュな女性が体育の先生というイメージ。 ・体育に限らず，色々な授業を見回っている印象がある。 〈ネガティブな側面〉 ・年齢を重ねて高齢になってくると示範とかが大変そう。 ・部活動の部員に対しては，なぜか威圧的な指導をしていた。

（岩田昌太郎）

［文献］中井隆司・髙橋健夫・岡沢祥訓（1996）体育教師のイメージに関する研究：特に，大学生の中学・高校時代の体育教師に対する回顧的析を通して．スポーツ教育学研究，16（2）：125-135．

■第11講

[赤松喜久]

保健体育科教員養成の現場は
どのような道を辿っているか

概要●今日の学校は，その役割が過度に拡大し，様々な課題に対応することが求められている。そのため，教師は教育に携わる喜びをもちつつも疲弊しているという。このような状況は，教員養成の現場にも影響を及ぼしているであろう。本講では，事例的に教員養成大学で学ぶ学生の実情について掘り下げていくことにより，教員養成段階の問題点について考えを深め，今後取り組むべき課題の明確化を試みることとする。

1 教育改革の流れと教員採用試験の動向

　これからの社会における教員養成改革の方向性については，中央教育審議会「教職生活の全体を通じた教員の資質能力の総合的な向上方策について（答申）」（平成24年8月）において，「教員は，教職生活全体を通じて，実践的指導力等を高めると共に，社会の急速な進展の中で知識・技能が陳腐化しないよう絶えざる刷新が必要であり，学び続ける教員像を確立する必要がある」と提唱されている。また同答申においては，そのために取り組むべき課題として，「大学での養成と教育委員会による研修は分断されており，教員が大学卒業後も学びを継続する体制が不十分である。このため，教員が教職生活全体にわたって学びを継続する意欲を持ち続けるための仕組みを構築する必要がある」と，指摘されている。

　また，「『令和の日本型学校教育』を担う教師の養成・採用・研修等の在り方について〜『新たな教師の学びの姿』の実現と，多様な専門性を有する質の高い教職員集団の形成〜（答申）」（中央教育審議会 令和4年12月）において，「教員養成段階においては，これまでの教育の単なる再生産に陥るのではなく，教職志願者の『授業観・学習観』の転換を図り，『令和の日本型学校教育』を担うにふさわしい教師を育成する必要がある」と明記されている。令和の日本型学校教育をよりよく構築していくためにも，「教員が教職生活全体にわたって学びを継続する意欲を持ち続けるための仕組みを構築」していくことが必要不

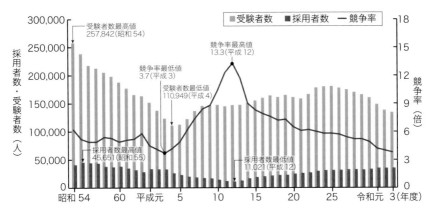

（注）小学校，中学校，高等学校，特別支援学校，養護教諭，栄養教諭の合計
（文部科学省，令和3年度公立学校教員採用選考試験の実施状況のポイント，令和4年1月より作成）
図11-1　教員採用試験における競争倍率の推移

可欠となる。ところで，教育改革に向けて，目指される方向性（理想）は示されているものの，今日の教員さらには教職志願者を取り巻く環境（現実）は，「令和の日本型学校教育」の構築に円滑につながる状況にあるのかについては意見の分かれるところと言えよう。そこで本講では，教員養成段階における現状について再考し，改めて，これから期待される教員養成（さらには教育改革）の在り方について考えていくこととする。

　図11-1は，教員採用試験における競争倍率の推移である。平成12年の採用者数最低値以降，教員採用者数は微増・横這い傾向が続いている。それに対し，受験者数は，平成25年以降減少傾向が続いている。そのため，教員採用試験の競争倍率は低下の一途を辿る結果となっている。募集免許種別や自治体によっても違いはあるが，教員採用試験の倍率が2倍を切るところもあり，教員採用段階の質保証が不安視される事態ともなっている。

2　教員の需要と供給をめぐって

　教員採用試験の競争倍率が低下傾向にあるとはいえ，教員採用試験を経て受験者（教員を目指す者）の半分以上は不合格となっているわけである。それにもかかわらず，表11-1に示す通り，今日の学校では教員が不足している現状にある。

　なぜ教員が不足するのかの理由については，文部科学省による「『教師不足』

表 11-1　教員不足の現状

学校種	不足人数	不足が生じている学校数	不足が生じている学校の割合
小学校	1,218 人	937 校	4.9%
中学校	868 人	649 校	7.0%
高等学校	217 人	169 校	4.8%
特別支援学校	255 人	142 校	13.1%
合　計	2,558 人	1,897 校	5.8%

（文部科学省調べ。令和 3 年度始業日時点）

に関する実態調査」（令和 4 年 1 月）において，「産休・育休取得者数が見込みより増加」「特別支援学級数が見込みより増加」「病休者数が見込みより増加」などの『見込み数以上の必要教師数の増加』と，「講師登録名簿登載希望者数の減少」「採用試験に合格し正規教員に採用された臨時的任用教員等の増加による講師名簿登録者の減少」「講師登録名簿登載者等の臨時的任用教員等のなり手が他の学校に就職済」「臨時的任用教員等のなり手が教職以外の職（民間企業等）に就職済」などの『臨時的任用教員のなり手不足』の大きくは 2 つの要因が掲げられている。

　次に，教員が足りていない状況に学校教育現場がどのように対応しているのかを見ると，中学，高等学校の教科担任教員不足は，調査年度中に解消予定と報告されている。しかしながら，小学校においては，学級担任も不足している現状があり，不足する学校では，少人数指導やティーム・ティーチング等のために配置された教員や，不登校や問題行動への対応等の指導体制の強化のために必要があって配置された教員，あるいは，主幹教員，教務主任，管理職等が学級担任不足を代替し，教員不足に対応している状況が浮き彫りとなっている。各学校では，それぞれ様々な状況に対応していくために必要となる最低限の教員が配置され，協働的に役割を果たしている。不測の事態への緊急対応として，ある教員が本来業務に加えて学級担任不足等を補う状況は，当該教員の過重労働に拍車をかけることにもつながりかねない。さらには，当該教員の本来業務のサポート体制を学校内で組織的に整えていこうとすると，他の教員にも影響が及ぶことになりかねない。教員になることを夢見る学生が，教育実習やインターンシップ等で学校現場に出向き，教員の過重労働の現実を目の当たりにした時，学生の教員志望に好ましくない変化をきたすことにならないか危惧されるところと言える。

　質の高い教員の確保に向けた取り組みとして「各自治体及び隣接した自治体に設置された大学と連携したインターンシップ事業やいわゆる教師養成塾の取

り組み，教師の魅力を伝えるための講座，大学推薦枠を設け，教育委員会と大学における連携の強化を図る」等の具体的な取り組み事例が紹介されている（『総合的な教師力向上のための調査研究事業　成果報告書』文部科学省　平成29年3月）。このような取り組みは，大阪教育大学，ならびに，大阪府・市教育委員会においてもすでに展開されている。しかしながら，それらの取り組みの実効性を高めていくためにはさらなる工夫が必要になるものと考えられる。この点について，次節で若干詳細を述べることにする。

3　教員養成の現状と課題

(1) 教員養成を目的とする大学への学生の志望理由について

　教員養成の現状と課題をめぐっては，2019年10月に大阪教育大学の保健体育部門とスポーツ科学部門が共同で実施した調査（以下，大教大調査とする）のデータを分析し直し，その結果を基に現状を事例的に見ていくことにする。大教大調査は，教員採用試験受験者が年々減少している状況を受け，その背景を把握するために保健体育専攻，スポーツ科学専攻所属の全学生を対象に実施されたものである。

　図11-2の結果は，大阪教育大学を志望した理由について，自由記述で回答させた文章を単語に分解し，それらの結びつきを描いた共起ネットワークである。語の出現頻度として高かった（円が大きい）のは，「スポーツ」と「教員」であった。まず「スポーツ」についての結果を見ると，「学ぶ」「関連（する）」「職業」などの語が共通して記述される近い語として描写されており，スポーツについて学び，関連する職業に就きたいという学生の志向性がうかがわれる。次に，「教員」という語については「保健体育」「体育」などの語が共通して記述される，近い語として描写されており，教員または保健体育の教員を目指したいという志向性がうかがわれる結果となっている。さらに，注目される結果として，「中学校」の頃から続けている「部活動」を「大学」でも続け，「顧問」として「指導」したいという文脈が一つのサブグラフ（結びつきの強い語のグループ）を形成していることが挙げられる。大阪教育大学の保健体育専攻，スポーツ科学専攻に入学してきた学生は，大学でも部活動を自ら継続していきながら，部活動の顧問として生徒の指導にあたりたいという志向性を有するものが少なくない様子がうかがわれる。学生の自由記述による回答を見てみると，中学・高校の時に指導を受けた顧問の先生のように，子供たちの成長に間近でかかわっていきたいという記述が相対的に多数見受けられる。保健体育教師の本務

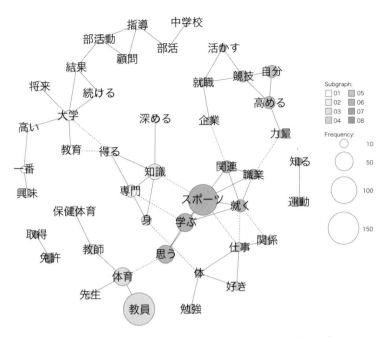

図11-2　大阪教育大学を志望理由について（大教大調査，2019年より）

は，保健体育の授業を通して子供の発達にかかわることであるが，学校生活全体を通して子供の成長，発達を支えたいとする学生の思いは大切にされるべきであろう。また，近年の行政施策として部活動を地域の活動に移行しようとする動きが加速しているが，ここで浮き彫りにされた学生の志向性が，部活動の地域移行によりどのような影響を受けるのか，今後注視していく必要があろう。

　次に，学生の卒業後の進路として第一希望に掲げる職種を学年ごとに示したのが図11-3である。1・2年生では高等学校（保健体育科）教員を希望する者の割合が高い傾向にあるのに対し，3・4年生ではその割合が低くなる傾向がうかがわれる。逆に，企業への就職を希望する者の割合は，4年生で多くなる傾向を示している。この結果は，2019年に実施したもので，各学年の追跡的な結果ではないことから，入学年度ごとに学生の進路希望にばらつきがあることを示している可能性もある。しかしながら，学年を追うごとに教員希望者が減少し，企業就職希望者が増えるということも考えられる。教員養成系大学としては，早急に対策を講じなければならない事態と言える。今後さらなる追跡調査の結果から，進路希望が変化する原因を明らかにしていく必要がある。

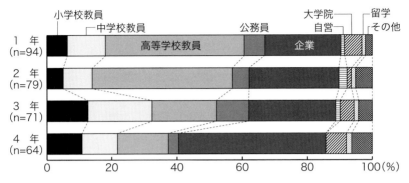

図 11-3　大学志望理由について（大教大調査，2019年より）

(2) 進路希望の変化の有無と変化に影響する要因について

　表11-2は，卒業後の進路について，入学当初（1年生時）から変化があったかどうかの回答結果である。2，3，4年生の3グループ間（1年時から変化があったかを問う質問であることから1年生は非該当扱い）の比率の検定を行ったところ有意差($p<0.05$)が認められた。さらに残差分析による多重比較の結果，2年生に比べて4年生に「変化した」者の割合が有意に高い（$p<0.05$）という結果となった。

　「変化した」ことに影響を及ぼした要因について，自由記述形式で回答を求めた結果を示したのが図11-4である。図11-2と同様の手法で共起ネットワークを描画した。その結果，11のサブグラフが抽出された。出現度数の多かった語を含むグループをいくつか取り上げて，進路希望変化にかかわる要因について見ていくことにする。

　まず，「学校」「教職」「仕事」「科目」等の語から構成されるグループは，大学での教職関連科目を受講する中で，教職に対する困難さを意識するようになり，興味や関心が薄れていったものと考えられる。次に，「実習」「教育」の語から構成されるグループは，教育実習で教員のイメージと実際のギャップを感

表11-2　卒業後の進路の第一希望の変化について

	変化なし	変化した	合　計
2 年　(n=79)	74.7	25.3	100.0
3 年　(n=71)	63.4	36.6	100.0
4 年　(n=64)	51.6	48.4	100.0
全体　(n=214)	64.0	36.0	100.0

$\chi^2=8.224$, d.f.=2, $p<0.05$
※変化なし：2年生＞4年生，変化した：2年生＜4年生

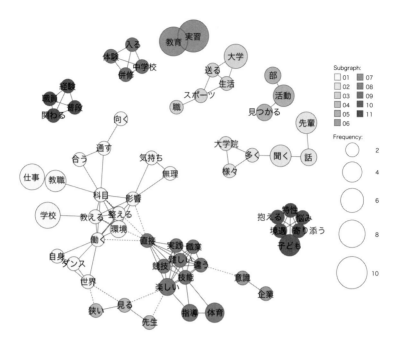

図11-4　卒業後の進路希望に影響した要因について

じ，教職に就くことを考え直すに至ったというように，教育実習が教職志望を
変化させる要因となることもあることが示された。ただし，「教育実習で教員
の仕事に魅力を感じ」たとの記述もあることから，一概に教育実習は教職への
意欲を弱めるものではないことの理解も必要と言える。実習と教育の語を分け
たまま分析したのは，介護等体験実習にかかわる記述もあることを踏まえたか
らである。さらに，学生は，大学での生活だけではなく，ボランティアの活動
を通して発見した公務員等の教職以外の仕事の魅力に影響を受けたり，先輩等
の周囲の人たちから教職に対する様々な側面について話を聞くことが，教職に
就こうという意識を変化させたりする傾向にあることが浮き彫りにされている。

(3) 学生にとっての教職の魅力について

　図11-5は，学生が思い描く教職の魅力についての自由記述回答を，共起ネッ
トワークとして示したものでる。ここでは，単にどのような語の出現頻度が高
いのか，あるいは，どのようなサブグラフが抽出されるのかではなく，中心性
（どのような語が他の語とのリンクの中心となっているのか）に着目して結果を描
画したものである。バブル（図中の○で示した語）の色の濃い語について見ると，

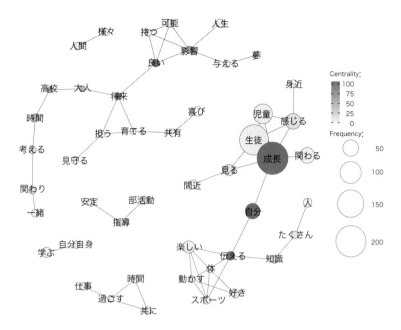

図11-5　学生の思い描く教職の魅力

大きくは、『「成長」「自分」「伝える」』と、『「将来」「大人」「良い」「影響」』の2つが、他の語とのリンクの多い、中心となる語のグループであることが読み取れる。『「成長」「自分」「伝える」』については、児童や生徒との成長に間近で関わることで、自分も成長することができるという魅力と解釈することができよう。また、『「将来」「大人」「良い」「影響」』については、将来大人になる子供たち（高校生）によい影響を与えることができるという魅力と解釈することができよう。

　教職の魅力について、いわゆる開放制教員免許（教育学部以外の学部で教職課程を追加的に履修して取得する教員免許）を目指す学生においても、ここでの結果と同じような傾向を示すかどうか等について、今後、より詳細な事実の究明が期待されるところと言えよう。

4　実状を踏まえた教員養成・採用・研修の一体的改革に向けて

　中央教育審議会資料「令和の日本型学校教育を担う教師の養成・採用・研修

等の在り方について 関係資料 (1)」に, これからの教員養成・採用・研修の一体的改革の方向性が図11-6のように示されている。養成段階の改革は関係法令の改正もあって, 各大学では必要となるカリキュラム改正, 指導体制の編成見直し等の作業が進められている。また, 教員養成カリキュラムの法的根拠となる教育職員免許法施行規則に示される教科及び教職に関する科目の単位の修得方法について, 令和4年度から指定された教員養成フラッグシップ大学では, 一程度の自由が与えられ, 大学が独自に設定する科目の単位数を増やし,

養成段階

●履修内容を充実させた新しい教職課程の展開
・外国語教育・特別支援教育・ICT を用いた指導法や, 主体的・対話的で深い学びの視点に立った授業改善に対応した内容の必修化
・国による「教職課程コアカリキュラム」の作成
・大学による教職課程の自己点検評価を義務化

養 成

養成・採用・研修の
一体的改革による生涯を
通じた教師の資質能力の向上

採 用　　　　　研 修

採用段階

●多様な採用選考の実施
・専門性を考慮した採用選考の実施
●計画的な採用
・年齢構成バランスを考慮した採用の促進
●社会人等の多様な人材の活用
・特別免許状の活用
・教員資格認定試験の見直し
・受験年齢の緩和

研修段階

●学び続ける教師を支える体制整備
・教育委員会と大学等との協議会の設置
・教育委員会が育成指標と教員研修計画を策定
・初任者研修におけるメンター方式の推進
●教職員支援機構による研修・教材の提供
・機構による研修の実施
・オンライン動画（校内研修）の配信

| 学校における働き方改革 | 教師の魅力向上 | 指導体制整備・チーム学校 | 適切な人事管理 |

(令和の日本型学校教育を担う教師の養成・採用・研修等の在り方について関係資料 (1), 中央教育審議会, 令和3年3月12日から一部抜粋)

図11-6　教師の養成・採用・研修の一体的改革

令和の日本型学校教育に相応しい教員養成カリキュラムの開発に向け，試行的な取り組みがスタートしている。

今日の学校を取り巻く状況の変化は様々であり，地域によっても状況は異なる面があるが，子供の多様性理解やそれを踏まえた適切な指導の要請が高まりを見せていることは間違いない。その一方で，ICTを利活用した学習指導の工夫や，主体的・対話的で深い学びの視点に立った学習指導の工夫が求められている。それらを強力に推し進めていく必要はあるが，特に，学習指導の工夫は教育の目的を実現していくための手段であることから，手段の目的化とならないよう，教員養成にあたる大学のカリキュラム編成や授業展開において注意が必要となる。

また，教科及び教職に関する科目の展開においては，学校教育現場が抱える困難状況を学生に伝えることにとどまることなく，そのような困難な問題をどのように解決していくのかにかかわる基本的な考え方や，方法を導き出す理論的枠組みや事例等を交えて，学生が課題解決について実践的にイメージできるような授業展開が求められるところと言えよう。

以上に述べた努力は，教員養成にあたる各大学において実施可能で，かつ，不断に実施していく必要があるものと言えよう。しかしながら，教員として採用され，実際に教鞭をとる教育現場で，教員不足等の状況もあり，過重負担の状況に追いやられてしまうという現実があることは否めない。これら現実に起こっている問題への対応は，各学校，あるいは，大学等との連携だけでは解消が困難になるものと考えられる。必要な法改正やさらなる指導体制改革に向けた取り組みが強く求められるところと言えよう。既述したように，学校教育現場が過重負担状況で，教員が子供と向き合う時間的ゆとりさえ十分とれない状況にあるとすれば，そのような状況を目の当たりにした教育実習生は，教職への意欲を薄めることにもなりかねない。「学校における働き方改革」，「教師の魅力向上」という視点から，「学校支援にかかわる関係者をはじめとする広く社会全体の力を結集した取り組み」が求められるところと言えよう。

[文献]
中央教育審議会（2012）教職生活の全体を通じた教員の資質能力の総合的な向上方策について（答申）」（平成24年8月）
中央教育審議会（2021年）「令和の日本型学校教育」の構築を目指して～全ての子供たちの可能性を引き出す，個別最適な学びと，協働的な学びの実現～（答申）」（令和3年1月）
文部科学省（2022）「教師不足に関する実態調査」（令和4年1月）

[荻原朋子]

■第12講

近年の教員養成プログラムには何が求められているのか

概要●本講では，わが国において近年導入された教職大学院制度や教職課程コアカリキュラムといった，制度改革や教員養成プログラムについて概観する。また，それらを踏まえ，保健体育教員養成課程を持つ大学では，今後どのような保健体育教員養成プログラムの内容が求められるのか等の問題について，教員の量的確保と質的保証の側面から検討する。

1 教員養成の現代的課題

　日本における教員免許状の取得は，所要単位を履修することによって，等しく教員養成が可能になる「開放制」の原則に則って行われている。この制度は，我が国の教員養成の普及・充実，社会の発展に大きく貢献してきた。しかし，2006年の中央教育審議会（以下，中教審）の「今後の教員養成・免許制度の在り方について（答申）」において，各大学が養成しようとする教員像が明確にされていないこと，「教科に関する科目」や「教職に関する科目」の趣旨が十分に理解されていないこと，学校現場が抱える課題に十分に対応しておらず，演習や実験，実習等が十分でないことなどが指摘され，教員養成の在り方を再検討することが求められた（中教審，2006）。これらの背景には，「指導力不足教員」の増加が問題視されるようになったことも報告されている（山田，2014）。

　2006年の中教審答申以降，教員の資質能力の向上のため，教員免許更新制の導入といった教員免許制度の改革や，教職大学院の設置，2010年度大学入学生より実施されている「教職実践演習」の授業を開講科目とするといった取り組みも開始された。その後，2015年には「これからの学校教育を担う教員の資質能力の向上について（答申）」が出され，教員養成段階では「教員となる際に最低限必要な基礎的・基盤的な学修」が必要とされ，学校現場での体験的学習の充実や，教職課程の質保証・向上が必要とされ，教員養成にかかわる

内容の改革が行われた（中教審，2015）。

　このように，2000年代以降から現在まで，教員の量の確保と質の保証を目指して，様々な教員養成プログラムに関する改革が行われている。ここでは，我が国における教員養成改革に関する動向と，保健体育教員養成における課題について，中教審等の答申や制度改革，各大学における教員養成プログラム例などから論じる。

2　教員養成プログラムにおける国の動向

(1) 教職実践演習の導入

　2006年の中教審答申では，主に①教職課程の質的水準の向上，②「教職大学院」制度の創設，③教員免許更新制の導入が具体的方策として示された。他にも，教員としての最小限必要な資質能力を確実に身につけさせるため，大学の教職課程において「教職実践演習」が設定され，2010年度入学の学生より適用された。授業内容には教員として求められる①使命感や責任感，教育的愛情等に関する事項，②社会性や対人関係能力に関する事項，③幼児児童生徒理解や学級経営等に関する事項，④教科・保育内容等の指導力に関する事項を含めて展開することとされた。授業の方法は，役割演技（ロールプレイング）やグループ討議，事例研究，現地調査（フィールドワーク），模擬授業等を取り入れることとされ，教科に関する科目と教職に関する科目の担当教員が共同して担当する体制を構築することとされている（中教審，2006）。また，履修時期は全ての科目の履修が済んでいる4年次後期が適当であるとされ，2010年度入学の学生が4年生となる2013年後期の授業から開始された。

　教職実践演習が開講されて約10年が経過し，中学校・高等学校保健体育科における教職実践演習の授業内容とその成果について，少しずつ報告されている。清水ら（2013，2014）は，国立教員養成系大学における附属小学校との実践事例を検討し，教員養成段階において求める最低限の資質能力を検討した。また，古川ら（2016）は，複数の大学の教職実践演習の授業内容，シラバスなどを調査し，著者らが所属する大学へどのように適用できるかを検討した上で，授業を実施し，その成果を学生のふり返りや授業評価から検討した。須甲（2018）は，中学校及び高等学校の保健体育科教職志望の学生が授業終了時にどのような教師観を形成しているのかを検証した。その結果，授業力量と生徒指導力を継続的に更新していく教師観を形成していることが明らかにされた。

　教職実践演習の授業で扱われる内容の中でも，特に④教科・保育内容等の指

導力に関する事項について，大越ら（2014）は「中・高保健体育科の教科特性（実技内容の多さ）に応じて不足している実践的指導（特に実技指導・示範力の向上）を補い，その定着を図る効果的なシステムの構築をすること」を目的に授業を実施し，その成果を検証した。そこでは，学生に体育実技において「指導・示範に自信があるもの」と「不安があるもの」を選択させ，その体育実技を3時間ずつ履修させた。また，須甲（2018）の研究においても，④教科の指導力に重点をおき10分程度に編集された体育授業映像を試聴させグループで討論を行なったり，教科指導で優れた成果を収めている現職の管理職（保健体育）を招聘し，教科指導に関わる講話を聴いたりといった内容を取り入れていた。

このように，保健体育科の教員養成課程においては，文科省が示した教職実践演習の内容のうち，特に④の報告が比較的多かったが，各大学の学生の特色に合わせ独自のカリキュラムを開発して授業を展開している。

(2)「教職大学院」制度の創設

教職大学院は，社会における様々な問題に対応し，より高度な専門的職業能力を備えた人材を育成するため，専門職大学院制度を活用し2008年4月から開設された。大学院段階での現職教員の再教育も含めて，深い学問的知識・能力を有する教員や教職としての高度の実践力・応用力を備えた教員を幅広く養成していくことが重要とされた（中教審，2006）。また，2012年の「教職生活の全体を通じた教員の資質能力の総合的な向上方策について（答申）」において，教員の修士レベル化に向けて教員養成・体制の充実と改善を求め，①教職大学院の拡充，②国立教員養成系大学の修士課程の見直し，③中・高等学校教員の養成では国公私立大学の修士課程の教員養成カリキュラム改革を図る，④24単位が必要とされる教科又は教職に関する科目を修得する大学院が，必ずしも実践的指導力の向上に結びついていないこと等の問題点を含めた専修免許状の在り方の見直しなどが求められた（中教審，2012）。

教職大学院は，国立教員養成系大学の専門職学位課程として開講されており，教科指導力や教科専門の高度化を達成しうるカリキュラムのあり方が模索されている。保健体育科を主とした研究では，榊原（2021）が，福岡教育大学の教職大学院における科目開設において，どのような教科内容構成にすべきか検討している。また，井上（2021）は今後の展望として，学部との一貫性をどのようにすべきか，2年間の大学院修了生としての成果物である実践課題研究のあり方，教職大学院の定員充足率の低さを指摘している。特に，多忙を極める現職教員からみても進学のメリットが感じられないことや，教員採用試験に合格

できなかった学生の進学先として捉えられていることが問題視されている。このように，教職大学院にかかわる問題は山積みであり，早急な解決が必要とされているのが現状である。

(3) 教員免許更新制の導入

　2006年の中教審答申において教員免許更新制の導入が具体的方策として示され，2009年4月より正式に導入された。教員免許更新制は，免許取得後に10年間の有効期間が設けられ，その有効性を維持するために30時間以上の免許状更新講習の受講・修了が必要となる制度である。これは「その時々で求められる教員として必要な資質能力が保持されるよう，定期的に必要な刷新（リニューアル）を図る」（中教審，2016）ことをねらいとし，課程認定大学や都道府県教育委員会等が開設している講習を，有効期限の満了前の直近2年間程度の間に受講することを義務化したものである。

　免許更新講習は，多くの保健体育教員養成課程を持つ大学で開講されていた。講習内容には必修領域（6時間以上）と選択必修領域（6時間以上），選択領域（18時間以上）があるが，そのうちの「幼児，児童又は生徒に対する教科指導及び生徒指導上の課題」に該当する選択領域で開講している大学が多かった。なかでも，入江（2011）は体育系大学の教員免許更新講習について調査し，仙台大学では受講生の多様なニーズに対応し35講座を開講した結果，「応急手当」「疾病予防・健康管理」の受講生が多かったと報告している。他の16大学の調査結果では，9大学が必修領域の講座と選択領域の講座を両方開講し，全講習を短期間で集中して受講できるシステムを採用していたことを明らかにした。

　また，日本体育学会（現日本体育・スポーツ・健康学会）第59回大会シンポジウム「教員免許更新制の実施と保健体育科教員」において，シンポジストであった岩田康之氏は「制度設計を急いだことにより，講習の受講者数の見積もりと実際の動向に関する予測が十分にできない」（岩田，2010）ことを指摘した。また，保健体育科教員の場合「教師としてのキャリアの長さが教科の専門の力量（特に実技）の成長と直結せず，むしろある一定のキャリを積んだ後は低下してゆく傾向にあるという点で，他の教科と異なる特性を持っており，そうした中で指導観や指導スタイルの転換は不可避」（岩田，2010）となるとし，その転換を免許更新講習や既存の研修プログラムにて調整しながら行う必要性を指摘した。

　免許更新講習はその後，2022年6月に廃止された。その理由として，オンライン研修の拡大や，教師の研修を取り巻く環境が大きく変化していること等，

研修方法の転換が求められたことが挙げられる。加えて，常に教師が最新の知識技能を学び続けていくことと10年に1回の講習受講との整合性が取れないためとされた。今後は教師や学校のニーズや課題に応じて，個別最適で協働的な学びを主体的に行う「新たな教師の学びの姿」を早期に実現することとしている（文科省，2022a）。

(4) 保健体育教員養成課程における教職課程コアカリキュラム

　2015年12月の中教審答申「これからの学校教育を担う教員の資質能力の向上について」では，教員養成における全国的な水準の確保が提言され，そのための教職課程コアカリキュラムが制定される契機となった（文科省，2017）。その後，全国の教職課程を持つ大学の再課程認定が実施され，2019年度より認定を受けた1,283校の大学等で新たな教職課程が始まっている（初等中等教育分科会，2021）。

　教職課程コアカリキュラムは，「教員免許法及び同施行規則に基づき全国全ての大学の教職課程で共通的に修得すべき資質能力を示す」（文科省，2017）ものとされ，共通性の高い「教職に関する科目」において各大学の教職課程で共通的に習得すべき資質能力を明確化した。また，知識や学校現場のニーズ，大学の自主性や独自性を尊重し，各大学が責任を持って教員養成に取り組み教職課程全体の質保証を目指すものとされた。表12-1は，教職課程コアカリキュラムにおいて当該事項を履修することによって学生が修得する各事項である。

　例えば「各教科の指導法（情報機器及び教材の活用を含む。）」においては，表12-2のように各目標が示された。各教科の指導法では，一般目標数が2，到達目標数において小学校が8，中・高は10と設定された。中学校及び高等学校における保健体育教員養成に関連する科目に置き換えると，「保健体育科教育法」といった科目が該当する。各教科の指導法の単位数は，中学校8単位，高等学校4単位が必修とされた。各授業のシラバスの作成の際に，表12-2の到達目標が各授業の何回に示されているのかを対応表に◎（単独授業で行う），○（複数授業で行う）を付け，それらが対応したものになっているかについて，各大学が文科省の再課程認定を受けた。

　2019年からこの教職課程コアカリキュラムが運用されたが，これによって教職課程を持つ大学の「全国的な共通性」と「大学の自主性・主体性」のバランスが重要になることも指摘されている（牛渡，2018）。牛渡（2018）は，教員養成だけを目的としていない一般大学でも，コアカリキュラムは教員養成カリキュラムのおおよそ2/3となり，その他1/3がその大学が力を入れている内

表12-1　教職課程の事項における目標の内容

目　標	内　　　容
全体目標	当該事項を履修することによって学生が修得する資質能力
一般目標	全体目標を内容のまとまり毎に分化
到達目標	学生が一般目標に到達するために達成すべき個々の規準

表12-2　教職課程コアカリキュラムにおける「各教科の指導法に関する科目」

目　標	内　　　容
全体目標	当該教科における教育目標，育成を目指す資質・能力を理解し，学習指導要領に示された当該教科の学習内容について背景となる学問領域と関連させて理解を深めると共に，様々な学習指導理論を踏まえて具体的な授業場面を想定した授業設計を行う方法を身に付ける。

(1) 当該教科の目標及び内容

一般目標	学習指導要領に示された当該教科の目標や内容を理解する。
到達目標	1）学習指導要領における当該教科の目標及び主な内容並びに全体構造を理解している。 2）個別の学習内容について指導上の留意点を理解している。 3）当該教科の学習評価の考え方を理解している。 4）当該教科の背景となる学問領域との関係を理解し，教材研究に活用することができる。 5）発展的な学習内容について探究し，学習指導への位置付けを考察することができる。

(2) 当該教科の指導方法と授業設計

一般目標	基礎的な学習指導理論を理解し，具体的な授業場面を想定した授業設計を行う方法を身に付ける。
到達目標	1）子供の認識・思考，学力等の実態を視野に入れた授業設計の重要性を理解している。 2）当該教科の特性に応じた情報機器及び教材の効果的な活用法を理解し，授業設計に活用することができる。 3）学習指導案の構成を理解し，具体的な授業を想定した授業設計と学習指導案を作成することができる。 4）模擬授業の実施とその振り返りを通して，授業改善の視点を身に付けている。 5）当該教科における実践研究の動向を知り，授業設計の向上に取り組むことができる。

容に充てられる状況を指摘している。保健体育科の教員養成においては，教育学部ではない体育系学部等の様々な学部学科において教員養成課程が開設されており，各大学のオリジナリティや養成したい教員像を今後どのように差別化するか等の課題が残されている。

3 保健体育教員養成プログラムの質と制度保証

　ここまで，2000年頃から現在までの我が国における教員免許制度や大学における教員養成課程について紹介した。これらの制度や取り組みが，保健体育の教員養成プログラムにどのように影響するのか検討する必要があるが，教育課程の内容の変更等に対して学術的知見がどの程度貢献しているのかを探るため，2019年に開催された日本体育学会第70回大会シンポジウムでは「保健体育教員養成カリキュラムの質と制度保証に向けた日本体育学会の役割」が議論された。

　中野（2019）は「保健体育教科の指導法科目担当者の学会所属とコアカリキュラム対応状況」という視点から，中学校の保健体育教員養成を行っている各大学の「教科の指導法」を担当している教員が日本体育学会やその専門領域（体育科教育学，保健）に所属しているか，各大学のシラバスにおいてコアカリキュラムの内容がどの程度フォローされているのかを調査した。その結果，73.2%が日本体育学会に所属していたが，26.8%が所属していないこと，そのうちの57.6%が体育科教育学に，13.5%が保健に所属していたが，保健と体育科教育学の両方に所属しているのは0.3%とごくわずかであったことを報告している。また，日本体育学会に所属している担当教員がいる場合の方が，コアカリキュラムの内容の網羅状況が10%程度上がること，加えて，複数の科目で同じようなコアカリキュラムの内容を実施している大学も，少なからず見られることが報告された。

　また，野坂（2019）は保健の専門領域に所属している教科の指導法の担当教

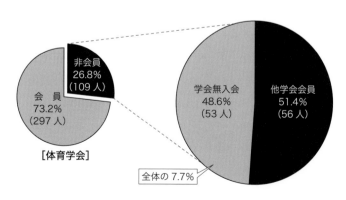

図12-1　中学校保健体育指導法科目担当者の日本体育学会所属状況（野坂，2019）

員が少ないという指摘に対して，保健は保健科教育の専門領域ではなく，授業づくりに関連性が低い領域もあると指摘した。さらに，保健の場合は，図12-1のように体育学会に所属していなくても他の関連学会（日本学校保健学会や日本健康教育学会，日本公衆衛生学会等）に所属しているケースもあり，無所属は7.7％程度であるとした。このような現状から，保健科教育に関する専門家が十分にいないこと，「保健体育科教育法」といった科目の中でどの程度保健と体育が包含されているのか実態把握をすること，保健科教育と体育科教育の連携について議論することが必要であると指摘した。

一方，松田（2019）は教職課程の再課程認定に至るまでの20年間は，ほぼ同じような文脈での教員養成が続いているとした。その上で，文科省が指摘する教員養成の課題を踏まえ，「学校現場や実践的課題と大学での教育内容が乖離していること」と「新しい教育課題への対応が担われていない」ことの2つの問題意識を挙げた。実務家教員は実践性を重視し，模擬授業や指導案のポイントは指導できるが，研究的なものの見方や考え方については指導できないといったことが生じている可能性を示唆した。このような中で，保健体育科の教員養成における特有の課題が，新しい可能性につながるものであると指摘した。例えば，体育学部と教育学部の保健体育の教員養成の関係は，他教科よりも近しい関係であり，現在的な課題に応じて先駆的モデルを提示できること，また，小学校の教科担任制についても体育が先導的に行うことで改革が進む可能性を示唆した。

4　保健体育教員養成における課題

このように，教員養成課程を持つ大学では，国による制度改革が行われるたびに，教職課程の見直しや検討が求められてきた。同時に，各大学では教員採用試験の受験者の減少とともに教員志望者が減少していることも予測される。教員志望者にとって教員の魅力や必要な力量とは何なのか，また，そのためのカリキュラムやプログラムにはどのような内容が設定されるべきなのか，このことについては，未だ検討の余地があると考えられる。

岩田（2015）は，教員養成の質保証という点でのシステムづくりがなされていない状況を指摘している。一方で，教職課程コアカリキュラムという形で少しずつ教員養成の全国的な水準が確保され，修得すべき資質能力が明確になってきた。加えて，保健体育教員養成における成果と課題も少しずつ明らかになってきた。これらを踏まえた上で，大学の教員養成プログラムではどのようなカ

リキュラムやシステムを構築するのか，引き続き検討が必要である。

［文献］

中央教育審議会（2006）今後の教員養成・免許制度の在り方について（答申）．https://www.mext.go.jp/b_menu/shingi/chukyo/chukyo0/toushin/1212707.htm

中央教育審議会（2013）教職生活の全体を通じた教員の資質能力の総合的な向上方策について．https://www.mext.go.jp/component/b_menu/shingi/toushin/__icsFiles/afieldfile/2012/08/30/1325094_1.pdf

中央教育審議会（2015）これからの学校教育を担う教員の資質能力の向上について〜学び合い，高め合う教員育成コミュニティの構築に向けて〜．https://www.mext.go.jp/component/b_menu/shingi/toushin/__icsFiles/afieldfile/2016/01/13/1365896_01.pdf

古川和人・掛水道子・早瀬健介・大石示朗（2016）「教職実践演習（中・高）」の実践に関する研究：東京女子体育大学における2年間の取り組みの成果と課題．女子体育研究所所報，10：61-106．

井上功一（2021）教職大学院における体育・保健体育の今後の展望．教科教育学論集，19：10-11．

入澤裕樹（2011）体育系大学の教員免許更新講習への取組みに関する調査報告．仙台大学紀要，42（2）：89-94．

岩田昌太郎（2015）教員養成のスタンダードづくり．岡出美則・友添秀則・松田恵示・近藤智靖編著，新版 体育科教育学の現在．創文企画，pp.194-209．

岩田康之（2010）教員免許更新制の課題と展望：大学の取り組みを中心に．日本体育学会第59回大会，体育科教育学専門分科会企画シンポジウム．体育科教育学研究，25（2）：20-26．

川崎祥子（2019）教員採用試験における競争率の低下：処遇改善による人材確保の必要性．立法と調査，No.417．参議院常任委員会調査室・特別調査室．https://www.sangiin.go.jp/japanese/annai/chousa/rippou_chousa/backnumber/2019pdf/ 20191101018.pdf.

松田恵示（2019）教員養成改革の流れから見た大学における保健体育科教員養成とその課題．保健体育教師養成カリキュラムの質と制度保証に向けた日本体育学会の役割．日本体育学会第70回大会，本部企画シンポジウム1．https://www.jstage.jst.go.jp/article/jspehss/symposium70/0/symposium70_S1-1/_pdf.

文部科学省（2017）教職コアカリキュラム：教職課程コアカリキュラムの在り方に関する検討会．https://www.mext.go.jp/component/b_menu/shingi/toushin/__icsFiles/afieldfile/2017/11/27/1398442_1_3.pdf.

文部科学省（2002a）教員免許更新制の発展的解消と「新たな教師の学びの姿」．https://www.mext.go.jp/a_menu/14167461.htm （2022.12.1）

文部科学省（2022b）令和4年度（令和3年度実施）公立学校教員採用選考試験の実施状況について．https://www.mext.go.jp/content/20220909-mxt_kyoikujinzai01-000024926-5.pdf

中野貴博（2019）保健体育教科の指導法科目担当者の学会所属とコアカリキュラム対応状況．保健体育教師養成カリキュラムの質と制度保証に向けた日本体育学会の役割．日本体育学会第70回大会，本部企画シンポジウム1．https://www.jstage.jst.go.jp/article/jspehss/

symposium70/0/symposium70_S1-1/_pdf.

野坂俊弥（2019）体育学会から見た高等教育機関における中等教育保健体育教師教育担当研究者育成の現状：体育学会未所属の意味．保健体育教師養成カリキュラムの質と制度保証に向けた日本体育学会の役割．日本体育学会第70回大会，本部企画シンポジウム1．https://www.jstage.jst.go.jp/article/jspehss/symposium70/0/symposium70_S1-1/_pdf.

大越正大・今村修・松本秀夫（2014）教職実践演習における保健体育科教員免許取得希望者の履修システムと教育内容に関する研究．東海大学紀要体育学部，44：81-92．

榊原浩晃（2021）教職大学院（教科：保健体育）における科目開設と教科内容構成：大学院修士課程から教職大学院への移行に際する課題意識とシラバス作成の試み．福岡教育大学紀要，70（6）：37-44．

清水将・清水茂幸・浅見裕・栗林裕・鎌田安久・澤村省逸・上濱龍也（2013）体育科教育における教師教育研究の動向と成果を踏まえた教職実践演習の試み．岩手大学教育学部附属教育実践総合センター研究紀要，12：131-139．

清水将・清水茂幸・栗林裕・鎌田安久・澤村省逸・上濱龍也（2014）体育科教育における教員養成と現職研修を融合する教職実践演習のあり方に関する検討：学習指導案の単元計画と評価計画に着目して．岩手大学教育学部附属教育実践総合センター研究紀要，13：79-88．

初等中等教育分科会（2021）教員養成に関する近年の政策動向について．第19回特別部会合同会議．https://www.mext.go.jp/content/20210114-mxt_syoto02-000012145_7.pdf.

須甲理生（2018）保健体育科教職課程における教職実践演習の成果：保健体育科教職志望学生における教師観を視点にして．日本女子体育大学紀要，48：33-45．

牛渡淳（2018）文科省における「教職コアカリキュラム」作成の動向と課題について．教師教育研究，31：149-157．https://www.jstage.jst.go.jp/article/jsste/26/0/26_28/_pdf

山田浩之（2014）「教員の資質低下」という幻想．体育科教育，62（7）：10-14．

[近藤智靖]

保健体育教師の力量形成について，何がわかっているのか

概要●本講では，中学校や高等学校の保健体育教師の力量形成をテーマとして，3つの視点から概説している。1つ目は教師の力量形成の指針を示している中央教育審議会の動向，2つ目は現職研修の種類とそのスタイル，3つ目は保健体育教師をめぐる研究動向である。また，保健体育教師の力量形成に関する課題についても触れている。

1 保健体育教師の力量形成の重要性

　教師は，職務を遂行する上で，力量を高めることが常に求められている。一口に力量と言ってもその中身は多様であり，たとえば，授業で運動技術を生徒にわかりやすく説明できることであったり，いじめや不登校等の生徒に適切に対応できることであったりと，求められている力量は多岐に及んでいる。

　教育基本法の第9条では「法律に定める学校の教員は，自己の崇高な使命を深く自覚し，絶えず研究と修養に励み，その職責の遂行に努めなければならない」と規定されており，文部科学省や中央教育審議会の各種資料では「学び続ける教員像」として継続的な力量形成の必要性を謳っている。

　本講で対象となっている中学校や高等学校の保健体育教師（以下，保健体育教師）も，高い力量が求められているが，他教科の教師と比して若干特殊であると言える。たとえば，保健体育教師は体育祭・運動会などの学校行事や運動部活動の競技大会を運営・管理する役を担う場合も多い。また，学内の校務分掌として生徒指導部に配置される場合もしばしばである。こうした業務上の経験が大いに影響しているためか，保健体育教師の力量は，①教科の授業を適切に実施していく実践的指導力，といった点にとどまらず，②運動部活動を行うためのコーチングやマネジメントの力量，③学校の秩序を維持し，集団を統率する生徒指導力の3つであると捉えられる場合が多い。ただし，この3つは等価値で求められているわけではなく，各教師の置かれている状況によって大き

く変わっていく。一般的に学校長や教育委員会は③の力を求めている場合が多い（石村ほか，2007；松田，2008；兄井，2021）。また，運動部活動の競技が盛んな学校では②の力を求めている[*1]。こうした背景には，保健体育教師自身が学生時分より運動競技に慣れ親しんだ経験が豊富にあることや，教科の特性から生徒集団を安全かつ効率よく動かすことが求められているといった理由も挙げられる。ただ一方で保健体育科は受験科目として扱われることは稀であり，教科の指導よりも生徒指導や運動部活動の力が管理職より求められており，また，保健体育教師自身もその役割を自認している可能性が高いと言える。その意味では，教科としての「周辺性」（木原，2015，p.188）も大きな要因となっていると考えられる。

　ちなみに，保健体育教師を生涯のライフステージという視点で捉えると，担任や生徒指導の役割を果たす教諭の時期から，生徒指導主任として校務分掌の中核を担う時期，また，学外業務として競技種目の協会や中体連及び高体連などの運営・管理を担う時期，さらには，教育委員会の指導主事を経て，学校長や教頭としての「経営管理者」（朝倉，2020，p.2）となる時期と，保健体育教師は初任期からベテラン期に至るまで，目まぐるしくその職務を変えていく場合も珍しくはない。そのため，ライフステージに応じた力量形成がその都度必要とされている。

　本講では，保健体育教師の力量形成と関連して，ライフステージを踏まえたすべての力に触れていくことは難しく，3つの話題に絞って概説していく。1つ目は力量形成の指針を示している中央教育審議会の動向，2つ目は現職研修の種類とそのスタイル，3つ目は保健体育教師をめぐる研究動向についてである。

　なお，中央教育審議会や各地方自治体の行政文書，あるいは各種の専門文献でも「教員の資質能力（資質・能力）」「教師の成長」などといった用語が用いられているが，こうした用語の使用法については，本講の検討対象ではない。そのため，原則として「力量」あるいは「力」という言葉を用いていくこととする。

---

*1　須甲ほか（2013）は，体育教師の教師観という視点から研究論文を概観している。わが国の体育教師には，体育授業と運動部活動の役割があり，2つの役割のうち，多くの教師が，運動部活動の指導者としての教師観を有している傾向があるとしている。また，嘉数ほか（2015）は，中学校の若手保健体育教師が，授業の実践に関する悩みを抱えつつも，生徒指導や運動部活動指導などの役割が求められており，授業の充実や改善に向けて十分に研鑽が積めていない実態を指摘している。

2 求められる力と教師自身の意識

　はじめに中央教育審議会の動向に触れていく。中央教育審議会答申「教職生活の全体を通じた教員の資質能力の総合的な向上方策について」（平成24年8月28日）では，これからの教員に求められる資質能力を以下の3つに整理している。

　①教職に対する責任感，探究力，教職生活全体を通じて自主的に学び続ける力
　②専門職としての高度な知識・技能
　　・教科や教職に関する高度な専門的知識
　　・新たな学びを展開できる実践的指導力
　　・教科指導，生徒指導，学級経営等を的確に実践できる力
　③総合的な人間力

　ここでは，教職に従事する者としての態度，知識・技能，さらには，他者と協働する力が求められている。

　また，上記の答申とは別の答申「『令和の日本型学校教育』の構築を目指して〜全ての子供たちの可能性を引き出す，個別最適な学びと，協働的な学びの実現〜」（令和3年1月26日）では，「2020年代を通じて実現すべき『令和の日本型学校教育』の姿」として以下の点を示している。

　①教職員の姿
　　・教師が技術の発達や新たなニーズなど学校教育を取り巻く環境の変化を前向きに受け止め，教職生涯を通じて探究心を持ちつつ自律的かつ継続的に新しい知識・技能を学び続け，子供一人一人の学びを最大限に引き出す教師としての役割を果たしている。その際，子供の主体的な学びを支援する伴走者としての能力も備えている。

　また，「Society 5.0時代における教師及び教職員組織の在り方」として以下の点を示している。

　②基本的な考え方
　　・教師に求められる資質・能力は，（中略）例えば，使命感や責任感，教育的愛情，教科や教職に関する専門的知識，実践的指導力，総合的人間力，コミュニケーション能力，ファシリテーション能力などが挙げられている。
　　・AIやロボティクス，ビッグデータ，IoTといった技術が発展したSociety 5.0時代の到来に対応し，教師の情報活用能力，データリテラ

シーの向上が一層重要となってくると考えられる。

　このように教師に求められている力は，態度，知識・技能，他者と協働する力に加えて，Society 5.0時代に備え情報活用力等がさらに求められている。
　しかし，これらの中央教育審議会の指針は，保健体育教師に特化しているものではなく，すべての教師に求められているものであり総花的であると言える。一方で，当の保健体育教師がどのような意識をもっているかとは別物であると言える。
　保健体育教師の意識について，松田（2010）の研究では，中学校保健体育教師の職能意識として「人間関係力」，「授業構想力」，「生徒管理力」，「運動指導力」，「情報活用力」の5つの力を重視している，と報告している。中でも「生徒の活動をコントロールできること」，「生徒に集団行動をとらせることができること」といった「生徒管理力」が最も平均得点が高いと報告しており，次いで，「運動指導力」と「人間関係力」であるとしている。
　また，門屋（2016）は中学校保健体育教師を対象として，「行動と期待」という観点から調査を行っており，期待を感じている保健体育教師は，教科の指導，部活動，担任，校務分掌，生徒指導といったあらゆる職務をまっとうしようと行動する傾向にあるとしている。
　こうして見ると教師には様々な力が求められているものの，当の保健体育教師，とりわけ中学校保健体育教師の意識は生徒指導力や人間関係を重視する傾向にあり，同時に周囲からの役割期待に応えようとする傾向にあると言える。

3　教員研修の種類とそのスタイル

　次に保健体育教師を含む公立学校の教員研修について触れていく。研修の中には，学校を含む公的機関が実施しているものと，そうではないものとがあり，本講では公的機関が実施するものとして，2つを紹介する。1つ目は，都道府県等が主体となって実施している研修である。2つ目は，学校内での研修である。

(1) 都道府県等が主体となる研修
　1つ目の都道府県等が主体となって実施し，法的に義務づけられている研修として以下のものがある。
　①初任者研修
　②中堅教諭等資質向上研修

①は，新規採用教員に課せられた研修であり，週10時間以上，年間300時間以上と定められている。教育公務員特例法第23条によって規定されており，「新規採用された教員に対して，採用の日から1年間，実践的指導力と使命感を養うとともに，幅広い知見を得させるため，学級や教科・科目を担当しながらの実践的研修（初任者研修）を行うこと」（文部科学省，online）とされている。ここでは，授業の指導計画や指導方法，生徒指導や学級経営の仕方など，教師としての基本を学んでいく。

　②は，かつて「10年経験者研修」と呼ばれていたものであり，在職期間が10年前後に達した教師を対象としている。「教科指導，生徒指導等，指導力の向上や得意分野づくりを促すこと」（文部科学省，online）とされており，学校外での研修を原則20日以上，学校内を20日以上と定められている。この研修では，学年経営や学校課題への対応などミドルリーダーとしての力量形成に関する内容も含まれている。

　その他，自治体によっては在職年数に応じた経験者研修，民間企業や社会福祉施設などの施設においてなされる社会体験研修，さらには，教職大学院をはじめとした大学院等派遣研修，学校長などの管理職を対象とした学校組織マネジメント研修など多数ある。

(2) 学校内での研修

　この研修は，「都道府県等が主体となる研修」の一環として行われる場合と，各学校や市区町村が独自に定める「校内研修・校外研修」とがある。代表的な研修としては，①研究授業，②学校課題に応じた研究・研修，③実技・理論の研修がある。とりわけ，①は，年間の研究計画の策定に始まり，特定の領域や種目の単元計画や学習指導案等の指導計画の立案，対象となる教材の研究，授業の実施と参観，授業後の協議会といった一連の計画→実践→評価の過程を含んでいる。学校内外の同僚と協働して授業計画を立てたり，外部講師を招いて授業について指導助言を受けたりするなど，多くの時間と労力を割いて力量形成を図っている。

　ちなみに，諸外国ではこうした過程をレッスンスタディ（Lesson Study）と呼んでおり，わが国発信の力量形成モデルとして注目されている。この他，教師個人が民間教育研究団体に参加することやネットを利用した情報収集などの自己研修もある。

表13-1　研修のスタイル一覧（岩田，2015より一部抜粋・改変）

研修のスタイル	目　　　　的
伝達型研修	教育委員会等主催の会議等の内容を伝えることを目的とした研修
啓発的研修	人権意識の向上等，教員の意識や行動の変容を目指した研修
会議型研修	行事等を確実に行うために，役割分担の確認や教員間の意思疎通を促すことを目的とした研修
課題解決型研修	教員相互が1つの課題の解決に向けて取り組むことを目的とした研修
実践的指導力向上型研修	授業研究など，教員の実践的指導力や資質能力向上を目的とした研修

(3) 研修のスタイル

　岩田（2015, p.24）によるとこうした研修は，「伝達型研修」から「実践的指導力向上型研修」までの5つに類型化されており（表13-1），その組み合わせ方によって，教師は研修の中で受動的になるか能動的になるかが決まってくると考えられる。

　いずれの研修に参加するにせよ，教師が主体的にその内容を捉え，力量を高める意識が伴わなければならない[*2]。また，研修機会を提供する側も，参加者の実態やニーズを的確に捉えた上で，研修内容を準備していく必要がある。

4　現職の保健体育教師の力量形成にかかわる研究動向

　最後に現職の保健体育教師の力量形成にかかわる研究動向について触れていく。

　木原ほか（2005）は，保健体育教師に求められてきた力量形成について戦後からの動向を整理している。そこには2つの研究の潮流があり，1つは研究者自身の現職の経験や諸外国の状況を分析した理念的研究，もう1つは質問紙調査（アンケート調査）や授業観察を通じてデータによって論証をしている実証的研究があるとしている。時代別に見ると1970年代と1980年代は理念的研究と実証的研究はいずれも実施されているが，1990年代以降となると理念的研究は後退し，実証的研究が多く展開されていると指摘している。また，実証的研究の中にも2つの内容があり，1つは教師がもつ知識についての研究，も

[*2]　朝倉によれば，経験年数を積んだ教師のほうが自己研修及び校内研修への参加が低調である，といった点を報告しており（朝倉，2016, p.142），研修を通じて力量を高めていくことに消極的となっている経験年数の多い教師の存在を指摘している。

う1つは，授業を成り立たせる教師の行動（パフォーマンス）についての研究があるとしている。

　木原は研究例を一覧として紹介しているが，教師に求められる知識の例として岩田ほか（2004）の研究を紹介している。岩田は，高等学校の保健体育教師（210名）を対象として調査をしており，体育授業で求める実践的な知識として，①指導技術，②領域別指導技術，③教材・教育機器，④学習の誘発，⑤指導形態，⑥教育計画，⑦評価の7つを明らかにしている。

　このように1990年以降の力量形成に関する研究は，岩田の研究に見られるように多人数の質問紙調査や，個別の事例を検証していく実証的研究が主流となっており，理念的研究は後退していっている。とは言いつつも，保健体育教師を対象とした研究についてはそもそもその数に限りがあり，潤沢になされているとは言い難い状況であると言える[*3]。そこで，ここではその限られた研究の中から代表的なものの一部を紹介していくこととする。

(1) 成長を捉える視点

　木原（2015）は，その著書の中で教師の成長を捉えていく視点として「同僚性」，「信念」，「省察」，「「研修」と「日常的なかかわり」」といった4つの項目を提示している。つまり，力量を高めるためには，①教師を取り巻く学内外での人間関係とその関係が機能的かどうか，②教師自身の授業や子どもに対する考え方が適切に形成され，変容しているか，③自己の教育活動をどのように振り返っているか，④研修の在り方や研修への参加動機がどうなっているかが課題となる。この4つの項目のうち，4つ目の「研修」については，既に教員研修の項で触れているため，以下では，「同僚性」「信念」「省察」にかかわる研究動向について触れていく。

(2) 同僚性

　「同僚性」の研究は，教育学の分野で盛んになされており，紅林（2007, p.39）の知見はその代表と言える。紅林は，「同僚性」の機能として「教育活動の効果的な遂行を支える機能」「力量形成の機能」「癒しの機能」の3つを指摘している。

　紅林の研究では，職場における同僚性の在り方が，教師の成長にとってプラスの機能にもマイナスの機能にも働くことを示唆しており，保健体育教師にもその知見は当てはまる可能性がある。しかし，保健体育教師を対象とした「同

＊3　ちなみに，小学校教師を対象とした体育授業に関連する力量形成の研究は，「出来事」，長期研修教員，研究授業などを対象としており，多くの事例がある。

僚性」の実証的研究はない。保健体育教師の「同僚性」は，他教科と比べると特殊な関係性がある可能性があり，たとえば，同僚間の先輩後輩関係，体育教官室の存在，各競技種目のコミュニティなど，他教科とは違う独特な文化をもっている。この特異な関係や場の中で発揮される「同僚性」は他教科と同じなのか，異なるのかといった研究は保健体育教師を理解する上で重要であり，今後はこうした研究を展開していく必要があると考える[*4]。

(3) 信念

「信念」の研究は，朝倉（2016）の著書に詳しい。朝倉は「教師の信念は実践を支える大切な役割を果たしている。けれども，あまりにも過剰な支えは実践を固定化する足枷となって自由を奪う。信念が思い込みや固執・執着となって，深刻な問題を引き起こしてしまうことさえありうる。だからこそ，信念がどのようにつくられていくのか，あるいは変わっていくのかは，教師の成長にとって重要な関心事である」（朝倉，2016，pp. i - ii）と指摘しており，教師の成長には，信念の在り方が重要な要素の1つであることを示唆している。

朝倉は，保健体育教師の信念に関連して量的研究と質的研究を実施しており，量的研究の1つとして多人数の質問紙調査をしている。その結果，保健体育教師は研修機会を重ねたとしても，また教職の経験年数が積み重なっても，信念変容は起きていないと指摘している。また，授業についての短期的な省察はあっても，教育の前提となる深い省察は起こらないとしている。さらに，研修への消極的な態度にとどまる限り，信念の変容は停滞する可能性を示唆している。

一方で朝倉は，特定の保健体育教師に対象を絞って事例研究も行っている。そこでは，教師の授業観をライフヒストリーの視点から捉える研究をしている。たとえば，授業の中で「遊ぶ」「楽しむこと」を重視する教師が，なぜこうした考えをもつに至るのか，その教師の過去の経験に遡って考察をするなど，教師の信念の形成をライフヒストリーの視点から考察している（朝倉，2016，pp.116-177）。

さらに，朝倉は質的研究の1つとして自由記述分析や面接調査を行い，信念の変容が難しい保健体育教師であったとしても，大学における長期研修のような越境経験をすることで，信念の変容の可能性があることを示唆している（朝倉，2016，pp.186-303）。

[*4] 鈴木（2010）の論文は，体育科に精通している小学校教師を対象として調査をしているが，こうした教師たちが体育科の授業研究会に期待していることの中に「同僚性」（研究会で出会う研究仲間）という要素があり，それが大きな参加動機となっている点を報告している。

こうした朝倉による一連の研究は，小学校教師や他教科の教師の研究成果とは異なる知見を示しており，保健体育教師の特異性を示すものとなっている。

(4) 省察

「省察」の研究は，ショーン（Donald A. Schön）の提唱する「反省的実践家」を理論的な基盤としている。そこでは，教師の職を専門職と捉え，「反省的実践家」としての存在となることを求め，「省察」を中核に位置づけている。

この「省察」に関連する研究動向としては，保健体育科の教員養成段階において教育実習や模擬授業に参加した学生を対象とした「省察」能力に関する研究が盛んになされている。しかし，現職の保健体育教師を対象とした「省察」に関連する研究は十分になされていない。そのため，保健体育教師の「省察」の実態や，「省察」を促す仕組みについては十分に解明されていない。

このように教員養成段階での研究の豊富さと，現職教師の研究の低調さは好対照でもあり，教員養成の学生を対象とした研究から得た知見は，現職教師の研究として引き継がれてはいない。また，教師個人で考えても，教員養成段階の学生時代に身につけた「省察」能力は，入職後に進展しているか否かのエビデンスもないと言える。

5 今後に残されている力量形成の課題

本講では，保健体育教師の力量形成をめぐり，その前提となる中央教育審議会の動向や，現職研修の種類，さらには，保健体育教師をめぐる研究動向について確認をしてきた。これらを総括すると2つの点が指摘できる。

1つは，保健体育教師に求められている教科の実践的指導力と，現実の学校現場における役割期待には乖離が見られている。もう1つは，保健体育教師を対象とした力量形成に関する研究は「信念」を除いて，十分に展開されているとは言い難い状況にある。

前者については，小学校や中・高等学校の他教科と同様に保健体育教師も実践的指導力が必要であると考えられている。しかし，実際の現場で求められていることは，生徒指導や運動部活動の指導力である。保健体育教師が教科の指導にあまり関心を向けない要因には，学内外での役割期待や，教科の「周辺性」への認識があり，結果的に研修への参加態度の低調さや信念の停滞につながることになる。

また，後者の研究動向の低調さは，エビデンスのないまま研修施策が打たれ

続けていくことを意味しており，その施策が効果的であったか否かが不明と言える。今後は，量的研究並びに質的研究のエビデンスを前提としながら保健体育教師の実態に即した力量形成への施策を展開していく必要がある。このように保健体育教師の力量形成には，根深い2つの課題が残されている。

［文献］

兄井彰（2021）体育を教える教員の資質能力に関するKJ法を用いた質的研究．福岡教育大学紀要，70号第5分冊：63-70.

朝倉雅史（2016）体育教師の学びと成長：信念と経験の相互影響関係に関する実証研究．学文社.

朝倉雅史（2020）保健体育教師の校長職任用プロセスと経営的力量の形成に関する研究．科学研究費若手研究（B）2019年度研究成果報告書.

石村雅雄・山西哲也（2007）体育科教員の役割意識について．鳴門教育大学研究紀要，22：51-60.

岩田昌太郎・松岡重信（2004）体育授業の実践に求められる知識：高校教師のアンケート調査から．日本体育学会，第55回大会号，p.636.

岩田昌太郎（2015）コラム2 教員研修のスタイルには何がある？．木原成一郎・徳永隆治・村井潤編，体育授業を学び続ける～教師の成長物語～．創文企画，pp.24-25.

加登本仁（2014）研究授業を担当する若手教師が直面する困難とその克服過程に関する活動理論的考察．初等教育カリキュラム研究，2：13-21.

門屋貴久・後藤彰・依田充代・清宮孝文（2016）保健体育科教諭の職務における期待認知に関する研究：A地域中学校保健体育科教諭に着目して．日本体育大学紀要，45（2）：105-112.

嘉数健悟・岩田昌太郎・木原成一郎・徳永隆治・林俊雄・大後戸一樹・久保研二・村井潤・加登本仁（2015）中学校保健体育教師の体育授業の力量形成に関する研究：教職歴の差異による悩みに着目して．沖縄大学人文学部紀要，17：39-48.

木原成一郎・岩田昌太郎・松田泰定（2005）第2次世界大戦後の日本において保健体育教師に求められてきた専門的力量．学校教育実践学研究，11：51-62.

木原成一郎（2015）専門職としての教師の成長過程と支援体制．岡出美則ほか編，新版 体育科教育学の現在．創文企画，pp.179-193.

松田恵示（2008）学校が期待する体育教師の指導力．体育科教育，56（7）：18-21.

須甲理生・四方田健二（2013）体育教師が有する教師観に関する一考察：運動部活動指導者としての教師観から授業者としての教師観へ．日本女子体育大学紀要，43：41-50.

松田恵示・原祐一・宮坂雄悟・酒本絵梨子（2010）中学校保健体育科教員の職能意識から見た講習・研修設計の指針に関する研究．体育・スポーツ政策研究，19（1）：35-47.

文部科学（online）教員研修 https://www.mext.go.jp/a_menu/shotou/kenshu/index.htm（参照日2022年7月11日）.

鈴木聡（2010）小学校教師の成長における体育科授業研究の機能に関する研究：体育科授業研究会に参加する小学校教師の意識調査を手がかりとして．体育科教育学研究，26（2）：1-16.

[津田恵実]

世界の保健体育教師教育は今どうなっているのか
──海外（アメリカ）の体育教師教育の現状と課題

概要●本講では，アメリカを例に，海外の体育教師教育について現状と課題を述べる。それにあたり，アメリカの教育制度，体育の教育的意義や目的に日本と違いがあることを考慮し，その背景についても解説していく。

1　アメリカの教育制度

　アメリカの教育制度は，日本と比較するといくつか違いが見られる。第一に，国家レベルで教育方針や制度が統一されている日本とは異なり，アメリカでは，国の方針を基に州政府がそれらの設定を担っている。そのため，それぞれの教科に設定されているナショナルスタンダード（日本で言う学習指導要領のようなもの）は日本のように効力はなく，ナショナルスタンダードを基にそれぞれの州が設定した州レベルのスタンダードに各学校は則することが求められている。

　第二に，小学校から中学校の9年間が義務教育である日本と比較し，アメリカは，州により差異はあるものの，多くの州でKindergartenから高校まで（K-12と言われる[5，6歳から18歳]）が義務教育と設定されている（National Center for Education Statistics [NCES], 2017）。ただし，アメリカの幼稚園は日本で言う3年保育とは異なり，小学校1年生になる前の1年間が幼稚園とされている。また，これも州により違いがあるものの，基本的に幼稚園から5年生までが小学校，6年生から8年生までが中学校，9年生から12年生までが高校とされている。

2　アメリカ体育の現状と課題

(1) 体育の学校教育における地位づけ

　アメリカの学校教育における体育の地位は低いと言える。これは，2001年

から2014年に施行された教育法，No Child Left Behind（NCLB）法により加速した。この法では，子供の学力向上を目指すために主要教科を定め（英語，リーディング，算数・数学，理科，社会，公民，政治，地理，経済，芸術，外国語），このうちの3つの科目，リーディング，算数・数学，理科において州の定める共通テストで定められた水準を上回る成果を出すことが期待された。

しかし，この教育法により，様々な弊害が生まれたことから，2015年には新たな教育法Every Student Succeeds Act（ESSA）が施行され，調和のとれた人間の育成（well-rounded education）に重きを置くよう法の内容が変更された。また，体育はこの目的に貢献する重要な教科の一部であると再認識され，体育の学校教育における地位の向上が期待されている。

ただ，現状では体育を必修科目としている州は小学校で86.3％，中学で80.4％，高校で90.2％にとどまっている。また，週ごとの授業時間数が定められている州は小学校で37.3％，中学で29.4％，高校で12.0％であることから，州により，体育の"量"の確保に差があることがうかがえる。

また体育の"質"に関しても十分な管理がされていない。研究では様々な指導モデルや指導法が打ち出されてきたものの（Metzler, 2011），まだBusy, Happy, Good（明確な学習目的はなく，ただ生徒を暇にさせず，楽しい時間を過ごさせる）やrolling out the ball（先生はただボールを生徒に渡し，生徒はサッカーなどのゲームをプレーする）といった学習目的が欠落した授業が実施されているところが多く存在する。また，アメリカ体育の統括組織であるSHAPE America（Society of Health and Physical Education）は多様な児童・生徒のニーズに応えるために，特に高校では，チームスポーツ以外の分野を取り入れることを推奨しているが，いまだバスケットボールやサッカーなどのチームスポーツが主流となっているのが現状である（Banville et al., 2021）。この背景には，授業の質を管理するためのシステム（アカウンタビリティ・システム）が設置されていないこと（Tsuda et al., 2021），また，現職の教員に対する学びの機会の欠如（Richard et al., 2014）など多角的な問題が影響していると考えられている。

(2) アメリカ体育の目的と目標

アメリカ体育はSHAPE Americaが打ち出したナショナルスタンダードを基に，各州がそれぞれのスタンダードを掲げている。SHAPE America（2013）の主張する体育の目的は「健康によい運動を生涯楽しく行うための知識，スキル，自信を併せ持った個人を育てること」である。この目的を達成するため，5つのスタンダードが設置されている。表14-1はナショナルスタンダードを

表14-1　アメリカ体育ナショナルスタンダード

スタンダード	内　　　　容
1	様々な運動スキルや動きのパターンを実際に行うことができること。
2	運動や動きに必要な理論，原理，戦術や戦略に関する知識をもち，それを実際に使うことができること。
3	健康を増進するために必要な運動量やフィットネスレベルを達成・維持することができる知識やスキルをもつこと。
4	自分自身や周りの人を尊重する行動や社会性を示すことができること。
5	健康，楽しみ，やりがい，自身の表現，社会とのかかわりにおける運動の価値を認識することができること。

(SHAPE America, 2013 のスタンダードを筆者和訳)

筆者が日本語に訳したものである。

(3) 体育の意義に揺れるアメリカ

　上記のようにSHAPE Americaが体育の目的と目標を打ち出しているにもかかわらず，アメリカ体育は分野内でも体育の意義について意見が一致していないのが現状である。1990年代から2010年頃まで，子供の運動不足や肥満問題に伴い，Physical Activityの重要性とそれに伴う体育の役割についての研究が急速に進んだ。この分野の研究の第一人者であるTomas McKenzie(McKenzie & Lounsbery, 2009) は「もし運動が薬であるというならば，体育は接種されていない薬である」と唱え，体育の重要性を訴えた。このような社会的傾向に伴い，2015年にSHAPE Americaは50million strong by 2029，つまり，2029年までに保健と体育教育を通してすべてのアメリカの学校に通う子供たちを健康に，そしてフィジカルリテラシーへ方向づけていくことを目標に掲げた (SHAPE America, n.d.)。これは，Siedentopが1980年代から打ち出してきたゲーム・スポーツ中心の体育に変革をもたらした。

　ところが，50million strong by 2029の目標達成の途上であるにもかかわらず，SHAPE Americaは2019年に，health.moves.midsというプログラムを新たに打ち出し，社会性と情動の学習に重きを置く方針を垣間見せた。これは，新型コロナウイルスのパンデミックによる子供たちの心的健康問題が大きな理由の1つであった。また，このパンデミックにより明るみになり始めたアジア人差別，加えて，それ以前から問題となっているBlack Lives Matterに見られるアフリカ系アメリカ人への人種差別問題などの社会問題に応えるために打ち出されたものである。

　しかし，地位の低い体育が学校教育で生き延びるためには，このような社会

問題に対応するのは必要なことである一方で，それらの社会問題に体育教育としての目的が左右されてしまうのは体育教育の根本的意義を疑うものであり，それぞれの立場から体育教育の意義・目的についての議論が続いている。

3　アメリカの体育教員養成制度とシステム

(1) 体育教員養成プログラム──現状と課題
①免許取得システム
　アメリカでは，日本のように他専攻でありながら教員免許も取得できるシステムとは異なり，基本的に教師教育専攻でなければ免許を取得することはできない。しかし，近年の教員不足の問題から，より負担の少ない方法で免許の取得を可能にする制度も出てきている。アメリカの教員不足問題は，深刻であり，それはコロナパンデミックにより加速した。2022年1月のデータによると，全米の44%の公立学校で最低1つの教員ポストに空きがあるという結果が報告されている（NCES, 2022c）。また，その原因の半分以上が教員の辞職であり，定年退職によるものではないと記されている。同様に教員養成課程（他教科も含む）で学ぶ学生の数も2012年から2018年にかけて27%減少したというデータも報告されている（Center for American Congress, 2019）。

②現場実習に重きを置いた教員養成課程
　日本の教員養成システムと比較して，アメリカのシステムは指導実践力の育成に力を入れている。州により差があるものの，たとえば，ウェストバージニア州では教育実習を行う前までに早期現場実習の時間を最低125時間修了させることが必要とされている(Approval of Educator Preparation Programs [5100], 2022)。また，教育実習の期間は12週間とされており，3〜4週間とされる日本の制度とは大きく異なる(Approval of Educator Preparation Programs [5100], 2022)。

　このように現場実習が主流の教員養成制度になっているのは，教員不足の現場に教員志望の学生を送り込み，現場の人手を増やすこと，そして，教員志望の学生が卒業までに現場を理解し，必要な知識やスキルを身につけた状態で教員として実際に仕事に就いていくことができることなどがその理由と言われている。

(2) 教員に必要とされる知識・スキル
①教員養成課程のためのスタンダード
　アメリカの体育教員養成には，学校体育と同様に，スタンダードが存在する。

表14-2 アメリカ教員養成ナショナルスタンダード

	スタンダード	主　な　内　容
1	教科内容と基礎科学・原理に関する知識	6つの要素から構成され，教科内容に関する知識（スポーツやアクティビティのルール，技術，戦術，指導タスク，頻繁に見られるエラーなど），また，体育授業の指導に必要となる基礎科学的知識（バイオメカニクス，運動生理学，運動学など）の理解の必要性について記載されている。
2	技能と健康体力	2つの要素から構成され，基礎的な運動技能，そして，健康の維持・向上が可能なレベルの体力を保持する必要性が記載されている。
3	授業計画と実施	6つの要素から構成され，ICTなどを含む様々なリソースを用いながら，個々の子供に必要な調整を加え，国・州のスタンダードに則しながらも，多様な子供の背景や成長段階に合った授業を計画しそれを実行できる能力の必要性が記載されている。
4	指導とマネジメント	5つの要素から構成され，効果的な教授法を用いながら，子供の学習を促進すること，そして，コミュニケーション，フィードバック，マネジメント（ルールやルーティーンの設定など）も用いることができることの重要性が記載されている。
5	学習の評価	3つの要素から構成され，子供の学習過程を促進するために適切な評価法を選択し，それを基に適切な指導を決定する能力の必要性が記載されている。
6	職務責任	3つの要素から構成され，子供が生涯アクティブに過ごしていける知識やスキルを身につけさせるために，正しい倫理の下，異文化を理解し，持続的な研修に従事すること，また，体育の重要性を社会に主張していける能力の必要性が記載されている。

(SHAPE America, 2017のスタンダードを筆者が和訳し，まとめたもの)

そのスタンダードは6つの大きな枠組みから構成され，それぞれに2〜6つの要素が記されている（SHAPE America, 2017）。表14-2はそのスタンダードを訳し，各要素の内容をまとめたものである。この2017年に打ち出されたスタンダードは旧版のもの（National Association for Sport and Physical Education [NASPE], 2008）と比較し，スタンダード6の「職務責任」に大きな変化が見られ，社会的背景を映し出していると言える。ただし，現状ではスタンダードを基に教員養成は行われているものの，現職に就いた時には，wash out effect（学んだものが洗い流されてしまう）と言って，学校現場やそこに務めるベテランの教員の方針に影響されてしまうという現象が問題視されている（Richard et al., 2019）。

②今の社会に必要とさる体育教員の力

　上記したように，SHAPE America（2017）の定めた教員養成スタンダードの中で，スタンダード6が今の社会に特に求められる力を示していると言える

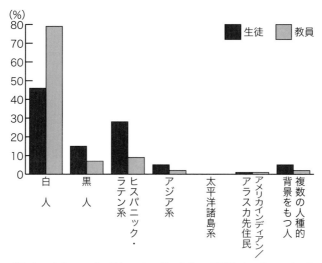

(National Center for Education Statistics, 2022b [students data], 2022a [teacher data] のデータを基に作成)

図14-1　公立学校の生徒と教員の人種の割合

だろう（もちろんスタンダード1〜5に示された基本的な指導力があることが前提である）。

　その中で第一に注目したいのが，異文化理解力である。アメリカでは，子供の人種の多様化にかかわらず，教員の人種の割合は2018年時点で79％が白人というデータが報告されている（NCES, 2022a）。また，近年もっとも子供の数が増えてきているヒスパニック・ラテン系の教員は9％にとどまっている（図14-1は生徒と教員の人種の割合をグラフで比較したものである）。この現状は，過去の研究で，同じ人種の先生の元で学んだ子供はより高い学習成果，高い出席率，大学進学率，問題行為の減少が見られること（Lindsay & Hart, 2017）などが報告されていることから，問題であると指摘されている。この現状に対応するために，多様な背景をもつ教員の増加は必須であるが，それは容易なことでなく，長期的視野が必要となる。そのため，現職教員や教員養成課程にいる学生の中で異文化理解力を育てることが同時に必要不可欠な課題となっている。この能力を伸ばすことで，現職教員がより効果的な指導をすることができることからも，離職を防ぐこともできると考えられている。

　ただ，この数値化の難しい異文化理解力をどのように養っていくのかはまだ不明確であり，模索し続けていかなければならない課題である。たとえば，留

学等を通して，異文化を実際に経験することが考えられるが，コストの面から実現できる学生の数は限られている。そこでオンラインでの異文化交流等も取り入れられ始めているが，普及の観点からはまだ発展途上であると言える。

　第二に注目したいのが，体育の重要性を主張することができる能力である。そのためには，データを集め，それを示すことができるスキルが必要となる（証拠のない主張はあくまで1人の意見に過ぎない）。そのためには，本講のはじめに記したように，まず各教員が，ありふれた情報に惑わされず体育の意義・目的を見極め，それらを達成するための授業計画を立てそれを実施し，その結果をデータとして社会に共有していく能力が必須であると言える。

　また，このためには，個々の教員の問題だけでなく，政策レベルでも，子供の学習結果を報告するアカウンタビリティ・システムの必要性が叫ばれている。現状では，20％の州でのみ，子供のパフォーマンス・学習成果がデータとして州に報告されている（SHAPE America, 2016）。また，このようなシステムが存在しても，そのデータが上手く教員の指導力向上に使われているかは不透明であり，それぞれの学校地区，学校，また，教員の自己責任となっているのが現状である（Tsuda et al., 2022）。体育の現場，そして，それをつくり上げていく教員に必要な知識や能力を開拓するには，個々人の問題だけでなく，政策のレベルからも見直していく必要があると言える。

4　海外の教師教育から変革を起こす

　本講では，海外の教師教育について，アメリカの例を基に解説した。国により文化や教育システムに違いはあるものの，それぞれが直面している課題は類似することも多いと言えるだろう。体育教育のさらなる発展に寄与するためには，教員を適切にサポート，評価する環境を整備していくことが必要であろう。そのためには，政策においても変革を起こしていくことが求められる。

［文献］
Approval of Educator Preparation Programs (5100), W. Va. §126-114-6. (2022). https://apps.sos.wv.gov/adlaw/csr/readfile.aspx?DocId=55063&Format=PDF
Banville, D., Marttinen, R., Kulinna, P. H., & Ferry, M. (2021) Curriculum Decisions Made by Secondary Physical Education Teachers and Comparison with Students' Preferences. Curriculum Studies in Health and Physical Education, 12(3): 199-216.
Center for American Progress. (2019) What to Make of Declining Enrollment in Teacher Preparation Programs. https://www.americanprogress.org/article/make-declining-enrollment-teacher-preparation-programs/, (accessed 2022-07-22).

Lindsay, C. A., & Hart, C. M. D. (2017) Exposure to Same-Race Teachers and Student Disciplinary Outcomes for Black Students in North Carolina. Educational Evaluation and Policy Analysis, 39(3): 485-510.

McKenzie, T. L., & Lounsbery, M. A. F. (2009) School physical education: The pill not taken. American Journal of Lifestyle Medicine., 3(3): 219-225.

Metzler, M. W. (2011) Instructional Models for Physical Education. (3rd ed.). Holcomb Hathaway, Publishers: Arizona.

National Association for Sport and Physical Education (NASPE). (2008) National Standards for Initial Physical Education Teacher Education. https://www.shapeamerica.org/accreditation/upload/2008-National-Initial-Physical-Education-Teacher-Education-Standards-Edited-1-5-12.pdf, (accessed 2022-07-22).

National Center for Education Statistics. (2017) State Education and Practices (SEP). https://nces.ed.gov/programs/statereform/tab5_1.asp, (accessed 2022-07-22).

National Center for Education Statistics. (2022a) Characteristics of Public School Teachers. https://nces.ed.gov/programs/coe/indicator/clr/public-school-teachers, (accessed 2022-07.22).

National Center for Education Statistics. (2022b) Racial/Ethnic Enrollment in Public Schools. https://nces.ed.gov/programs/coe/indicator/cge/racial-ethnic-enrollment, (accessed 2022-07-22).

National Center for Education Statistics. (2022c) U.S. School Report Increased Teacher Vacancies Due to COVID-19 Pandemic, New NCES Data Show. https://nces.ed.gov/whatsnew/press_releases/3_3_2022.asp, (accessed 2022-07-22).

Richards, K. A. R., Pennington, C. G., & Sinelnikov, O. A. (2019). Teacher Socialization in Physical Education: A Scoping Review of Literature. Kinesiology Review., 8(2): 86-99.

SHAPE America. (2013) National Standards and Grade-Level Outcomes for K-12 Physical Education. Human Kinetics: Champaign.

SHAPE America. (2016). Shape of the nation: Status of physical education in the USA. https://www.shapeamerica.org/uploads/pdfs/son/Shape-of-the-Nation-2016_web.pdf, (accessed 2022-07-23).

SHAPE America. (2017) National Standards and Guidelines for Physical Education Teacher Education (4th ed.). SHAPE America: Junction.

SHAPE America. (n.d.) Help Us Reach 50 Million Strong. https://www.shapeamerica.org/events/whats-your-number.aspx, (accessed 2022-07-23).

Tsuda, E., Wyant, J. D., Bulger, S. M., Taliaferro, A. R., Burgeson, C. R., Wechsler, H., & Elliott, E. (2022) State level accountability systems of student learning and performance in physical education. International Sports Studies, 1: 35-53.

［鈴木　聡］

保健体育教師として学び続けるためには どのような支えが必要か

概要●本講では，学び続ける教師像が実現するための教育施策，授業研究，他者の存在について言及する。その際に，教師が「自主的・主体的に学ぶ」ことを促したり，実現したりするためにはどのような場や考え方，環境が必要かについて検討すると共に，現職の教師が何を求めているかについても考えていく。

1　教師が学ぶ場

(1)　専門職としての教師に求められる姿

　これからの時代，社会経済環境はますます予測困難な状況に直面していくと言われている。学校期においては，児童生徒に創造的・協働的に問題解決をしていく資質・能力を育んでいくことが求められる。中央教育審議会(2021年1月)は，「令和の日本型学校教育」の在り方として「全ての子供たちの可能性を引き出す，個別最適な学びと，協働的な学びの実現」と定義した。こうした教育を実現するには，児童生徒に対する教育の最前線にいる教師の力に依るところが大きい。いつの時代であっても教師には，理想とする教育の実現に向けてその時々の変化に応じながら資質能力を向上させていくことが求められている。教師が学び続けながら生き生きと教育活動を遂行していくためにも，それを支える環境整備や制度設計は重要な課題である。

　一方で，環境や制度が整えば学び続けられるというわけではない。学びとは，自主的・主体的な営みである。与えられるものをただ受け取るだけでは学びとは言えず，教師自身に「学びたい」という意欲がなければ，学び続けることは起こり得ない。学校という場には，慣例や当たり前の前提，既成概念が潜んでいることも事実であり，意図的に視点を変えたり，視野を広げてみたりして自己更新をしていかないと，過去の教育観や教育方法を再生産してしまうことも危惧される。常に新しい情報に目を向け，自身が既成概念に縛られていないか

を疑い，問い続けながら教師としての信念を形成していく姿勢が求められる。養成期で身につけた教職に関する知識や技能に加えて，時代の変化や世の中の求めに応じて意識的にそれらを更新していくことが，専門職としての教師の姿だと言える。

本講では，保健体育教師として学び続ける姿が実現するためにはいかなる場があるのかを概観し，どのような支えが必要なのかについて考えてみることとする。

(2) 教師を支える研修制度

教師にとって，日常的な学びの場や機会にはどのようなものがあるだろうか。教師には様々な研修の場が用意されている。県費負担教職員*1の場合，都道府県の教育委員会が実施する研修には，初任者研修，中堅研修，計画に基づく研修などがある。また，市町村の教育委員会が実施する研修会も存在する。校長等管理職は，校内研修を実施することで，所属教員の育成を担うことになる。日常的に校内で実施されるOJT（On The Job Training），校外における任意の研究会や勉強会などを含めると，教師が学ぶ場は多種多様だと言える。加えて近年はFacebookやTwitterといったSNSによって情報交換が行えるようになったが，こうした場も教師が学ぶ場として機能していると言えるだろう。学び続ける教師を支える場や機会は，多種多様に広がりを見せている時代だと言える。

教師が研修を行う法的な根拠としては，教育基本法第9条において「法律に定める学校の教員は，自己の崇高な使命を深く自覚し，絶えず研究と修養に励み，その職責の遂行に努めなければならない」と定められている。また，教育公務員特例法　第4章 研修　第21条には，「教育公務員は，その職責を遂行するために，絶えず研究と修養に努めなければならない」と示されている。教師の研修は，「研究と修養」だと捉えることができる。「修養」とは，知識を高め，品性を磨き，自己の人格形成に努めることであるが，教師は児童生徒の人格の完成を目指すため，教師自身が徳性を磨いて人格を高めることが必要であり，「修養」に努めなければならないと言えるだろう。

また，「『令和の日本型学校教育』の構築を目指して〜全ての子供たちの可能性を引き出す，個別最適な学びと，協働的な学びの実現〜」（中央教育審議会，2021）においても，教師は探究心をもちながら自律的に主体的な姿勢で自ら

---

*1　県費負担教職員とは，市町村立学校の教職員の中で，給与等について都道府県が負担するものを指す。これにより政令指定都市を除く公立小中学校の教職員の任命権は都道府県教育委員会に帰属することになるが，身分は当該市町村の職員となる。

の学びのニーズに動機づけられ，自らの学びをマネジメントしていくことが重要だとされている。一人ひとりの教師の個性に即した個別最適な学びを構築し，同僚である他者との対話や振り返りなどを通して，協働的に学ぶことも大切である。以上のことから，教師にとっての「研修」で重要なことは，主体的に，同僚や他の教師と協働しながら資質を向上させ，学び続けることである。その制度や仕組みは，学び続ける教師を支えるものだと捉えることもできるだろう。

(3) 教師が行う研究

　教師の「研修」の概念として留意したいのが，「研修」には「研究」が含まれている点である。教師が行う研究とは児童生徒を対象とするものであり，いかに児童生徒の資質・能力の向上を図るか，効果的な教授・学習法とはいかなるものかを探究することである。言い換えれば，実践を通した実証的研究を行うことであり，日々の教授活動の様子や児童生徒の事実を分析し，成果や課題を生成していく作業である。まとめとして「研究報告書」を執筆したり，学校全体で「研究発表会」を実施し，授業を公開して研究協議会を開催したりしながら，その成果と課題を発信し，他の教師に検討してもらうこともある。「実践報告」にとどまらず，児童生徒の学びに対する働きかけ及び手立ての結果や成果の因果関係を事後分析することもある。

　このように，教師が行う「研究」とは新たな指導法の成果や課題を提起して他者評価を受けながらよりよい実践を目指す営みのことであり，総じて「授業研究」と称されるものである。教師にとっての授業研究は，学び続ける教師を支える場として，大きく機能していると言えるだろう。

2　学びを支える体育科授業研究

(1) 学び続ける場としての体育科授業研究

　教師には様々な業務がある。児童・生徒理解，保護者対応，校務分掌，行事の企画運営，課外教育活動，地域との連携等多岐にわたる。そして，その中心となるのが「授業」を実施することである。「授業」について探究する学びの場として，「授業研究」はその手法や内容が欧米にも紹介されるほど特徴的な日本の教師文化の1つであり，教師の職能を支える社会的システムの1つである。特に小学校の教師は全教科を担当しながらも，中心研究教科を1つ選んで授業研究を進めている場合が多い。中学校，高等学校等の保健体育教師も，専門教科である保健体育科を対象に授業研究を行い，実践的力量を高めている。

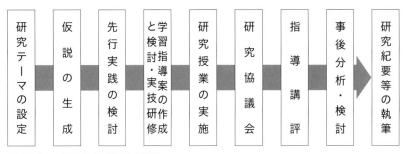

図15-1　一般的な授業研究の流れ

いずれの研究会においても，対象の教科や研究内容は様々であるが，本講では体育科を対象としているものについて述べていく。

　多くの場合，授業研究は「研究テーマの設定」，「仮説の生成」，「先行実践の検討」，「学習指導案の作成」，「公開を前提とした『研究授業』の実施」，「研究授業の振り返りを行う研究協議会」，「指導的立場の者からの指導講評」，「事後分析・検討」，「研究紀要等の執筆」という一連の流れを有している（図15-1）。保健体育科の場合は，授業で扱う運動領域や運動内容について，「実技研修」を行う場合もある。

　「授業研究会」は，いくつかの類型に分けられる。まずは，教育委員会や校長会等が主催する研究会で，官製研究会と呼ばれることがある（以降，官製研究会と表記する）。参加に関しては公務扱いとなる。また，有志で集まって実施される研究会も存在する。参加は自由意志によるもので，それにかかわる費用等は教師自身が負担する。これは，民間研究会と呼ばれることがあり（以降，民間研究会と表記する），全国規模のものから少人数で開催されるものまで多種多様である。そして，教師の勤務する学校の中で行われる校内研修会，校内研究会（以降，校内研究会と表記する）がある。もちろん，全ての教師が上記の3つの類型の研究会すべてに参加しているわけではない。さらに言えば，全ての教師が授業研究に取り組んでいるわけではないが，学び続けようとする教師の多くはいずれかの，もしくはいくつかの授業研究会に身を置き，実践的力量の向上に努めているだろう。では，教師は具体的に授業研究に対してどのような機能を求めているのだろうか。

(2) 教師が体育科授業研究に求める機能
　鈴木（2010）は，体育科を研究する小学校教師が捉える授業研究の機能につ

いて，教師への質問紙調査から検討した。教師は，仲間と共に授業づくりについて考え合う「同僚性・関わり」，先輩教師や指導的立場の者から自身の授業づくりに対して助言等をもらう「指導者からの評価」，子供たちにできるようにさせる力を身につける「指導技術の向上」，何を教えるのか，なぜ教えるのかを問う「教科内容の追究」の4つの因子からなる機能を求めていた。これは，教師の職歴や学んでいる母体となる授業研究会の類型によって差異が見られた。たとえば，民間研究会に参加する教師は，「同僚性・関わり」や「教科内容の追究」に高い意識を示した。官製研究会に積極的に参加している教師は，「指導技術の向上」を求めていた。

　また，自由記述の表記からは，15年目以上の教師は「自己改革」のために授業研究会に参加しているという意識をもっていた。初任期（1年目から4年目）の教師は「指導技術の向上」への意識が高く，「教科内容の追究」は，中堅期（5年目から14年目），ベテラン期（15年目以上）の教師が高い意識を示していた。

　ここから言えることは，研究会の類型によって参加する教師の意識や求めに軽重が存在する可能性があることや，職歴を重ねるにつれて研究会に求める機能が変容していく可能性があるということである。特に，「指導技術の向上」や「指導者からの評価」を求める視点は，方法論を身につけたいという意識を表していると考えられ，技術的熟達を志向するものと捉えられる側面もあるだろう。また，「教科内容の追究」や「自己改革」は，体育は何を教え，何のために学ぶのかを追究するという内容論・目標論を追究したいという意識を表し

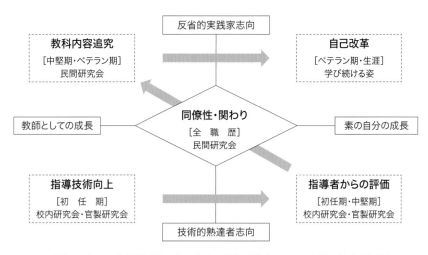

図15-2　教師の成長と体育科授業研究に求める機能（鈴木，2010を基に筆者が加筆）

ていると考えられ，省察を基盤とする反省的実践家（ドナルド・ショーン，2001）を志向するものだと捉えられるのではないか。授業研究を通して方法論から内容論・目標論に研究視点が変容していくことが，学び続けようとする教師の姿の一側面であると示唆される（図15-2）。

(3) 教師の学びを支える他者の存在

　教師になるには，教職に就くだけではなく様々な体験を重ねながら自己変容を繰り返し，実際の教職活動の中で職業的社会化[*2]が達成されていく（今津，1985）。

　新井（1993）は，校内研修や現職研修における授業研究を，意図的職業的社会化になり得る機会として位置づけ，その効果を明らかにした。山崎（2009）は，教師が生涯にわたって自己形成し，教育専門家としての発達を遂げていくことは，数多くの教師たちの経験が物語っている事実であると述べている。

　岩川（1994）は，教師の専門的な成長の場は，一人ひとりの教師の世界に閉ざされているのではなく，自らの実践に根ざしながらも，他の教師との交流に開かれていくことが大きな意味をもつと述べている。加えて，教師の成長には他の教師とのコミュニケーションが必要であり，創造的な熟練教師は，そのライフコースの中で，さまざまな他の教師と出会い，学習や授業に関する見識や教師としての生き方までをも学んでいるとしている。徳舛（2007）は，若手小学校教師の実践への参加過程を詳述することから，社会的相互作用によって教師の熟達化が達成されていくことを明らかにした。加えて坂本（2008）は，教師が授業研究における会話の中で，他者の視点の取得や問題を解決する技術の学習をしている過程を明らかにしている。

　鈴木（2011）は，体育科の授業研究を積極的に行っている小学校教師へのインタビュー調査から，教師は体育科授業研究を通して身につけるべき指導技術や授業構成力といった実践的力量を身につけることから始まり，研究会で出会う他の教師との出会いや相互交渉といった出来事を通して成長している実感を得ていくことを明らかにした。また，授業研究で出会う様々な他者には，寄り添い共感的に支えてくれる「協調的な他者」だけでなく，授業実践や信念に対して揺さぶりや問いを投げかけてくる「衝撃的な他者」が存在しており，そうした他者から影響を受けながら授業力や教育観を形成していた。そうだとする

＊2　職業的社会化とは，その職業における価値や規範を個々が受け入れて内面化しながらその職業特有の知識や技術を習得し，自己概念を同一化させて職業アイデンティティを形成する過程をいう。

と，体育科授業研究に求める機能が変容していく要因の1つとして，他者からの影響があることが示唆される。体育科授業研究には，教師のアイデンティティの確立に向けた自己発見の行為という側面が存在し，その視点からも学び続ける教師を支えていると言えるであろう。

　さらに鈴木（2016）は，小学校体育科の校内研究会における外部講師の存在意義について，小学校教師への意識調査から検討した。教師が外部講師に求める内容は，「授業分析」，「研究内容に対する評価」，「学習指導要領の伝達」，「新しい視点の提供」であり，職歴や性別，研究推進の経験の有無といった教師の属性によってその意識に軽重が見られた。さらに，これらの内容を一方的に伝達されるだけではなく，外部講師と共に議論したり，共有したりすることを通して獲得していくことを求めていた。外部講師を教師の学びを支える存在だと捉えた場合，その役を担う者は，教師それぞれにニーズがあることを自覚することが必要である。また，一方的に指導・評価したり伝達したりするのではなく，たとえば提案される研究授業に対して教師たちと協働的に多角的な視点から解釈をし合い，改善策や新しい視点を共に生成していくことが期待される。

(4) 授業研究を通した支え

　以上のことから，授業研究会を通して教師が学び続ける姿を支える方策としては，教師一人ひとりが抱える課題の解釈や教師の職歴と授業研究会の類型の特徴を配慮した研究内容の構成が必要であること，批判的検討を基盤とした授業研究会の運営の必要性などが挙げられる。一方でそれぞれの教師は，自身の研究関心に基づき，主体的に授業研究会に参加する姿勢が求められると言えるだろう。

　教師は，「信念」や「こだわり」に対してぶつかってくるような他者の存在が自身の成長を促していくと自覚していることから，教師の成長における体育科授業研究は，学び続ける教師が自己改革を繰り返していく過程であると言えるのではないだろうか。そう考えると，授業研究会に集う教師は，お互いの学びを支え合う存在であり，相互に影響し合い，啓発し合うことで個々の学び続ける姿が実現するのだろう。指導的な立場にある者もまた，そのコミュニティの中で教師の自己改革を支える存在であることを自覚していくことが求められる。

3 主体的に学び続けるために

(1) 学び続けるための新しい形

　新型コロナウイルス感染症拡大により，教師の学びの姿も大きく変容している。2020年3月の全国一斉休校を起点に，いわゆる対面型の研修会，研究会が実施できなくなり，児童生徒だけでなく教師の学びも滞るかと思われた。しかし，GIGAスクール構想の前倒しに伴い，教師の研修会や研究会もオンラインを活用して遠隔で実施されるようになっていった。

　顔と顔を突き合わせて集合型で行う従前の実施方法が一変していったことにより，たとえば研修会や研究会に参加するための移動時間が必要なくなり，勤務校からでも参加できるようになった。民間研究会には自宅からでも参加可能となり，むしろ参加しやすくなった部分もあろう。対面形式での実施が復活してからもオンライン，オンデマンド，ハイフレックス方式と併用していくことが実現している。研修会，研究会の実施方式の幅の広がりは，教師のニーズや状況に多様に応じうるものとなった側面があると言えよう。民間の研究会などには，対面方式だと参加したくてもできなかった子育て世代の教師や開催地までの移動に時間がかかる教師にとっては，参加の可能性が広がっている。

　また，教師が自身の実践をSNSで発信して意見交流をしたり，お互いに情報交換したりすることも盛んになっている。このような事例は，情報化や技術的進歩が学び続ける教師の支えとなっていることを示すものであり，地域格差や教師が置かれた環境格差を埋めていく要因になると言えるだろう。一方で，情報が過多となる実態もあり，自身にとって必要な情報にいかにアクセスしたり，利活用したりするかというリテラシーの課題も現代的だと言えるだろう。

(2) 主体的な学びを支える環境

　2022年7月に施行された「教育公務員特例法及び教育職員免許法の一部を改正する法律」によって，教員免許更新制が発展的に解消され，「新たな教師の学びの姿」を実現する体制が構築されることとなった。これにより，より確実に学びの契機と機会が提供されるよう，教育委員会における教師の研修履歴の記録の作成と当該履歴を活用した資質向上に関する指導助言の仕組みが導入されることになった（中央教育審議会（2022）『令和の日本型学校教育』を担う教師の養成・採用・研修等の在り方について～「新たな教師の学び」の実現と，多様な専門性を有する質の高い教職員集団の形成～（答申）令和4年12月19日）。ここでは，今後の改革の方向性として，子供たちの学び（授業観・学習観）と共に

教師自身の学び（研修観）を転換し，「新たな教師の学びの姿」（個別最適な学び，協働的な学びを通じた「主体的・対話的で深い学び」）を実現することが求められている。審議まとめにおいても，

- ・変化を前向きに受け止め，探究心を持ちつつ自律的に学ぶという「主体的な姿勢」
- ・求められる知識技能が変わっていくことを意識した「継続的な学び」
- ・新たな領域の専門性を身につけるなど強みを伸ばすための一人ひとりの教師の個性に即した「個別最適な学び」
- ・他者との対話や振り返りの機会を確保した「協同的な学び」

の4点が示されている。また，協働的な学びが重視され，こうした機会として各学校で行われる校内研修や授業研究など，「現場の経験」を含む学びが同僚との学び合いを含む場として重要だとされている。その意味では，教師には自身の学びをコントロールし，マネジメントする力も求められていくと言えるだろう。その姿の実現を支えるためにも，教師が主体的に学び続けるための環境設計がより重要な課題となるだろう。

　まずは，人的な支えが必要である。協働的に学び続けるためには，他者の存在が欠かせないことを述べてきたが，お互いにそのような立場であることを自覚しながら研修や授業研究を進めていくことが求められる。また，指導的な立場になる者は，教師が何を求めているのか，また何に関心があるのかを丁寧に見とりながら，強みとして伸ばしていくべきところを強化し，足りないところを補完していくような助言を行うようにして，個別最適な学びを支えることが大切であろう。さらに言えば，教師一人ひとりが置かれている環境にも留意しながら学びを支える視点も必要である。職歴等を視点とした成長段階に配慮した研修計画を整えることや，お互いに実践を開陳し合い，成果や課題，悩み事を語り合えるような同僚性を構築していくことも必要である。理論と実践の往還を実現する視点からは，たとえば教職大学院における長期研修制度の活用も積極的に取り入れられるような環境を整備し，周囲の理解を図ることで，希望する多くの教師がその機会を得られるようにしていくことが必要であろう。

　学び続ける教師のそうした姿勢は，自身の実践的力量や教師の資質・能力を向上させるためだけでなく，一社会人，一個人としてよりよい生活を送る上でも重要であろう。高度な専門職であることに誇りをもちながら，主体的に学び続ける教師の姿は，児童・生徒にとっても主体的な学び手のモデルとして映るであろう。

[文献]

新井眞人（1993）教員の職業的社会化．木原孝博ほか編著，学校文化の社会学．福村出版，pp.194-212.

中央教育審議会（2021）「令和の日本型学校教育」の構築を目指して〜全ての子供たちの可能性を引き出す，個別最適な学びと，協働的な学びの実現〜．（令和3年1月26日）．

中央教育審議会（2021）「令和の日本型学校教育」を担う教師の在り方特別部会「令和の日本型学校教育」を担う新たな教師の学びの姿の実現に向けて　審議まとめ（令和3年11月15日）．

中央教育審議会（2022）『令和の日本型学校教育』を担う教師の養成・採用・研修等の在り方について〜「新たな教師の学び」の実現と，多様な専門性を有する質の高い教職員集団の形成〜（答申）（令和4年12月19日）．

今津孝次郎（1985）教師の職業的社会化．柴野昌山編，教育社会学を学ぶ人のために．世界思想社，pp.166-182.

岩川直樹（1994）教職におけるメンタリング．稲垣忠彦・久冨善編，日本の教師文化．東京大学出版会，pp.97-107.

坂本篤史・秋田喜代美（2008）授業研究協議会での教師の学習．秋田喜代美・キャサリン・ルイス編著，授業研究 教師の学習．明石書店，pp.98-113.

鈴木聡（2010）教師の成長における体育科授業研究の機能に関する研究．体育科教育学研究，26（2）：1-16.

鈴木聡（2011）小学校体育科授業研究の機能と教師の成長に関する研究．東京学芸大学大学院連合学校教育学研究科，博士論文．

鈴木聡（2016）体育科を研究する小学校校内研究会における外部講師の存在意義に関する研究：体育・スポーツ政策の媒介者としての外部講師の存在に着目して．体育・スポーツ政策学研究，26（1）：1-16.

德舛克幸（2007）若手小学校教師の実践共同体への参加の軌跡．教育心理学研究，55：34-47.

ドナルド・ショーン；佐藤学・秋田喜代美訳（2011）専門家の知恵．ゆみる出版．

山崎準二（2009）現職教育と授業研究．日本教育方法学会編，日本の授業研究〈上巻〉授業研究の歴史と教師教育．学文社，pp.135-145.

「優れた保健体育教師」とは
どのような教師なのか

概要●本講では，優れた保健体育教師を考えるために，教師の仕事がもつ性質を理解した上で，保健体育教師が備えるべき資質能力と価値観や信念に関する研究成果を見ていく。さらに，それらを備えるだけでなく，保健体育教師自身が「優れた教師」を考え，それを社会に示していくことが専門職として重要であることを論じる。

1 「優れた教師とは？」という難問

　保健体育教師に限らず「優れた教師とは？」という問いに答えるのは非常に難しい。なぜなら教師は，他の専門家に比べて「優れているとはどういうことか」という基準と「優れていることをどう証明するか」という方法の2つの面で困難な仕事を担っているからである。その仕事の特徴は，おおむね4つの性質から説明することができる（佐藤，1997a；秋田，2006）。

　1つ目は「無境界性」である。保健体育教師の仕事にも強く表れているが，教師の仕事は教室から学校，そして学校外へと際限なく広がっていることに加え，仕事がいつ完了するかを明確に判断することが難しい。2つ目は「複線性」である。これは種類の異なる多様な仕事を同時並行的に担わなければならないことを表しており，とりわけ教科指導だけでなく，生徒指導を含む子供たちの全人的な発達にかかわろうとする教育活動によってもたらされる。3つ目が「不確実性」である。あるクラスでうまくいった授業が必ずしも，他のクラスでうまくいくとは限らないことを表している。また，子供たちの人生を長期的に展望した時，ある時期に行った教育の成果を確実に知ることはできない仕事の性質を指している。そして4つ目が「再帰性」である。教師として子どもたちに何かを教えるということが，常に自分自身の在り方を問うことになることを表している。

　いずれも，教師の仕事が「曖昧さ」や「不確実さ」，「複雑さ」を有しており，

「優れている」ということを簡単に証明することができない難しさを象徴している。佐藤（1997b）は，このような仕事を担っている教師という存在を〈子ども〉と〈大人〉，〈素人〉と〈専門家〉，〈大衆〉と〈知識人〉などの中間に位置づく「中間者」という言葉を用いて表現し，教職が有する曖昧性や複雑性，不確実性をあえて積極的に捉え，人とモノ，人と人を媒介し，さらに教室内外の多様な文化を媒介する営みを「教師の実践」として再定義した。そして，専門家としての教師を「省察的実践者」（reflective practitioner）として捉え直した[*1]。「省察的実践者」は，解決すべき問題に対して科学的な理論や技術を合理的に適用する，それまでの専門家像の批判の上に成り立っている。すなわち，何が問題かもわからない複雑で不確実な状況の中で解決すべき「問題」を見定め，意識的・無意識的に行われる行為の中の省察（reflection＝振り返り）によって，独自の知恵を構成していく実践を専門家の仕事として捉え直すことで提起された，新たな専門家像である（Schön, 1987）。

　以上のような仕事の特徴や新たな専門家像を保健体育教師に当てはめてみた時，保健体育教師もまた，様々なヒト・モノ・コトの中間に存在していることに気づく。たとえば，自分自身のこれまでのキャリアや仕事を振り返ってみた時，学校の教員（teacher）と運動・スポーツの指導者（coach/instructor），あるいはスポーツのプレイヤー（player）の中間に位置づくことに気づく人も多いのではないだろうか。また，「学校体育」の専門家であると同時に，学校外にも広がる「スポーツ」の専門家と捉えることもできるだろう。さらには，「保健教育」と「体育教育」の中間を担う，まさに「中間者」「媒介者」として捉えることができるかもしれない。また，曖昧・不確実・複雑な状況で行われる実践を担う省察的実践家として教師を捉える視点は，優れた保健体育教師を検討してきた議論の1つの到達点であると同時に，これからの議論の土台となっている。

2　優れた保健体育教師の特徴

(1) 優れた保健体育教師が備えるべき「資質能力」

　以上の議論を踏まえつつ，優れた保健体育教師を明らかにしようとした試みとその成果を見ていきたい。まずは，保健体育教師の職務内容から，求められる能力を包括的に整理した武隈（1992）のモデルがある（図16-1）。

[*1]　"reflective practitioner" は Schön（1983）が提起した概念であり，佐藤（1997）は「反省的実践家」と訳しているが，本講では一般的に多用されている「省察的実践者」と訳している。

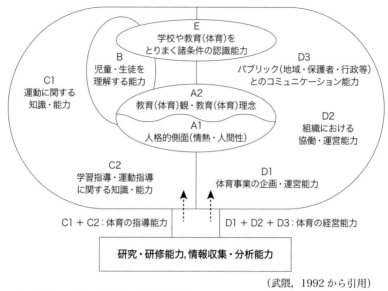

図16-1　体育における職能内容と能力

（武隈，1992から引用）

　このモデルの特徴は，優れた保健体育教師の有する専門性を「学習指導者」
と「経営（管理）者」の2つの側面から捉えている点である。前者は学習者の
特徴に応じた体育の学習指導の理論を踏まえて，その基礎の上に立った授業の
展開やその計画を立てることのできる体育の指導能力である。主に図中の「C1
運動に関する知識・能力」「C2 学習指導・運動指導に関する知識・能力」が
当てはまるが，それらを可能にする基礎的な能力として「B 児童・生徒を理解
する能力」も重要である。対して，後者は各体育事業の意味や特性の理解と，各々
の事業の運営技術を熟知した，企画・立案の能力と，運営並びに評価能力など
からなる「体育の経営管理的能力」を表している。具体的には図中の「D1 体
育事業の企画・運営能力」「D2 組織における協働・運営能力」「D3 パブリッ
ク（地域・保護者・行政等）とのコミュニケーション能力」の3つが当てはまる。
　さらに，このモデルでは各能力の位置関係が構造化されており，2つの専門
性にまたがる中核的な能力として「A1 人格的側面」と「A2 教育（体育）観・
教育（体育）理念」が位置づけられている。加えて，「E 学校や教育（体育）を
とりまく諸条件の認識能力」があり，両者は上述の子供を理解する能力と関連
している。また，能力全体を向上させるために必要な「研究・研修，情報収集・
分析能力」が土台として位置づけられている点にも注目したい。教員の専門性

や資質能力を維持し，さらに高めていくためにはこれらの能力が不可欠になる。

このモデルは，保健体育教師が担っている「職務」を教科としての保健体育に限定せず，学校全体の教育活動として行われる保健や体育に関連する活動（たとえば体育祭や運動会，健康に関する指導など）まで包括的に捉えた上で提示されている。このように，優れた保健体育教師とはどのような教師かを検討するために，備えるべき資質能力を整理して示す規範的なアプローチは，教員研修や教員養成の現場でも活かされている。このようなアプローチの特徴は，保健体育教師の外部でつくられた「保健体育教師はこうあるべき」という観点やリストに基づいて「優れた保健体育教師」を描き出そうとする点にある。

(2) 優れた保健体育教師の中核を構成する「価値観・信念」

教員の専門性や資質能力に関する研究は，時代的・学問的背景によってその対象や視点が変化してきた。その流れを概観すると，効果的な教師の「行動」を明らかにしようとする研究から始まり，その行動の背後にある「意思決定」や判断のプロセスを明らかにしようとした研究，行動や意思決定を可能にする「知識」を明らかにした研究，それらを最も根底で規定している「価値観・信念」に着目した研究へと移り変わってきた。上述した保健体育教師に求められる資質能力のモデルにおいて，中核に位置づけられていた「教育（体育）観・教育（体育）理念」は，まさに保健体育教師の価値観と信念に当たる。同時に「人格的側面」もまた，価値観や信念と不可分である。なぜなら，保健体育教師として大切にしていることや信じていることは，その教師の人生や生き方と切っても切り離せない関係にあるからである。

ところで「中間者」や「媒介者」である保健体育教師は，自分がもっている価値観や信念と，社会から求められる教育への要請との「板挟み」の状態に置かれることがある。「自分が実現したい教育」と「社会が実現してほしい教育」との齟齬や矛盾，「どちらを選択すればよいのか」というジレンマに直面することも少なくない。この時，頑なに自らの教育観に執着してしまうようでは，前時代的で旧態依然とした教育実践をもたらしかねない。逆に，時代や社会からの要請に無批判に迎合してしまうと，教育の専門家として教師が担う仕事が下請け業のようになってしまう。

だからこそ保健体育教師は，自らの実践を省察し，自らが信じていることを常に問い続ける「省察的実践者」と捉えられるのである。それはまた，自らの教育観だけでなく，時代と社会からの要請に思い悩みながら，実践にたずさわっていかなければならないことを表してもいる。だが見方を変えると，このよう

な矛盾やジレンマを何とかやり繰りしていくことにこそ，優れた教師が備える
べき重要な専門性が存在するのではないだろうか。自分自身が信じていること
を疑ったり，時にはそれを変容させたり，社会で起こっていることを客観的に
捉えたりすることは，決して誰にでもできることではないからである。

(3) 優れた保健体育教師の価値観や信念に見られる特徴

そこで，自らの信念を問い，時には変容させていくような優れた保健体育教
師の特徴を「研修観」，「授業観」，「仕事観」に着目して実証した研究の成果を
見てみたい（朝倉，2016）。これらは，優れた保健体育教師が抱いている「保
健体育教師としての研修／授業／仕事とはこうあるべき」と信じていることを
概念化したものであるが，中学校・高等学校の保健体育教師を対象に行った質
問紙調査と分析の結果，以下のことがわかった。

第一に，保健体育教師の研修観を調べてみたところ，多様な研修機会に積極
的に参加する教師は，長期的に行われる研修，異なる教科を担当する教師との
研修，理論的な内容を扱う研修に，より大きな価値を置いていた。ただし，多
くの保健体育教師は逆に，短期的な研修や同じ教科の教師と行う研修，理論的
ではなく実践的な内容を求めていることもわかった。

第二に，「あなたにとって，よい授業とは？」という問いに対する自由記述
の回答を分析することで授業観について検討したところ，保健体育教師にとっ
ての「よい授業」は，集団行動や生徒の学習態度を重視する「規律・態度志向」，
授業中の運動量と安全の確保を重視する「運動量・安全志向」，子供たちの違
いを踏まえた学び合いを重視する「協同的学習志向」に分類された。さらに調
べてみると，自らの授業観を問い直し，それを発展的に変容させた経験のある
保健体育教師の多くが，「規律・態度志向」または「運動量・安全志向」から，「協
同的学習志向」に変容していたことがわかった。つまり，自らの信じている「よ
い授業」の在り方を問い直してきた優れた保健体育教師は，子供たち同士のか
かわり合いをより重視していることがわかった。

第三に，多様な研修をはじめとした豊かな経験を自らの「成長の糧」として
受け入れたり，授業観を柔軟に変容させたりしていけるような保健体育教師の
「仕事観」（保健体育教師の仕事は○○であるべき）を検討した。その結果，優れ
た保健体育教師は，常に生徒のことを思いながら，自分自身の仕事が公共的な
価値を有していると共に，社会を先導するべきと考えており，仕事に対する「誇
り」とも言えるような仕事観を有していたのである。

3 「優れた保健体育教師」に迫る視点

(1) 専門性と専門職性，規範性と自律性

　これまで行われてきた研究によって「どのような体育授業がよい授業か？」については，多くの知見が積み重ねられてきた。たとえば日本では，子供から見たよい授業を明らかにする評価方法の開発や尺度化が数多く行われ，授業を円滑に進めるための「基礎的条件」（周辺的条件）と教授―学習活動に直接かかわる「内容的条件」（中心的条件）として整理されてきた（高橋編，1994）。前節で紹介した保健体育教師自身が抱いている授業観の変容も，基礎的条件を重視する授業観から，内容的条件を重視する授業観への変化を表している。体育科教育学の体系化による教授・学習指導論の発展によって，日本のみならず海外でもよい授業の条件が多様な観点から提示されてきた（岡出，2021）。

　「優れた保健体育教師とは？」に対する最も簡潔な答え方は，以上のような知見から明らかにされた「『よい授業』を実現することのできる資質能力や専門性をもった教師」と言えるかもしれない。なお保健体育教師の職務が，教科体育だけではなく体育的行事や運動部活動にも及ぶことを踏まえてみても，それらの教育活動を合理的・効果的に実現することが優れた保健体育教師の条件と言えるだろう。このような優れた保健体育教師の捉え方はわかりやすい。ただし本講では，このような捉え方に加えて，優れた教師に迫るための2つの異なる視点があることを指摘しておきたい。

　第一に，優れた保健体育教師として様々な教授技術や知識を身につけていくことと，「保健体育教師が優れている」と社会から認められることは，必ずしも一致しないということである。このような違いは，教師の「専門性」(professionality) と「専門職性」(professionalism) という概念の違いによって説明することができる（辻野・榊原，2016；今津，2017）。前者は教育行為において，どのような知識・技術を用いるかに焦点化されており，後者は職業としてどれだけ専門職としての役割や地位を獲得しているのかに焦点化されている。そもそも個々の教師が専門性を有していないとその職業は専門職として認められないし，社会から専門職として認められていなければ，個々の教師が有している知識・技術が専門的であるとは見なされないので，両者は相互に関係しているように見える。ところが，一方が満たされていれば，自ずともう一方が担保されるわけではないのが，教職の現実と言えるだろう。このことは，優れた授業や優れた保健体育教師に関する研究と実践は確実に積み重ねられてきたことで「専門性」の高まりが期待できる一方，本書の中でも随所で触れられているよ

うに，保健体育教師が必ずしも専門家として認められていないことを示唆する「専門職性」の低さが，同時に生じていることからもわかる。

　そこで両者の溝を埋めるために提案したいのが，第二の「優れた保健体育教師を誰が決めるのか」を考える視点である。本講で触れてきた優れた保健体育教師の表し方に共通しているのは，研究者が定めた枠組みや方法に基づいて，その内容を規定する規範的なアプローチに依ってきた点である。先述したように，このアプローチは，教員養成・採用・研修政策に大きな影響を与えてきた。いずれも，保健体育教師自身ではなく，むしろ外部の専門家や政策担当者が中心になって，優れた保健体育教師を定めてきた点で，一種の「べき論」を形成してきた。保健体育教師はもとより，保健体育教師を目指す教職志望学生は，それらの知見や条件に沿って，優れた保健体育教師を目指しているわけである。

　しかし，保健体育教師自身が「優れた保健体育教師とは？」を一から考えていくこともあってよいのでないだろうか。むしろ，教育現場で日々実践にたずさわっている保健体育教師自身が，自らの職業をどのように捉え，その優秀性をいかに考えているのかを「優れた保健体育教師の条件」として示すことは，自らのことを自らで決めるという意味での「専門職の自律性」を確保する上で，非常に重要である。さらに言えば，それを個々の教師がばらばらに考えるのではなく，専門職集団として話し合い，民主的に検討し，社会に示していくことは「専門職性」を確保していく上で欠かせない。

(2) 専門職基準の策定という考え方

　佐藤（2016）は，世界的に進んでいる教師教育の共通点（グローバルスタンダード）の１つとして，教員の専門職基準（professional standards of teaching profession）の確立を挙げている。基準や指標は，教師の在り方や実践を拘束したり，制限したりするものとしてイメージされることも少なくないが，専門職基準の確立には，教師たちが専門家協会のような組織をつくって推進するタイプと教育行政によって推進されるタイプの２つがある。日本でも「教員育成指標」や「教職課程コアカリキュラム」など，教員の研修や養成の基準づくりが進んだが，これらは教育行政によって推進される後者のタイプと言える。一方，欧米では教師たち自身が推進する前者のタイプの基準が存在する。

　その先駆けとなったのが1987年にアメリカに設立された「全米教職専門基準委員会」（National Board of Professional Teaching Standards, NBPTS）である。NBPTSは，教職の専門職化と専門的自律性の確立を目指して，各教科の専門職基準を策定し，改訂を重ねてきた。そして現在も，設定された高度な専門職

基準を満たす教師に対して資格認定（certification）を与える優秀教員認定を行っている。この機関は，教職にたずさわる実践者を中心として，大学教員などの研究者も加わり，自主的・民主的につくられている。そのため，過半数は優秀資格認定を受けた教師で構成され，教員全体の質を高めるための自発的な仕組みを機能させている。つまり，専門家（教員）の自主的・民主的なボランタリー組織として運営され，個々の教員がどれくらいの専門性を有するかを評価するためだけでなく，職業としての社会的地位を高めるために専門職基準がつくられているのである。

　NBPTSの保健体育教師に関する専門職基準は，これまでも日本で紹介されてきた（鈴木ほか，2012）。最新の第2版（Physical Education Standard second edition）は，12の基準で構成されている（表16-1）。特徴的なのは教師自身の知識はもちろん，スタンダードVIの「調整と包摂」において，学校や地域での社会的交流を促進することが示されている点や，スタンダードXIIに社会的弱者の擁護や代弁を意味する「アドボカシー」が示されているように，生徒だけでなく同僚や家族，そして地域の人々の健康的なライフスタイルを促進する責任が優れた教師の基準として示されていることである。これは，保健体育教師の役割を社会全体に主張するものであり，専門性よりも専門職性を意識していることがわかるだろう。NBPTSの専門職基準は，優秀教員資格認定が「例外」ではなく「標準」になることを目指しており，「医学，工学，建築などの他の専門職における認定は，熟達した実践の文化を生み出し，社会的に高く評価される根拠になっていることから，これらの専門職は教育が今しなければならないことを実行している」（NBPTS, 2014, p.4）とその意図を掲げている。

（3）優れた保健体育教師を考えるために

　保健体育教師に限らず，職職の過密労働環境や教員不足，ごく少数の教師が引き起こした不祥事によって，社会から見た教師の地位や役割が揺らいでいる。このような状況は個々の保健体育教師にとって対岸の火事ではない。教師に対する社会の厳しい目は，教師に対する尊敬のまなざしと共に常に存在し続けてきた。これらの相克を乗り越えるためには，優れた教師としての知識や技術，資質能力を個々の教師が身につけて「専門性」を高めていくだけでは不十分である。保健体育教師の未来を展望した時に必要なことは，専門性を高めることはもちろん，自分たちの職業が社会から見てどのように認識されているかを教師自身が冷静に捉え，職業集団として「優れた保健体育教師」の在り方を社会に示すことだろう。

表16-1　保健体育科教員のプロフェッショナルスタンダード

	Knowledge of Students　生徒についての知識
I	熟達した教師は，生徒のユニークな資質や特徴に関する知識を得て，肯定的な関係を築き，生涯にわたる身体活動とウェルネス（lifelong physical activity and wellness）に対する有益な態度を育む有意義な学習体験を作る
	Knowledge of Subject Matter　教科についての知識
II	熟達した教師は，身体的に教育された学習者（physically educated learners）を育成するため，教科内容に関する知識（content knowledge）の深さと広さを活用する
	Curricular Choices　カリキュラムの選択
III	熟達した教師は，生涯にわたる身体活動とウェルネス（lifelong physical activity and wellness）を支援する包括的な体育プログラムを推進することにより，生徒のニーズと関心に対応する目的を持ったカリキュラムを選択する
	Wellness within Physical Education　体育におけるウェルネス
IV	熟達した教師は，カリキュラム全体にウェルネスを織り込み，生徒が健康や生涯の幸福にプラスの影響を与えるような選択を自ら行うために必要な情報や経験を提供する
	Learninig Environment　学習環境
V	熟達した教師は，高い期待を設定し，すべての生徒が安全で尊敬に満ちた学習文化の中で活動できるよう，前向きで，管理の行き届いた教室環境を作る
	Diversity and Inclusion　多様性と包摂
VI	熟達した教師は，すべての生徒にとって安全・公正・公平かつ包括的で生産的な学習環境を作り出す。また，自分の個性を受け入れ，他者の多様性を尊重することを生徒に教えることで，学校や地域での健全な社会的交流を促進する
	Teaching Practices　教育実践
VII	熟達した教師は，生徒の学習を促進し生涯の幸福（lifelong well-being）を得るため高い期待値を設定し，生徒の関与を最大限に高める効果的な教育方法を実践する
	Assessment　評価
VIII	熟達した教師は，生徒の学習を向上させ，指導を修正し，体育プログラムを強化し，専門家として説明責任を果たすため評価を選択，設計，活用する
	Reflective Practice　省察的実践
IX	熟達した教師は，生徒の学習を向上させるため，教育方法や専門的成長の全ての側面に挑戦し，情報を提供し，指導する意味のある内省を行う
	Collaboration and Partnerships　協働と連携
X	熟達した教師は，自分の責任が教室外にまで及ぶことを認識している。体育プログラムを強化し，生徒の学習効果を高めるため，他の教育者と協力し関係者と連携して活動する
	Professional Growth　専門的成長
XI	熟達した教師は，尊敬されるリーダーであり，教育実践を改善し，生徒の多様なニーズを満たすために，個人的かつ専門的な成長を熱心に追求する
	Advocacy　アドボカシー
XII	熟達した教師は，質の高い体育教育を効果的に推進する。生徒，同僚，家族，地域の人々のウェルネスと健康的なライフスタイルを促進する機会を作る

（NBPTS, 2014 を訳出して作成）

そのためには，個々の教師や保健体育教師だけの努力のみならず，これまで優れた教師を検討してきた研究者や政策担当者との連携や協働も必要である。つまり，実践・理論・政策の対等で建設的な関係を築くことで，規範性と自律性のバランスを保ちながら，民主的な対話を通じて「優れた保健体育教師」を描いていくことが求められる。これまでの保健体育教師に関する議論は，優れた保健体育教師に必要なものは何かを追究してきたが，今一度，保健体育教師は社会の中で何を担っているのか，という根本的な視点に立ち戻らなければならない。

[文献]
秋田喜代美（2015）教師の日常世界へ．佐藤学・秋田喜代美編，新しい時代の教職入門 改訂版．有斐閣，pp.1-20.
佐藤学（1997a）教師というアポリア：反省的実践へ．世織書房．
佐藤学（1997b）「中間者」としての教師：教職への存在論的接近．教育哲学研究，75：1-5.
佐藤学（2016）専門家として教師を育てる：教師教育改革のグランドデザイン．岩波書店．
Schön, D. A. (1983) The Reflective Practitioner : How Professionals Think in Action. Basic books.
ドナルド・A・ショーン：柳沢晶一・三輪健二訳（2007）省察的実践とは何か：プロフェッショナルの行為と思考．鳳書房．
武隈晃（1992）教師に求められる資質．宇土正彦他編，体育科教育法講義．大修館書店，pp.189-193.
朝倉雅史（2016）体育教師の学びと成長：信念と経験の相互影響関係に関する実証研究．学文社．
髙橋健夫編（1994）体育の授業を創る：創造的な体育教材研究のために．大修館書店．
岡出美則（2021）体育科教育学の研究領域．日本体育科教育学会編，体育科教育学研究ハンドブック．大修館書店，pp.12-16.
鈴木直樹・齋藤裕一・田島香織（2012）体育教師に求められる力量に関する検討：米国と豪州の教師のスタンダードを手がかりとして．東京学芸大学紀要，64：137-144.
NBPTS (2014) Physical Education Standards second edition.
辻野けんま・榊原禎宏（2016）「教員の専門性」論の特徴と課題：2000年以降の文献を中心に．日本教育経営学会紀要，58：164-174.
今津孝次郎（2017）新版 変動社会の教師教育．名古屋大学出版会．

［関　朋昭］

運動部活動改革の中で保健体育教師はどう生きるのか

概要●運動部活動を経験せずに保健体育教師になった人はいるのであろうか。私が知る限りいない。なぜ保健体育教師には運動部活動の経験が不可欠となってきたのかを考察し，保健体育教師養成ゆえの特殊な事情があることを理解することがねらいとなる。さらには保健体育教師が運動部活動改革とどのように向き合っていけばよいのかを示唆する。

1　保健体育教師の職業的社会化―「部卒」について―

　保健体育教師の養成は大学教育が受けもつ。教育学部と体育学部が一般的であるが，今日では他の学部でも保健体育教師の免許を取得することができる[*1]。大学の推薦入試では，学力試験よりも高等学校での運動部活動の競技成績のほうが配点が高い場合も少なくない。また推薦入試だけではなく，一般入試にも実技試験を課していることが多い。沢田（2001，p.208）は「運動能力試験の評価比率は二割から六割程度を占め，その能力評価が合否に大きく関わっている」という。このように保健体育教師を養成する大学（学部）の入試においては，高等学校での正規の教育課程で学んだ能力以上に，教育課程外の運動部活動で学んだ能力（獲得した能力）を重要視している。この運動部活動で培った能力は，そもそも高等学校でのみ育まれるものではなく，川下の中学校から高等学校へと巧みに学校間を中継し，最後は川上の大学へとリレーされる。保健体育教師の職へ就くためには，大学で保健体育教員免許に必要な教育課程科目の単位を取得することが必須であるが，中学校，高等学校と同様に大学でも教育課程外の運動部活動が用意されている。これは保健体育教師としての専門性を高める「隠れた教育課程」である[*2]。保健体育教師は，まさに学齢期から最終学府まで運動部活動の世界に心魂を傾け，卒業後，保健体育教師となることで再び運

＊1　詳しくは文部科学省のホームページ「中学校・高等学校教員（保健体育・保健）の教員免許資格を取得することができる大学」で確認いただきたい。

表17-1　保健体育科教師の職業的社会化

分　　類	年代区分	運動部活動	概　　　　要
幼　児　期	【中学生】	部　　員	漠然とした体育教師への憧れや使命感が生まれる
少　年　期	【高校生】		体育教師になるため大学（教育学部，体育学部など）を選択
青年期（前期）	【大学生】		体育教師への職業的同一化により職業選択
青年期（後期）	【就　職】	顧　　問管理者	体育教師となり理想と現実のギャップに揺れ動く
壮　年　期	【現　職】		職業規範を身につけ，職業への同一化が深まる
老　年　期	【定年退職】		定年となり職業としての体育教師から退く

（注）沢田（2001，p.207）が論考した記述を筆者が整理し，運動部活動とのかかわりを新たに記した。

動部活動の世界へと舞い戻る過程において形成される（関，2015，p.81）。

　運動部活動は「隠れた教育課程」であるにもかかわらず，保健体育教師は生涯時間の大部分を運動部活動に費やす。このように保健体育教師は他教科とは異なり，特殊な職業的社会化[*3]が形成される。教師の職業的社会化とは，教師になっていくための自己変容，教職観の形成，職業選択，教職への同一化などの継続的過程のことであり，保健体育教師に当てはめれば表17-1のようになる。

　次に各分類について説明する。

　「幼児期【中学生】」に運動部活動と初めて出会う。初めての運動部活動は，小学校の時のクラブ活動（必修）やスポーツ少年団活動（任意）とは異なることを理解しつつも，教育課程なのか教育課程外なのか厳密にはよくわからないし気にもしないことが多い。そのため，スポーツ少年団での活動が充実したものであれば，運動部活動にも同等もしくはそれ以上の活動を期待し求める。そして保護者の声も大きい。こうした期待は運動部活動の問題の1つである[*4]。この「幼児期【中学生】」には運動部活動との出会いの他に，小学校の時とは異なる教科担任制の「保健体育科」との出会いがある。運動部活動で活躍する生徒の中には，「体育」の授業が得意な者が多い。この時期，保健体育教師と

---

*2　沢田（2001）は体育教師の専門性を高めるための「隠れたカリキュラム」として運動部活動を捉えているが，筆者は中学校，高等学校，大学における教育課程外の運動部活動を「陰影の教育課程」と名づけた（関，2010）。本書では「隠れた教育課程」としたが文意は沢田氏と同じである。

*3　一般的に職業的社会化とは，職業的地位が要求する役割に十分応えることができるような，職業に対する価値の内面化，態度，意識の変容などのことである。教師の職業的社会化に関する研究は豊富にある。

*4　保護者の介入は良くも悪くも運動部活動に影響を与える。たとえば城丸・水内（1991，pp.46-80），森川・遠藤（1998，pp.254-264）などを参照。

運動部顧問への漠然とした憧れが生まれる。

　「少年期【高校生】」では進学先の大学を選ぶことになる。大げさに表現すれば自身の一生涯の決断が迫られる。保健体育教師を志すことを決意する背景には，運動部活動での活躍もさることながら，自身が履修する保健体育の教師への興味関心も強まり，「保健体育教師」という職業への憧れの萌芽がある。その職業へ就くためには，先に示した「中学校・高等学校教員（保健体育・保健）の教員免許資格を取得することができる大学」を目指さなくてはならない。他方，大学でも運動部活動を続けることで，他教科の教員として運動部活動の指導を志す者もいる[*5]。

　「青年期前期【大学生】」では保健体育教師への職業的同一性により職業選択を決める。職業的同一性とは，大学生がどのように専門職を身につけていくのか，学生の発達に伴ったアイデンティティの形成などを指す。保健体育教師養成課程の大学生は，運動部活動に所属することが暗黙に課され，最後の学生生活においても「隠れた教育課程」を学ぶことになる。中学校，高等学校，大学と運動部活動を継続する。その結果，10年間（3年＋3年＋4年），運動部活動で厖大な時間を過ごす。清水（2009, p.5）は「特異性を帯びた運動部での所属期間が長く続くと，集団風土への適応が求められ，これらの思考様式を内面化するようになる」と述べている。

　内面化し獲得した思考様式とは，「封建制（服従関係, 体罰）」，「勝利至上主義」，「能力主義化」，「管理主義化」，「評価化」，「二極化」などである（内海, 1998, p.71, 傍点は引用者）。この思考様式は，大学卒業後，保健体育教師としての職務や職責に強く影響を及ぼすことになる。内海（1998, p.69）は二極化を「高度化志向と大衆化志向」に峻別しているが，筆者は運動部活動に関するもう1つの二極化を指摘したい。それはすなわち運動部活動に対する「関心派と無関心派」の二極化である。「関心派」とは「隠れた教育課程」で多くの時間を過ごし運動部活動に対する関心が強い層である。他方，「無関心派」とは「隠れた教育課程」を経ず，将来，運動部活動の顧問になることを幾ばくも考えていない無関心の層である[*6]。この二極化の対立が今日の運動部改革を引き起こした主原

[*5]　筆者は保健体育教師以外の熱烈な運動部活動の顧問を「準体育教員」と命名した。この背景には，運動部活動の高い競技成績者を他学部が受け入れる大学があり，そこでは他教科の教員免許状を取得することができ，将来的に教員になることができる養成課程がある（関, 2010, p.80）。むろんそうした大学（学部）でも運動部活動を続けることができ，大学によっては手厚いサポートが用意されている。

[*6]　「無関心派」は大学の「隠れた教育課程」を経験していないだけであり，中学校時代には多くの者たちが運動部活動を経験していることを想定できる（中澤, pp.54-55 など）。

因であると筆者は考える。

　この「青年期前期【大学生】」において，保健体育教師を志す学生たちは「隠れた教育課程」を卒業することになる。「部卒（部員卒業）」と命名しよう。一般的には運動部活動をやめる際には「引退」という呼称のほうが代表的な印象をもつが，「引退」は自ら退くという意味であり，学校という時間軸の中で1つの業を終える「卒業」というほうが適切だと考え「部卒」とした。表17-1で示すように，「部卒」したものは基本的には二度と「部員」にはなれない*7。「部卒」を経て保健体育教師になった者が，次に運動部活動にかかわることができるのは「顧問」としてである。運動部活動における「部員」と「顧問」の線引きは，トランジションに関する議論として重要なことがわかる。

　「青年期後期【就職】」では「部卒」をした新採用の保健体育教師として学校へ着任する。「部員」から「顧問」へのトランジションは，必然的にロール（役割・役目・任務）の大転換となる。既に学生時代の「隠れた教育課程」の経験を通じながら，「顧問」のロールを理解してはいるものの戸惑う。それくらい「学ぶ（部員）」と「学ばせる（顧問）」は異なる*8。そして生徒たちにかかわるすべての行為は「生徒指導」と呼ばれ，運動部活動指導に限らず，教科指導，クラス指導，清掃指導，生活指導など枚挙に暇がない。しかし，個々の保健体育教師には，これらの指導すべてに共通する理想の指導がある。その理想郷は，主に「大学での教職課程」と中学からの一貫した「隠れた教育課程」の中で養われたものであり，簡単には書き換えることができない。特に「隠れた教育課程」を通じた思考様式の内面化は，「生活指導」に対し，良くも悪くも生き生きとした形で現れる。生徒とはこうあるべきだ，と。

　「壮年期」では保健体育教師のみならず教師としての職業規範を身につけ，職業への同一化が深まる。ここでは大きな職業的分岐点を迎える。表17-1の「顧問／管理者」，つまり保健体育教師としてのキャリアを続けるか（顧問），現場から離れ教頭・校長を目指すのか（管理者），である。後者のキャリアを選ぶのであれば，運動部活動へのかかわりは「顧問」から「管理者」となり，支援と管理が責務となる。やや古い資料ではあるが保健体育教師出身の管理職が実は圧倒的に多い（城丸・水内，1991，p.114）*9。その理由として城丸・水内は，

＊7　稀なケースではあるが，大学卒業後，何かしらに動機づけられて他大学へ入学（編入学）し運動部活動へ再入部することは可能である。たとえば，大学箱根駅伝を目指す事例などがある。

＊8　「教わる／教える」ではなくあえて「学ぶ／学ばせる」とした。この含意は後者のほうがどちらも能動的な響きがある。また運動部活動はそもそも自主的な活動であるので「教わる／教える」の表現は不適当であると判断した。とはいえ，前者が一方的に受動的であるとは限らず，後者も必ずしも能動的だとは断言できない。本講では便宜的に後者の表現を採用した。

運動部活動の功績，運動部活動における生徒指導の実績，行政職においては「保健体育課」だけが独立して存在しているため，保健体育教師の出世窓口が多いことを挙げている。

「老年期」では保健体育教師としての責務を終え定年退職を迎える。むろん退職後も，運動部活動の外部指導員等としてたずさわることができるであろうし，運動部活動に関連する他の雇用に就くこともある。

2　運動部改革と保健体育教師

前述の二極化に話を戻そう。学生の頃の「関心派と無関心派」は，教師となり「推進派と忌避派」へと転変する。保健体育教師は自分の専門競技か否かにかかわらず必ず運動部活動の顧問へと配置され「推進派」となってきた。他方，他教科の先生方の中には，運動部活動の顧問を望まず，否定的な態度をとる一定の層がいる。「忌避派」である。そしてどっちつかずの「中間派」が大部分を占める。2010年以前は，「推進派」と「忌避派」は前者が趨勢であったが，2010年以降に反転する。この反転の原因については様々な推察が可能であるが，島沢（2017）や内田（2017）が指摘するように，2012年の体罰事案が契機となり，部活動[*10]に潜む不文律な暗部を浮き彫りにしたことが要因と考えられる。これらの要因によって部活動をとりまく環境は大きな改革が迫られることになる。長沼（2018, p.24）は2016年を「部活動改革元年」と位置づけているが，運動部活動を改革するためには外圧の力が必要である。具体的には現在スポーツ庁が主導する「運動部活動の地域移行[*11]」である（これを第二次運動部改革とする）。しかしながら2000年頃にも，運動部活動を学校の外へ出そうという社会的な外圧があったが見事に失敗した（これを第一次運動部改革とする）[*12]。この当時，運動部活動の受け皿となりうる「総合型地域スポーツクラブ」が政策により立ち現れ，運動部活動に外部指導員が導入されたり，地域社会との連携，地域社会への移行が図られたり，これまでとは異なる運動部活

＊9　教育課程における保健体育科の単位数，教育委員会の部署編成など基本な枠組みが変わっていない現状を鑑みれば，現行もあまり変わらないと筆者は考えている。

＊10　ここでは「部活動」と標記しているが，最近の部活動研究では，運動部と文化部を分けず「部活動」と統一し議論されている。長沼（2018），筆者（2022）などを参照されたし。

＊11　スポーツ庁（2022年5月19日）「運動部活動の地域移行に関する検討会議（第7回）配付資料」を参照。

＊12　部活動と総合型地域スポーツクラブとの関係性を検証した失敗事例としては谷口（2014）の研究が興味深い。

動の改革が試みられた（中澤，2014，p.122などを参照）。しかし結果は，学校は運動部活動を手放さなかった。なぜだろうか。この第一次運動部改革の失敗は学校文化の中の慣習を変えることがどれほど難しいかを物語っており，一度でも学校現場という組織に属した教職経験者であれば，運動部活動に限らず，既存のシステムの変革や革新に対しては強い抵抗感があることがわかるであろう。「体系的放棄」は難しい。「体系的放棄：systematic abandonment」とは経営学者のピーター・ファーディナンド・ドラッカー（Peter Ferdinand Drucker：1909-2005）の言葉である。それは組織の足を引っ張る旧態依然としたやり方や仕組みを捨て去ることであるが，通常の組織では困難を極め，いつまでも踏襲してしまいがちである[*13]。

　「第一次運動部改革」と「第二次運動部改革」で異なるところは何であろうか[*14]。「中間派」である。「第一次運動部改革」のときは，改革というよりも推奨（望ましい）に近いものであり具体的な提案に欠けていた。そのため「体系的放棄」など起こり得るはずもなく，運動部活動は「推進派」の保健体育教師の意向が依然として強く，「中間派」も自然と追従の立場をとらざるを得なかった。しかしながら「第二次運動部改革」では，「忌避派」の主張を無視することができなくなった。そして自ずと「中間派」も「忌避派」に共鳴することになる。このメカニズムは古典的な「パレートの法則」である[*15]。

　「第一次運動部改革」の時は，保健体育教師は自分の運動部活動を守ることができた。運動部活動の地域移行を阻止した最大の要因は，舛本（2001, p.275）が述べるように「部活の指導に熱心な教師たちの存在と，彼らの努力の成果」であろう。しかしながら熱心でない仲間の教師たちへ引き続き多大な負担を強いることにもなった。もし「推進派」が自分の運動部活動のみに夢中になるのではなく，悩み困っている同僚への配慮を施すことができていれば違った展開になっていたかもしれない。ただし保健体育教師を中心とする「推進派」へ責任転嫁するのは酷な話であり，本来は管理職（校長，教頭）が配慮すべきこと

＊13　「体系的放棄」については，Petter F. Drucker（1999）の第3章で論じられている。また拙稿（2011, pp.40-41）の中で簡単であるが論じているので参考にしてほしい。加えて，小林（2010）の解説が詳しい。

＊14　実は部活動の地域移譲は1970年頃にもあった。「隠れた教育課程」は社会教育に属するものであり，教師の本来業務ではないとする日本教職員組合からの改善要求があった（森川・遠藤，1989, p.13）。

＊15　パレートの法則は，ヴィルフレド・パレート（Vilfredo Federico：1848-1923）の理論である。一般的には「2:8:2」の法則で有名である。このケースでは「推進派2」「中間派6」「忌避派2」となろう。学術的な背景は川俣（2007）が詳しいので興味があれば参照して欲しい。

である。しかしこの指摘も手厳しいことを筆者は重々理解している。悩み困っている教員への配慮と敬意を欠くほどまでに，運動部活動は根深い問題へと硬直化してしまった。「第二次運動部改革」は「第一次運動部改革」が失敗した「ハレーション（halation）」と言えよう。引き続き同僚たちの悲痛な声に耳を傾け，次の改革こそ成功させなければならない。そのためには何が必要であろう。

　次の改革へ向けては，保健体育教師は自分たちの運動部活動をどのように守るのかではなく，同僚たちとどのように変えていくべきか，つまりは同僚たちとどのように向き合っていけばよいのかが求められる。「二極化」から「一極化」である。近年は様々な要因によって失われつつある「同僚性」にスポットを当て，運動部改革成功への足掛かりを次に提示したい。

3　保健体育教師は運動部活動とどのように向き合っていけばよいのか

　前節では保健体育教師の職業的社会化へ焦点を当て，運動部改革とのかかわりを見てきた。運動部改革を推進するために「同僚性」の議論は外せない。「二極化」から「一極化」へのパラダイム転換が鍵である。

　秋田・佐藤（2015）によれば，同僚性とは「教員同士による教育の在り方の協働的な探究を通じて共有され明確になっていくビジョンに基づいた教育的な活動や，教員の語りや教材等が作られていくような関係性」（傍点は引用者）である。この定義の中には，運動部改革に対する多くの示唆が含まれている。改めて運動部活動は「隠れた教育課程」であり教科書や時間割がないことをまずは再確認する。それゆえ運動部活動における「教育の在り方の協働的な探究」は必要不可欠である。保健体育教師を中心とする「推進派」だけで運動部活動の教育の在り方を議論することには限界があり，また彼らに任せっきりの探究ではどうしてもその方向性に偏りが出る。その偏りは，今日まで運動部活動における重大な事故や事案を生んできたことを私たちは容易に理解することができる。前節で見てきたように，保健体育教師の職業的社会化は中学校から大学まで基本的に同一種目を単線で駆け上がり，「部卒」の後も引き続き同種目の「顧問」に焦がれる。そのため自分の部活動が一番だと思い込み，他の部活動に対する興味関心は薄い。自分の幸福や満足を求め，他者へ関心を払わない考え方は「ミーイズム（meism：自己本位主義）」と呼ばれる（鈴木，1994などを参照）。運動部活動における「ミーイムズ」の浸透と蔓延が，皮肉なことに運動部改革を誘起することになった。「同僚性」は「脱ミーイズム」でもある。

4 運動部活改革を学校改革につなげる

　保健体育教師が運動部活動とどのように向き合っていけばよいのか。この問いを「同僚性」という視点から見れば「保健体育教師は他教科教師とどのように向き合っていくか」に置換される。豊かな学校を目指した運動部活動の標準モデルがもはや力を失い，今後は様々な運動部活動が形づくられていくことになるであろう。そして運動部改革はまだまだ続く。保健体育教師は「ミーイズム」に陥ることなく，また運動部活動の改革にとどまることなく，学校を新たに創造してほしい。今回の運動部改革とはとどのつまり学校改革である。学校改革には「教員の語りや教材等が作られていくような関係性」が必要となるため，これまで等閑視されてきた「同僚性」を甦生させなければならないであろう。運動部改革ひいては学校改革の旗手たるは保健体育教師であることを願いたい。

［文献］
秋田喜代美・佐藤学（2015）新しい時代の教職入門 改訂版．有斐閣．
神谷拓（2015）運動部活動の教育学入門：歴史とのダイアローグ．大修館書店．
川俣雅弘（2007）パレートの『経済学提要』と20世紀ミクロ経済学の展開．三田学会雑誌，99（4）：51-73．
小林薫（2010）ドラッカーのリーダー思考．青春出版社，pp.116-122．
舛本直文（2001）学校運動部論：「部活」はどのような身体文化を再生産してきた文化装置なのか．杉本厚夫編，体育教育を学ぶ人のために．世界思想社，pp.262-280．
森川貞夫・遠藤節昭（1989）必携スポーツ部活ハンドブック．大修館書店．
長沼豊編著（2018）部活動改革2.0 文化部活動のあり方を問う．中村堂．
中澤篤史（2014）運動部活動の戦後と現在：なぜスポーツは学校教育に結び付けられるのか．青弓社．
Peter F. Drucker (1999) MANAGEMENT CHALLENGES TOR THE 21ST CENTURY. Harper Business.　邦訳　上田惇生（1999）明日を支配するもの：21世紀のマネジメント革命．ダイヤモンド社．
沢田和明（2001）体育教師論：体育教師はどのように作られ，利用されてきたか．杉本厚夫編，体育教育を学ぶ人のために．世界思想社，pp.204-219．
関朋昭（2010）学校運動部の存在に関する新たな視座．体育・スポーツ経営学研究，24：75-82．
関朋昭（2011）高等学校における学校経営からみる運動部活動の再考論．日本高校教育学会年報，18：36-45．
関朋昭（2015）スポーツと勝利至上主義．ナカニシヤ出版．
関朋昭（2022）学校における「部活動」の定義に関する研究．九州地区国立大学教育系・文系研究論文集，8（2）：1-16．
島沢優子（2017）部活があぶない．講談社現代新書．

清水紀宏（2009）スポーツ組織現象の新たな分析視座：スポーツ経営研究における「応用」．体育経営論集，1：1-7．

城丸章夫・水内宏編（1991）スポーツ部活はいま．青木書店．

鈴木正仁（1994）日本的「戦後システム」の変容．社会・経済システム，13：40-45．

谷口勇一（2014）部活動と総合型地域スポーツクラブの関係構築動向をめぐる批判的検討：「失敗事例」からみえてきた教員文化の諸相をもとに．体育学研究，59：559-576．

内田良（2017）ブラック部活動 子どもと先生の苦しみに向き合う．東洋館出版社．

内海和雄（1998）部活動改革：生徒主体への道．不昧堂出版．

内海和雄（2009）スポーツ研究論．創文企画，pp.102-115．

「さて，どうしたものか……」

　これが，大学を卒業し，地方の公立高校で保健体育科教員としての第一歩を踏み出した私の，授業に向かう際の率直な気持ちであった。意気揚々と赴任したものの，その学校では保健体育科教員が1名しか配置されておらず，授業のことについて何か相談しようにも聞く相手がいないのだ。それでも，新任の私は一応何名かの他教科の教員に授業のことについて相談してみたものの，「先生の好きにやったらいいよ」というごく当たり前の言葉をかけられて終了していた。どうにもこうにも困った私は，隣町の高校の保健体育科の先生に聞いたらよいのではないかと考え，若さの勢いでそのまま電話し，そこの保健体育科の先生に，授業についてご指導をいただきたい旨を伝えたのである。

　その先生は，突然不躾に飛び込んできた右も左もわからぬ若造の話をしっかり聞いてくださった。それだけでなく，授業を見せていただくとともに，現場での授業の進め方について懇切丁寧にご指導いただいた。この時，心底ホッとすると同時に，同じ教科の教員から授業づくりについて学ぶ場の大切さを痛切に感じた。その後も，授業実践に関わる校外の研修会に参加した際には，授業実践ですぐにでも使える有益な情報やアドバイスをたくさん持ち帰ることができ，次の日からの授業が大きく変わった。こうした経験から，やはり授業実践について学んだり情報交換したりする場が私たちには必要不可欠なものであると確信することとなった。

　教員は，もちろんそれぞれが創意工夫をこらしてよりよい授業の実践に向けて教材研究に取り組む必要がある。しかし，どんなに経験を積んだとしても，またどんなに優秀だとしても，1人の教員が考えることには限界がある。だからこそ，やはり一緒に授業について意見交換する機会が大切なのである。私の場合，教育行政の仕事をしていた際には，たくさんの保健体育科の先生たちと意見交換したり，研修事業を運営したりする中で，また学校の管理職だった際には自校の先生方と授業について話し合う中で，私自身もたくさんの新しい視点や指導方法などに触れて多くを学ぶことができた。「○○研修会」とか「○○研究発表会」のようなところに行くのもよいが，それだけではなく，身近にいる同じ教科の教員で授業について語り合う中にもたくさんの学びがある。ベテランには経験値に基づく豊かな実践があるだろうし，若者にはベテランにないフレッシュな発想がある。自分が仲間とともに学び合おうとする意識を持つだけで，自分だけでは気付かないことに気付き，お互いに刺激を受けることもできるのである。今日からでもすぐに始めることができる授業改善に向けての第一歩。さあ，仲間と一緒に考えよう！

（森　靖明）

保健体育教師は暴力問題と どのように向き合うべきか

概要●本講のねらいは，これまで保健体育教師と暴力問題がどのような関係にあったのかについて，過去のデータや議論を踏まえながら確認し，その上で，これから私たちがこの問題にどのように向き合っていくべきかを考えてみることである。またその際，暴力問題の「難しさ」にもあえて目を向けてみたい。

1　体罰実施率ナンバーワンの保健体育教師

(1) 1986年の調査結果

　保健体育教師と暴力問題がどのようにかかわってきたのかについて，1つの具体的な事実を確認することから始めてみたい。少し古いが，1986（昭和61）年に当時の文部省初等中等教育局は，「いじめ問題に関する指導状況等に関する調査結果について」という文書を公表している。文書のタイトルの通り，この調査が実施された直接的な背景には，当時既に問題化していた，学校における「いじめ問題」があった。その問題に関連して，学校における「指導状況」の把握というねらいの下に，「体罰に関する調査結果」が併せて示されている。

　この「体罰に関する調査結果」には，時代的かつ社会的な制約が影響していたと想像される。しかし，それでもなお，そこには本講のテーマに直結する重要な数字が示されている。その数字とは，「担当教科別処分・措置教員数」という表に示された，体罰を行って処分等を下された教員の担当教科ごとの数及び割合を示したものである。1984（昭和59）年度のその結果は，表18-1のように示されている。

　表を見ると明らかなように，体罰によって処分等を下された教師の中で，保健体育教師は圧倒的な割合を占めていることがわかる。2番目に高い国語が14.9％，3番目の英語が12.8％，以下，理科の11.7％，数学の10.6％であることを見ても，保健体育の42.6％がいかに高い割合であるかは，一目瞭然で

表18-1　1984年度の担当教科別処分・措置教員数

	国　語	社　会	数　学	理　科	英　語	技術・家庭	芸　術	保健・体育	その他	計
教員数（人）	14	6	10	11	12	2	6	40	3	104
構成比（％）	14.9	6.4	10.6	11.7	12.8	2.1	6.4	42.6	3.2	110.6

(注)　1．小学校の教員26人を除く。
　　　2．1人で複数の教科を教えている場合があり，合計数は，処分・措置教員数を上回っ
　　　　　ている。　　　　　　　　　　　　　　　　（文部省初等中等教育局，1986，p.54）

ある。この数字から，私たちはまず，過去における保健体育教師と暴力問題との強いつながりを確認することができる。少なくとも，保健体育教師が他教科の教師に比して，暴力問題との親和性が高かったことは，1つの事実なのである。

(2) 学校の「荒れ」と「管理」

　この調査が実施された1980年代の学校では，校内暴力に代表される，いわゆる「荒れ」が大きな問題となっていた（広田，1998，pp.147-169）。そこでは保健体育教師に，「生徒指導」という名の，生徒を「管理」する役割が期待されていた。より端的に言えば，荒れた学校や生徒を管理する力が，「身体的に」最も強かった保健体育教師に求められたということである。上記の調査結果の背景には，このような事情もあったと考えられる。

　さらに言えば，この「管理」の問題には，本書の第2講で触れた保健体育教師が運動部活動で育っているということもかかわっているだろう。つまり，「運動部活動＝競技スポーツ」に求められる「強い」身体が，多くの保健体育教師には備わっていたわけである。そして，その強い身体は，荒れた学校や生徒を管理するために，極めて有効であったということである。

　ちなみに，上に挙げた1986年の文部省による調査以降，このような教科別の体罰実施割合に関する調査は，管見では見ることができない。ただし，学校において生徒指導の分掌を担っている保健体育教師が多いことは，今日においても同じであろう。また，いわゆる学校の管理職に保健体育教師の比率が高いという研究結果もあり，そこでは，「保体を担当教科とした校長は，人数と比率，『登用率』の上で突出して高かった」（榊原ほか，2009，p.101）と指摘されている。このような指摘からも，生徒を「管理＝コントロール」することについての，保健体育教師の実践的な関与が示唆されていると言えよう。

　もちろん，先にも述べたように，実際の保健体育教師による暴力や体罰が，

他教科の教師に比べていまだに多いのかは，厳密なデータとしては不明である。しかし，以上から示唆されることは，そのような保健体育教師のイメージは，現在でも大きくは変わっていないということではないだろうか。そのことを明確にするために，次に，保健体育教師の暴力的なイメージが実際にどのように描かれてきたのかを簡単に確認してみたい。

2　保健体育教師の暴力的なイメージ

(1) 社会における暴力的保健体育教師像

　私たちの社会において，保健体育教師が暴力的な存在として描かれることは，残念ながら決して珍しくない。たとえば，いまだにドラマや映画では，保健体育教師は学校の中を，ジャージを着て，首から笛を提げ，必要以上に大きな声で挨拶をしながら，時には竹刀を片手に歩き回っている，という描写が見られる（本書第3講及び第10講も参照）。

　このような保健体育教師のイメージは，例えば30年以上前に出版された書籍においても，図18-1のような姿で描かれている。したがって，そのイメージは，実際は数十年単位で受け継がれてきたものであると言える。

　このような描写から，私たちは次の2つのことを読み取ることができるだろう。1つは，そのように描かれる保健体育教師の「言動＝身体文化」に対する，一種の軽蔑を伴った社会からの視線である。それは，「体育会系」や「脳（まで）筋（肉）」といった表現に象徴されるようなイメージだと言える。そしてもう1つは，そのイメージの裏返しとして，保健体育教師に対する私たちの社会の「期待」を読み取ることができる。つまり，そのようなイメージに即した役割を，私たちの社会が（集団的かつ無意識的に）保健体育教師という存在に求めていると読み取ることができるであろう。このことは，前節で指摘した学校における「管理」の問題ともつながっていると考えられる。

（岡崎ほか，1986，p.50）

図18-1　保健体育教師のイメージ

180

いずれにしても，そのような保健体育教師の暴力的なイメージが私たちの社会に存在していることは，1つの事実であり，そのことを，私たちは自覚する必要がある。そして，その自覚を深めるためにも，保健体育教師の暴力（性）の「起源」に関する1つの説を，次に検討してみたい。

(2) 保健体育教師の暴力は軍隊起源か？

　その説とは，「保健体育教師の暴力（性）は，軍隊経験から来ている」というものである。より正確に言えば，第2講でも論じたように，ほとんどの保健体育教師が経験する運動部活動において，暴力の問題が残り続けている起源には，戦争時の軍隊での暴力経験が受け継がれている，という説である。読者の中にも，このような話を聞いたことのある方がいるかもしれない。

　この説の1つの背景として，実際に，戦前にはそのような軍隊経験者を優先的に体育教師として採用していたことが指摘されている（本書第3講；大熊，1988，p.86）。つまりそこから，軍隊生活の中で経験した暴力を，後に体育教師になった人間がそれを行ったという構図が想定されるわけである。確かに，私たちの軍隊に対する一般的なイメージには，厳しい上下関係における，整列や行進，さらには点呼等といった，今日の体育授業にも少なからず影響を与えていると思われるものがあるかもしれない。そして，その1つの象徴として，上官からの暴力が，体育教師から生徒への暴力へと，スライドしたと考えられてきたと言える。

　しかし，最近の研究においては，このイメージの妥当性に疑問符が付されてもいる。これについて鈴木は，当時の多様な学校種の違いに着目することによって，「戦前か戦後のある時期にどこかの学校の運動部に持ち込まれたその行動様式が広まり，それが今日まで繰り返されてきたという『軍隊起源説』が語るストーリーはかなり単純である」（鈴木，2020，p.214）と述べている。このような「軍隊起源説」の限界と共に，さらに重要なことは，そのような説を私たちが受容してきた点についての，彼の指摘である。すなわち，「『軍隊起源説』とは，諸問題の責任を軍隊に被せることである意味済ませてきてしまった，戦後の日本社会の中だからこそ存在しえたロジックであったと言える。そしてそれは，我が国の多くの人々が戦争責任を考えることへ目が向かないのと同じく，運動部に見られる体罰の問題性について，私たちが徹底的に考えることへ向かう芽を摘んでしまうロジックでもあったのである」（鈴木，2020，p.220）。

　この鈴木の指摘から，私たちが学ぶべきことは多いだろう。少なくとも，保健体育教師の暴力（性）を，戦前や戦中の軍隊経験にのみ求めることは，この

問題に正面から向き合ったことにはならないのである。つまり，保健体育教師の暴力問題の起源を過去の軍隊のせいにするだけでは，私たちは保健体育教師の暴力（性）について何もわかっていないにもかかわらず，わかったつもりになってしまう危険性があるということである。

このような保健体育教師の暴力問題の背景を踏まえ，次節では，この問題のより具体的な「難しさ」について考えてみたい。そうすることによって，本講の最終的なゴールである，私たち保健体育教師が暴力問題にどのように向き合っていくべきかという問いに答えていきたい。

3　保健体育教師の暴力問題の何が困難なのか

本節では，保健体育教師の暴力問題を探求したり，その解決策を考えたりする際に直面する，難しさを検討する。具体的には，その難しさを3つ挙げ，それぞれについて論じてみたい。

(1) 突発的な暴力を「根絶」する難しさ

まず，1つの厳しい，しかし重要な事柄を確認しておきたい。それは，保健体育教師によるすべての暴力を「根絶」することは，現実的には不可能だという点である。急いで付言すると，このことは，保健体育教師の暴力問題に対して，私たちが何もできないとか，放置しておいてよいということを言っているわけでない。もちろん私たちには，これまでと同じように，この問題に向き合い，その解決策を探っていく努力が必要である。

しかし，その際に注意が必要なことは，この「根絶」という語の印象の強さに誤魔化されないことである。改めて言うまでもなく，「根絶」とは，何かの対象をこの世界から「ねだやし」にすることである。しかし，繰り返しになるが，この世界から保健体育教師の暴力をすべて「ねだやし」にすることは，原理的に不可能である。なぜなら，それは，この世界から傷害や殺人等の犯罪を完全になくすことに等しいからである。つまり，私たちがそのような人間にかかわる行為をすべてコントロールすることができないのと同じ理由で，保健体育教師による暴力を完全になくすことは，厳しい言い方かもしれないが，不可能と言わざるを得ない。

もちろん，だからといって何もできないわけではない。この根絶不可能性から私たちが考えるべきことは，暴力の問題に向き合う時に，終わりがないということ，換言すれば，それは何か特別なイベントのように対策すべきことでは

なく，むしろ，私たち保健体育教師の日常的な営みとして，暴力と向き合い，そのことに考えをめぐらせる必要があるということではないだろうか。そして，だからこそ，そのように「いつも当たり前のように考え続ける」というところに，この問題の1つの難しさがあると言える。

(2) 生徒を「変えたい」という欲望の難しさ

　もう1つの難しさは，より現実的なものである。それは，生徒たちを変えようと思うからこそ，保健体育教師の暴力が起こりうるという点である。このことは，次のような具体例からも明らかであろう。

　たとえば，体育授業において教師の指示にまったく従わない生徒がいた場合，通常私たちは，まずは従うように促し，それでも聞かない場合は，その理由を尋ねたりする。ここであえて注意すべきことは，そのような「促し」や「尋ね」は，その前提にある，生徒の現状を変えたいという保健体育教師の「思い＝欲望」に支えられて，現実の行為となって現れているという点である。

　この欲望の存在は，同様の状況での，正反対の対応を想像すれば容易に理解することができる。つまり，はじめの段階において，もし保健体育教師が生徒を変えたいという欲望をもっていなかった場合，「促し」や「尋ね」が現れることはないであろう。その場合，保健体育教師は指示に従わない生徒を放っておくという対応をすることになる。そして，本講の議論にとって重要なことは，そこで暴力が起きる可能性は，限りなく小さいということである。もちろんその場合，当該の生徒がよりよく変わっていく可能性もまた，限りなくゼロに近くなるわけである。

　この例は，保健体育教師の暴力問題に関して，次のような難しさを示している。すなわち，暴力が起きる可能性は，保健体育教師の生徒を変えたいという「思い＝欲望」と強い関係があるという難しさである。言い換えれば，生徒の現状を変えたいと思っていない教師が暴力を振るうことは，特殊な場合を除いて考えにくいということになるだろう。

　さらに，保健体育教師の欲望に付随するこの難しさは，保健体育という教科の特性上，より高まるとも考えられる。なぜなら，体育授業では，その教育活動の対象が生徒の身体にあるからである。第2講でも論じたように，体育は本来的に，身体の教育なのである。したがって，私たち保健体育教師は，望むと望まざるとにかかわらず，必然的に，生徒の身体に働きかける存在なのである。そしてそれゆえに，その働きかけの延長線上に，暴力が起きる可能性は常にあると言える。

生徒の現状をよりよく変えたいという保健体育教師の欲望が，暴力につながりうるというこの難しさは，私たちに次のことを示唆している。それは，私たち保健体育教師の誰もが暴力の近くにいる，という認識をもつことの重要性である。このことは，私たちが保健体育教師の暴力問題を考える際に重要な点である。なぜなら，ともすると私たちの多くは，暴力を自らとは関係のない事柄と思ってしまいがちだからである。つまり，それは一部の異常な人間の仕業であると，思ってしまうということである。しかし，上述の鈴木の指摘や，「促し」や「尋ね」の例が教えているように，実際はそうではなく，私たちの誰もが，暴力と近いところにいるのである。生徒の身体の教育を担う保健体育教師には，このような認識が不可欠であろう。

　もちろん，このように考えることは，暴力を振るう人間を肯定することでは決してない。しかし，それと同時に，暴力を振るう人間を頭ごなしに否定することでもない。それでは，この問題の正体はきっと見えないままなのである。それは，いじめをする子どもを怒鳴りつけて満足する大人のようであり，その大人に，子どもたちが生きている複雑な世界を理解することは，永遠にできないのと同じであろう。いずれにしても，生徒に「変わってほしい」や，生徒を「変えたい」という保健体育教師の欲望に難しさがあり，だからこそ，保健体育教師が自身のその欲望を自覚することが，まずは必要であると考えられる。

(3) 科学の「非」万能性という難しさ

　この欲望の自覚にかかわって，もう1つの難しさが暴力問題にはある。それは，科学でこの問題を語る，もしくは，この問題を解決しようとすることの難しさである。より正確に言えば，それは，科学的に暴力問題を論じることの限界だと言える。

　たとえば，最新の脳科学研究では，子どもへの継続的な暴力が，彼らの脳に大きなダメージを与えることが明らかにされている（友田，2017）。そして，それらを根拠に，メディア等においても，暴力の根絶を求める声が上がっている。そのこと自体は，この問題への社会的な関心の高まりであり，重要な動きであるように思われる。また，それらの研究結果の1つには，身体的な暴力よりも言語的な暴力の方が脳への影響が深刻であるという興味深い点が指摘されている（友田，2019）。このことは，身体的な暴力に目が向きがちな私たちの認識に，新しい可能性を拓くものでもあると考えられる。

　しかし，そこには同時に，それらのデータだけで暴力問題を解決できない難しさがある。より具体的に考えてみたい。たとえば，上記の研究では，頬への

平手打ちやベルトなどによって尻を叩く等の行為を，1年間に12回以上かつ3年以上受けていた者を対象に，身体的暴力の脳への悪影響が明らかにされている（友田，2017，pp.76-77）。それは，科学的，つまり統計的に確かめられた事実である。しかし，ではもし，それがより短い期間であり，また，より衝撃が弱いものであったとしたら，私たちはその行為を許容するのだろうか。

　このような問いは，一見ただの屁理屈に見えるかもしれないが，実際は，暴力問題を科学的に語ることの限界を示唆している。つまり，暴力問題を考えるために科学的な厳密性を追求する立場からは，その禁止の根拠は必ずしも導かれず，むしろ，1日1回まで，あざができない程度の強さならば影響はないとか，1日1回がダメならば週1回まではOKといった議論をしなければならなくなる。暴力問題に科学的に数値で線を引くということは，原理的にそのようなことなのである。

　私たちが向き合うべき保健体育教師の暴力問題は，そのような問題ではないはずである。だからこそ求められるのは，そのような科学的エビデンスだけではなく，むしろ，私たちの倫理や規範なのである。そもそも，暴力に関して比較実験ができないのも，そこに「倫理的に」問題があるからである。そのことが証明するように，やはり私たちの倫理や規範は，科学的エビデンスに先行しなければならないのである。では，その倫理や規範を変えていくために，私たち保健体育教師はどうすればよいのだろうか。本講の最後に，この点を考えてみたい。

4　保健体育教師は，暴力問題とどのように向き合うべきなのか

　本講で論じてきたように，保健体育教師と暴力問題との関係は，その歴史的及び社会的な背景を踏まえると，簡単には解決の糸口すら見出せそうもない，複雑かつ困難な問題であることがわかる。しかし，それでもこの問題に私たちが取り組むために，次の3つのポイントを提起してみたい。

(1) 実践的な対応策

　まず，極めて現実的な対応について言及しておきたい。様々な状況において生じる暴力には，それぞれ，多様な要因が絡んでいる。そのことから示唆されるのは，そのような複雑な問題に，1人の保健体育教師が対応する，もしくは向き合うことの難しさである。つまり，そこで求められることは，様々に問題

を抱えた生徒への働きかけを，1人の保健体育教師が担うのではなく，他の同僚や保護者と連携して取り組むことであろう。

　このことは，一見当たり前のように聞こえるかもしれない。しかし，実際はこれができていないがため発生している保健体育教師の暴力も，少なくないのではないだろうか。たとえば，生活態度や素行がよくない生徒がいた場合に，「その場」と「その瞬間」において「その生徒」を変えようとする時，その困難さから暴力に行き着く可能性は高まるだろう。

　しかし，もし「その時」，そこからさらに長い時間軸（たとえば，その学期やその学年，さらには在学期間）で「その生徒」を変えようと思うことができれば，少なくとも，「その場」で急ぐ必要はなくなる。さらに，たとえ「その場」には1人の保健体育教師しかいなかったとしても，長い時間軸をもつことで，そこに他の同僚教師や保護者らがかかわることも想定できるようになるであろう。そのように考えると，当たり前のように思えるかもしれないが，暴力問題とそれを誘発する問題に対しては，決して1人で対応したり解決しようとしたりせず，長いスパンで同僚や保護者と協力することが肝要であると言える。

(2) 認識論的な対応策

　また，そのような実践的なレベルと併せて，もう少し抽象的な認識論的レベルの対応策としては，「体罰」という言葉を使わないことを提案したい。これも，一見大したことのないように思われるかもしれない。しかし，このような些細な言葉遣いの問題は，実際には，長期的に大きな影響力をもつ可能性がある。

　このことを，Domestic Violence（以下，DV）という言葉をめぐる1つの例から考えてみたい。DVは，一般的には「家庭内暴力」と翻訳されることが多く，それは夫から妻への暴力として理解されてきた。最近では，その逆向き，すなわち妻から夫へのDVの存在も指摘されているが，いずれにしても，私たちの社会においてDVは，今では広く認識されるようになっている。

　しかし，臨床心理士の信田（2014, p.9）が指摘しているように，そのような夫から妻への暴力は，「DV」という言葉が発明されるまで，私たちに認識されることはなかったのである。つまり，夫が妻を叩いたり怒鳴りつけたりする行為は，DVという語が発明される以前にはただの「夫婦喧嘩」であったのであり，少なくとも暴力としては認識されてはいなかったということである。

　このDVの例が示していることは，私たちが日常的に使う言葉によって，私たちの見ている世界や行為の意味が変わる，ということである。この視点を，保健体育教師の暴力問題に応用してみよう。

これまで私たちは，学校における暴力を「体罰」と呼んできた。そこには，やはり「罰」としての意味合いが残されていたのではないであろうか。しかし，「罰」そのものは，決してネガティブなものではない。刑罰に代表されるように，それはむしろ，社会の秩序を保つために必要なものである。そのため，私たちは体「罰」という言葉を使い続けることによって，その行為をどこかで必要なものと，暗黙のうちに考え続けてきたのではないだろうか。

　そして，だからこそ，私たちは体「罰」という言葉を使うことを，そろそろやめるべきなのではないだろうか。実際，筆者の印象では，そのような変化が徐々に浸透してきているように感じている。「体罰」ではなく「暴力」と呼び，またそのように呼び続けることによって，私たちはその行為の意味を，少しずつ，しかし確実に変えていくことができるであろう。その小さな努力は，これからの未来に向けて，大きな意味を有しているように思われる。

(3) 身体的な対応策

　最後に，少しトリッキーな提案も示しておきたい。それは，保健体育教師の身体を変えることによって，暴力問題にアプローチする可能性である。先にも述べたように，運動部活動に代表される競技スポーツでは，「強い」身体が求められる。その「強い」身体は，時として痛みなどの感覚への鈍感さをもつことがある。それは，尹（2014，p.60）が柔道の経験について語っているように，「なぜだか体の鍛錬が，どんどん感覚を鈍らせる方向に進んでいってしまう」ような状態である。確かに，競技スポーツで強くなるためには，多少の痛みや苦しさに耐え，それらに鈍感であることが求められるかもしれない。そして，誰もが知っているように，保健体育教師のほとんどは，競技スポーツを経験してきた者なのである。

　このことを踏まえると，保健体育教師が自らの身体の「強さ」や鈍感さに気づき，それを自覚することは，暴力問題に小さくない影響を与えると考えられる。なぜなら，それは他でもなく，暴力の対象となる生徒の痛みを理解することにつながると考えられるからである。その意味では，運動部活動が「強い」身体を育てているのであれば，保健体育教師の養成課程においては，むしろ「弱い」身体，すなわち，他者の痛みや苦しみに共感できる身体を育てる必要があるのかもしれない。それはきっと，暴力問題への1つの有効なアプローチになるであろう。

　もちろん，保健体育教師の暴力問題をめぐる現実は複雑であり，実際には様々な要因が絡み合っている。それゆえ，ここで示した対応策は，最低限のことか

もしれない。しかし，もし現実の世界において，その最低限の事柄さえ達成されていないのであれば，私たち保健体育教師は，その最低限のところから，暴力問題に地道に向き合っていくしかないはずである。その時に，本講の内容が少しでも参考になれば幸いである。

［文献］
広田照幸（1998）学校像の変容と〈教育問題〉．佐伯胖他編，学校像の模索（岩波講座現代の教育第2巻）．岩波書店，pp.147-169．
文部省初等中等教育局（1986）いじめ問題に関する指導状況等に関する調査結果について．教育委員会月報，38（1）：46-55．
信田さよ子（2014）病気の免責と暴力の責任．現代思想，42（2）：8-13．
大熊廣明(1988)体操科教員の養成．成田十次郎編，スポーツと教育の歴史．不昧堂出版，p.86．
岡崎勝・土井峻介・山本鉄幹（1986）体育教師をブッとばせ！．風媒社．
榊原禎宏・浅田昇平・松村千鶴（2009）教科から見た校長職の登用・配置に関する実証的研究：京都府下の公立中学校を事例にして．京都教育大学紀要，114：87-103．
鈴木秀人（2020）我が国の運動部に見られる「体罰」に関する一考察：「軍隊起源説」の検討を視点にして．体育学研究，65：205-223．
友田明美（2017）子どもの脳を傷つける親たち．NHK出版．
友田明美（2019）実は危ない！ その育児が子どもの脳を変形させる．PHP出版．
尹雄大（2014）体の知性を取り戻す．講談社．

コラム6―――世界で働く日本人体育教師

　想像してみてほしい。

　朝イチの授業で，大幅に遅刻してきた生徒がいたらどうするだろうか？　もしかするとその生徒は，大家族の生活に必要な水を汲みに，遠くの井戸まで行ってから登校してきた生徒かもしれない。午後の授業で，他の生徒が一生懸命走り回っている中，気だるそうに木陰で休み始める生徒がいたらどうするだろうか？　もしかするとその生徒は，宗教上の理由で断食をしており，朝から何も食べていない生徒かもしれない。昨日まで元気に授業に来ていたのに，いきなり名簿から名前が削除された生徒がいたらどうするだろうか？　もしかするとその生徒は，授業料が払えず，突然退学を余儀なくされた生徒かもしれない。凹凸の激しい斜面で赤土のグラウンド，使える体育用具はボール1つ。しばしば牛やヤギも歩いている。ラインを引くための石灰も無ければ，コーンやマーカーも無く，サッカーゴールにはネットも掛けられていない。もちろん生徒は体操服を持っているはずもなく，半分ほどの生徒が裸足である。さて，どのような体育授業が展開できるだろうか？

*

　大学卒業後，私は国際協力機構のJICA海外協力隊事業に参加し，アフリカのウガンダ共和国にて，2年間体育教師として活動した。「1度海外に出て，いろんな話ができる面白い先生になりたい」という安易かつありきたりな理由で参加を決めたものの，上記の通り，日本での被教育経験において培った体育授業の前提は瞬く間に覆され，生活もままならない程度の語学力で生徒に指示を出さなければならなかった。

　そのような経験は，体育教師としてというよりも1人の人として，強く逞しく，柔軟で大らかな大人に成長させてくれたと思っている。今の私であれば，上で紹介したような状況に興奮さえ覚えるだろう。また，日本よりも根深い学歴社会であるウガンダにおいて，試験科目でない体育の教科としてのヒエラルキーは非常に低く，「本当に体育は必要な教科なのだろうか」「体育でないと育成できない資質能力は何なのだろうか」「そもそも体育教師としての私の存在価値はあるのだろうか」と，体育の意義や意味を問いただす毎日は，今の私の実務家・研究者としての根幹を作り上げてくれた。

　ウガンダにおける体育授業で培った体育に関する専門性は，今の日本で体育教師として働く際には必要ないかもしれない。しかしながら，未知なる言語を通じて，異文化を受容し，異国の同僚及び生徒たちと喜怒哀楽を共にした経験は，グローバル化が急速に進行する現代社会において，何ものにも代え難い財産になったと自負している。

(白石智也)

[山﨑朱音]

保健体育教師はジェンダーとどのように向き合うべきか

概要●現在，国内外の動向から制度や概念の転換によりジェンダーの考え方は変化している。しかし，体育授業において取り扱う運動・スポーツは，常にジェンダー問題を内包していることを，保健体育教師は改めて理解しなくてはならない。これからの保健体育教師は，これまでのジェンダーについての概念を変えると共に，個人差を個性と捉え，すべての子供が安心して楽しく取り組める体育授業について考えたい。

1 ジェンダーバイアスの変化

1999（平成11）年に男女共同参画社会基本法が制定されて以降，男女共にライフスタイルを多様に選択することが可能になるよう，社会制度の整備や個々人への教育が取り組まれてきた。

しかしながら世界的視点に立ってみると，わが国は2022年世界経済フォーラムが算出するGGI（ジェンダー・ギャップ指数）が146か国中116位と，先進国では最下位の値となった。各分野のスコアにおいて「教育（識字率や高等教育までの就学率）」，「健康（出生率や健康寿命の男女比）」は世界トップクラスを示すものの，「経済参画」，「政治参画」においては低い順位を示している。

東京2020オリンピック組織委員会の女性理事を40％以上登用することを目指し実現したことは，スポーツ界の男女平等を目指した取り組みの1つであろう。スポーツ庁や日本オリンピック委員会（JOC）など国内の主要スポーツ5団体は，2017年にスポーツ界の男女平等の実現を目指した「ブライトン・プラス・ヘルシンキ宣言」を掲げ，スポーツ組織の女性理事の割合を40％に引き上げるよう求めている。徐々にその女性役員の比率は高まってきている[*1]が，目標である40％にはもうひとつ努力が必要と言える。このことから，日本国内のスポーツ団体において，特に決定権を有する立場において，ジェンダーバ

---

*1 女性役員の比率（2021年）は，JOC（日本オリンピック委員会）36.4％，JSPO（日本スポーツ協会）29.0％であった。

イアス（無意識の偏見）が今なお存在していると言えよう。

　近年の未就学児を対象にしたおもちゃのCMで気がついたことはないだろうか。恐竜のおもちゃのCMに性別に関係なく男の子も女の子も登場したり，赤ちゃんのお世話ができる人形にも，女の子の人形に加え男の子の人形が登場した。これまでは，男の子は屋外でのボール遊びや，電車や車のおもちゃで遊ぶ，女の子はおままごとや人形遊びと，目には見えない「男らしさ」「女らしさ」を子供の遊びの中に見る保護者もいた。男の子は「男らしく」，女の子は「女らしく」育てるという子育てにおけるジェンダーバイアスは，今や過去のものになってきたと言える。未来を担う子供たちには，幼い頃の遊びの段階から性別にとらわれない，「自分が好きなこと」を自由に取り組ませることを推奨すると共に，子供を育てる大人たちへのジェンダーにとらわれない子育て観への転換が求められているのである。

　その意味では，日本の学校教育は，男女が平等に教育を受ける権利を保障することを求められているため，学校は，性別にとらわれることなく学ぶことができる場でありたい。しかし，一歩社会に出てみると，男性中心型労働慣行[*2]や育児・家事が女性に偏った家庭生活，固定的な性別役割の根強い地域社会など（内閣府，2019），いまだ多くのジェンダーバイアスが存在する。

　教師は，ジェンダーにとらわれない価値観の下に育ってきた目の前の子供たちが学校を卒業したその先，どのようなジェンダーバイアスが待ち受けているのかを想像し，予測しながらそのバイアスを取り除く視点を教育の中に生かしていくことに努力していかなくてはならないだろう。

2　学校教育におけるジェンダーバイアス

(1) 教員構成に見る男女比

　2021（令和3）年の各校種における女性教員の数は，小学校では62.4%と男性教員を上回っており，中学校では44%，高等学校においては32.9%となっている（図19-1）。2011（平成23）年の調査以降，その割合は横ばいではあるが，1989（平成元）年と比較するとどの校種もその人数は確実に増えている。教職という職務内容は，学級担任や教科担任という形で児童・生徒への教育活動が主であり，そこには男女教員間の違いはないとされている（高島，2014）。

　しかしながら，保健体育科教員の男女の比率を見ると，中学校保健体育科の

＊2　男性中心型労働慣行とは，長時間勤務や転勤が当然とされる男性中心の働き方等を前提とする労働慣行を指す（内閣府，2019）。

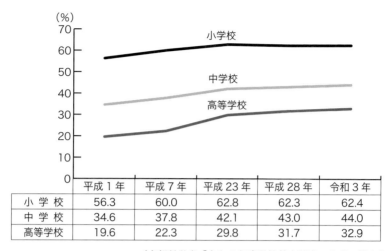

	平成1年	平成7年	平成23年	平成28年	令和3年
小 学 校	56.3	60.0	62.8	62.3	62.4
中 学 校	34.6	37.8	42.1	43.0	44.0
高等学校	19.6	22.3	29.8	31.7	32.9

（文部科学省「令和3年度学校基本調査」を基に筆者作成）

図19-1　全国小・中・高等学校の本務教員のジェンダー構成

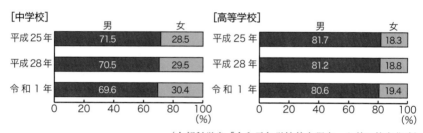

（文部科学省「令和元年学校基本調査」を基に筆者作成）

図19-2　中・高等学校の保健体育科教員のジェンダー構成

女性教員は30.4％，高等学校は19.4％と，他教科に比べ女性教員の割合は低くなっている（図19-2）。高島は先行の調査によりジェンダーバイアスの実態が中学校では担当する教科にあることを確認しているが（高島，2014），さらに高等学校においては，顕著に存在する実態があると言えるのではないだろうか。

(2) 運動・スポーツにおけるジェンダーバイアス

　現在の学校体育においては，「スポーツ（陸上競技・器械運動・水泳・球技・武道）」「ダンス」「体つくり運動」の特性の異なる3つの領域が示されている。

　戦前・戦中の富国強兵を目指した「体操」「体錬」は，男子の兵士育成の役割を担っていた。そこに変わって取り入れられた「スポーツ」は，軍事的色彩

をもつ「鍛錬」や「武道」に代わって，男性にも女性にも開かれた平等な参加機会と公正なルールに基づいて健全な心身と民主的な思考や態度を育てるとし，学校体育の中に迎え入れられた（井谷，2008a）。

　スポーツは，たくましさやハイパフォーマンスを求め，競争や記録をその特徴として，男性らしさの教育や自己実現の手段として男性中心に発展してきた歴史をもつ。スポーツ教材の拡大は「たくましさ」,「ハイパフォーマンス」,「競争」を自明とし，男性中心に発展してきたスポーツ文化を強調することにつながり，男女平等カリキュラムという現代社会の要請から見ると，スポーツがもつ公正でフェアなイメージとは異なる問題点を内在させていることになる（井谷，2008a）。

　一方「ダンス」は，西欧の自由教育思想や運動文化を取り入れた「唱歌遊戯」や「行進遊戯」が，女子や子供に適した情緒的・審美的運動として位置づけられた（松本，1969）。ここに，ダンスは女子が主に取り組む運動領域というバイアスが生まれた。

　現在も，多くの学校においてスポーツに含まれる運動領域を取り扱う時間数が多く確保されている。体育は運動やスポーツにかかわる豊かな学びの可能性をもちながら，男女差がもっとも際立つ競技的なスポーツ技能を中心的な課題として設定しているのである。その中で，競争や記録を重視することによって，教える側も学ぶ側も無意識のうちにジェンダーを身体化していることが読み取れる（井谷，2008a）。

(3) 学習指導要領の変遷

　保健体育の授業で取り扱う運動領域において，過去には明確な性別による運動領域の差異があった（表19-1）。

　1977（昭和52）年告示学習指導要領では，格技（相撲，柔道，剣道）は「主として男子に履修させる」，ダンス（創作ダンス）は「主として女子に履修させる」ことが定められていた。その後，1989（平成元）年告示の学習指導要領によって，男女共修・選択制が示された。しかしながら，学校選択によってどちらか一方をまったく実施しない学校もあった（中村，2008）。このように，男女平等である学校教育の場に，運動領域への明確なジェンダーバイアスが存在していたのである。この状況に終止符を打ったのが，2008（平成20）年告示の学習指導要領である。中学校1・2年生はすべての運動領域を体験する段階として，運動領域の全領域が必修化となり，武道・ダンスを男女共に履修することになった。

表19-1　男女の履修に関する学習指導要領の変遷

		運動領域・種目	男女の履修について
1977年 (昭和52)	中学校	格技（ア 相撲，イ 柔道，ウ 剣道）	主として男子に履修させる
		ダンス（創作ダンス）	主として女子に履修させる
1978年 (昭和53)	高等学校	格技（ア 柔道，イ 剣道）	主として男子に指導する
		ダンス（創作ダンス）	主として女子に指導する
1989年 (平成元)	中学校・ 高等学校	武道（ア 柔道，イ 剣道，ウ 相撲）	男女共に選択して履修する （男女共修・選択制）
		ダンス（ア 創作ダンス，イ フォーク ダンス）	
2008年 (平成20)	中学校・ 高等学校	武道（ア 柔道，イ 剣道，ウ 相撲）	全領域必修化（男女共必修化）
		ダンス（ア 創作ダンス，イ フォーク ダンス，ウ 現代的なリズムのダンス）	

　これにより，保健体育科のカリキュラムにおけるジェンダーバイアスが表面化されなくなった。

(4) 男女共習の体育授業

　中学校2年生における男女共習のバスケットボールの授業を想定する。男女が同じ空間（体育館）を共有した共習の授業と言っても，その授業形態には，男女で合同チームを設定し混合した学習形態（共習）と男女別々のグループで体育館半面ずつ男女に分かれる学習形態（共習の中の別習）の2つの在り方が想定されるだろう。このように，「男女共習」と言ってもその中で男女別習の授業が行われている可能性もある。

　2つの在り方において，男女別の授業展開のほうが，体力・能力への配慮が少なくて済み，特に運動技能が高い生徒にとって満足できるものであろう。しかし，混合ならではの学びがあることも事実であり，ここに教師のジレンマが生じるであろうし，ジェンダーバイアスも生じている。学習形態ではなく，そこでどのような学びを想像できるのか（佐野，2022）が，教師が体育授業を展開する上で重要な視点になるのではないか。

　そもそも，体育授業を受ける子供たちの中には，男女問わず運動の好き・嫌いや，得意・不得意と多様な子供がいる。つまり，運動の得意・不得意にジェンダーの視点は関係なく，「その子自身の特性」と捉えるべきなのである。男女という固定観念からくる能力差を意識するのではなく，子供それぞれから発生している技能差に応じて指導を行っていく必要がある（近藤，2000）。山西（2010）は共習授業の良さを，①技能を中心としない教育方法，②生涯スポーツの視点，③ジェンダー・フリーの視点，と3つにまとめている。ジェンダー

の視点に戻ると，共習授業という機会は，教師にも子供たちにもスポーツ文化が積み重ねてきたジェンダーバイアスに気づきを与えるのではないだろうか。

体育授業では，運動のおもしろさ・特性を味わいながら，「知識及び技能」はもちろんのこと，「思考力，判断力，表現力等」と「学びに向かう力，人間性等」の3つの資質・能力を育成する。また，体育授業は豊かなスポーツライフの実現に向け，スポーツの多様な楽しみ方を自らが見つけ実践できることを目指しており，体育が学習者に保障すべき学力とは，運動技能を含む多面的なものである。教師の意識を変え，男女性よりも個性に着目し，子どもそれぞれの身体と心で起こっている「気づき」と「経験」に目を向ける（松宮，2022）ことが必要と言える。自分とは違う他者を尊重し，共に創り上げていく，という共生の視点を養うことのできる機会の1つに，男女共習授業があると言えるのではないか。

3　多様な性

(1) 求められるスポーツにおけるジェンダーの価値観の転換

ここまで，性別二元制におけるジェンダーバイアスについて論じてきた。しかしながら，これからは性別二元制の概念を広げ，LGBTQなど多様化する性への理解が重要である。

「多様性と調和」が大会理念として掲げられた東京2020オリンピック・パラリンピック。レインボーカラーの衣装をまとった歌手の国家斉唱は，印象に残るシーンであった。180名以上の人がLGBTQなど性的マイノリティであることを公表し，トランスジェンダーである選手が自認する性別での出場を叶えた。LGBTQのアスリートが獲得した金メダルの数は11個で，その活躍は目覚ましいものであった。

しかしながら，競技スポーツが性別二元制を採用している以上，出生時に男性と判断されたが心は女性である選手が女性として出場した場合，マイノリティが有利と判断され，「不平等」や「不公平」という声が上がってしまう。2020年には，日本スポーツ協会より「体育・スポーツにおける多様な性のあり方ガイドライン」が示された。LGBTQの当事者のみならず，周りの選手や指導者，関係者が「多様な性」について理解し，共にスポーツに取り組むことが目指されている。

競技スポーツにおいて「多様な性」をどのように考えるのか，スポーツを「する」選手や「支える」指導者・関係者のみならず，「みる」側においても価値

観の転換が求められるのかもしれない。

(2) 整えられる設備

　学校においても，徐々に性の多様化が受け入れられてきている。

　たとえば，1999年の男女共同参画社会基本法の制定以降，学校で使用される児童・生徒の名簿が男女別々のアイウエオ順かつ「男が先・女が後」という並びから，男女混合名簿（性別によらない名簿）が推奨された。また男女共用のトイレ（「だれでもトイレ」）の設置も進められている。男女兼用や自由に組み合わせることができる制服が採用されるなど，誰もが自分らしく日常生活を送れるような取り組みがされるようになってきている。

　このように自由に選択ができる状況が増えてきた一方で，ジェンダーバイアスにより，必要としている子供が使用・選択することができないという事態も想定できる。たとえば，男女共用のトイレを使用することで周囲に何かを感じさせてしまうことを恐れてしまい，トイレを使用できない，といったケースなどである。教員はこの無意識の偏見に気がつくと共に，声に出せない子供がいるという実態を理解しなくてはならない。また，そのような子供が安心して過ごせる環境づくりを周囲の子供の意識から変え，整えていく必要があるだろう。

　特に体育授業では，体操服や水着などの着用する服にも配慮が必要である。最近はジェンダーレス水着が注目されているが，男女で体操服や水着のデザインや色を変えること自体にもジェンダーバイアスが生じている。着替える場所に至っても，いまだ男子の更衣室が設置されていない学校が多い。実際，多くのLGBTQ当事者からは体育授業に際しての着替えや着用する水着が苦痛であったことが指摘されている（遠藤，2011）。ジェンダーの視点に限らず，アトピー性皮膚炎などの理由から肌の露出を避けたい子供もいる。子供の声なき声に耳を傾け，体育の時間を安心して過ごせるよう，誰もが居心地のよいと感じる環境整備にも配慮していくことが重要である。

(3) ジェンダーレスな視点をもったダンスの授業

　体育授業で取り扱うダンスは，世代や人種，障害の有無などを超え，勝敗や記録にこだわらない，身体を通した他者とのコミュニケーションを豊かにする運動である。1999（平成元）年の学習指導要領において選択制ではあるがはじめて男女共修が示された。しかし，ダンスの本質を辿ると，元来そこにはジェンダーバイアスは存在しないのである。

　ダンス授業では，「個人差」を「個性（質的な個人差・特徴）」と捉えること

図19-3　それぞれの特徴を生かして

が重要である。子供が多様で常に変容する存在であるように，ダンスもまた感じ方や表し方において本来「多様態」としての性格をもち，違いがあるから面白く，多様な内容を含んで成立している。つまりダンス学習は，「個性からの出発」を構造的にもち合わせている（村田，1991）。教師が子ども一人ひとりの違いを個人差と捉えることで，「こうしなくてはならない」という規範やバイアスを取り除くことができ，子供は自由に自分の思いを体で表現することができる。「自分を表現していい場所」と感じられる安心した空間になることが，子供たちの身体表現をより豊かなものとなる。

　ダンスの授業では，身体の特徴も個性とし，それぞれの特徴を生かすことで，一人ではできない表現の広がりを楽しむことができ，学びの深まりにつながるのである（図19-3）。

(4) 保健体育教師のジェンダーへの向き合い方

　体育授業において取り組まれるスポーツは，性別二元制が自明のこととされやすく，身体の違い（特徴）が強調されやすい（松宮，2018）。特に，男女差が顕著に表れる発達段階において，男性に有利で，かつ男性中心の教育機能として発達したスポーツという文化を，体育授業において取り扱っている（井谷，2008b）。そのことを体育教師は理解する必要があり，LGBTQの子どもにとって，体育授業が苦痛な時間となりうることを強く認識しなくてはいけない。

　すべての子どもが楽しく運動できる環境を整えるためには，これまでは2つしかなかったジェンダーの概念の枠を広げ，子ども一人ひとりに目を向け，違いを「個性」と受け止めたい。そして，体育科本来の目的である豊かなスポーツライフの実現に向け，運動そのものの楽しさに触れさせ，「できる」から「わ

かる」を重視した，技能にとらわれない「知識」「思考力，判断力，表現力等」「学びに向かう力，人間性等」の３つの資質・能力を高めていけるよう，すべての違いを受け入れ，異質協働的な学習の見方・考え方への転換（石塚，2022）をし，体育授業の目的や学習内容，取り扱う種目，学習形態，指導方法を再考していくことが重要なのではないだろうか。

［文献］

石塚諭（2022）別習から共習への移行を生徒はどう受け止めるのか．体育科教育，70（11）：16-19．

井谷惠子（2008a）ジェンダー・ポリティクスの視点からみた体育カリキュラムの課題．国際ジェンダー学会誌，6：43-59．

井谷惠子（2008b）スポーツ・ジェンダー研究をからだづくり・健康づくりに生かす：学校体育に視点を当てて．江原由美子ほか共著，学術会議叢書14　性差とは何か：ジェンダー研究と生物学の対話，日本学術協力財団．

井谷惠子（2021）体育科教育とジェンダー：誰を励まし，誰をあきらめさせているか．学術の動向，26（7）：51-55．

遠藤まめた（2011）性同一性障害と体育の時間．体育科教育，59（11）：49．

近野良享（2000）体育・スポーツにおける男女平等論．スポーツ教育学研究，20：87-90．

佐野信子（2022）男女共習体育授業を一歩立ち止まって考える，体育科教育，70（11）：9．

松本千代栄（1969）日本における学校ダンスの歩み：故戸倉ハル先生を偲んで．国際女子体育会議報告，6：118-128．

松宮智生（2018）国内体育・スポーツにおけるLGBT当事者への配慮・対応．平成29年度日本体育スポーツ協会医・科学研究報告Ⅱ　スポーツ指導に必要なLGBTの人々への配慮に関する調査・研究：58-65．

松宮智生（2022）「男女共習体育は本当に良いこと？」：逆説的な問いから，体育科教育，70（11）：12-15．

文部科学省（2021）学校基本調査．https://www.mext.go.jp/b_menu/toukei/chousa01/kihon/kekka/k_detail/1419591_00005.htm（2022年7月8日現在）

文部科学省（2019）学校基本調査，https://www.e-stat.go.jp/stat-search/files?page=1&toukei=00400001&tstat=000001011528（2022年7月8日現在）

村田芳子（1991）ダンスの特性と学習指導．舞踊教育研究会編，舞踊学講義．大修館書店，pp.132-141．

内閣府男女共同参画局（2019）男女共同参画白書．https://www.gender.go.jp/about_danjo/whitepaper/r01/zentai/index.html#pdf（2022年7月8日現在）

内閣府男女共同参画局（2022）男女共同参画に関する国際的な指数．https://www.gender.go.jp/international/int_syogaikoku/int_shihyo/index.html（2022年7月7日現在）

高島裕美（2014）教員の職場における「ジェンダー・バイアス」：女性教員の職務配置に着目して．現代社会学研究，27：37-54．

山西哲也（2010）男女共習体育授業の実現の可能性と問題．教育学研究ジャーナル，6：61-68．

コラム7 ——— 現職教員から未来の保健体育教師へ
　　　　　　　　〜健幸に，今を生きる〜

　日々変化，そして進化を遂げる社会における保健体育授業の役割や意義を問いながら，心豊かにたくましく，健康かつ幸せな共生社会，共生体育の実現を目指し，ふるさと岩手にて，子供たちと共に歩む毎日を送っている。また，岩手県内の諸先輩方，そして日本全国で数多くの実践をされている方々から学ばせていただいた一つ一つこそが，今の私自身の道しるべであり，現在地となっている。

　ここ数年，コロナ禍で社会の混乱や数多くの訃報等があり，たくさんのことを考えた。今を健康に生きるということ，ささやかすぎる日々の中にかけがえのない喜びがあるということ，本当に大事なものは隠れて見えないということ……。これらのことは，教職に就いたあの頃，自分自身の中にそれほどなかった感情，感覚かもしれない。

　保健体育授業において，「技がよりよくできること」「性別や障がいの有無等を超えて仲間と楽しむこと」「ICTを効果的に活用していくこと」等の学びは大変意義あるものであり，未来へも必要不可欠な要素である。それと同時に，もしくは，それ以上に"今を生きる"私は，保健分野の学びや『健幸（けんこう）』への道しるべを自力で歩んでいくことができる生徒を大切に育んでいきたいと考えている。

　わが岩手県の学校教育指導指針「健やかな体の育成」の重点取組において，〈現代的な健康課題への対応〉が挙げられている。その中で，令和2年度から「がん教育」の充実が明記されるようになった。これまでの私の実践は，どちらかというと「がん」に踏み込みすぎず，より深入りせずの授業だった。しかし，この明記と共にコロナ禍を過ごした私は，今，「がん教育」という単元の授業とその考え方をゼロから見つめ直している。生徒の家庭環境や知り得ない事情等の先入観から，どこか抵抗感や不安感があり，若干無難に授業をしていた単元であった。もちろん，最大限の配慮は必要だが，「がん教育」を通して，健幸に，今を生きることを子供たちと一緒に考えていきたいと強く感じるようになり，現在試み中である。そのような授業づくりをする傍らで，息子が次のように言った。

　「保健の授業？　きのう小学校でやったよ！　生活習慣病？　がん？　（書物の図を見て）この写真，小学校の教科書にもあったよ！」。

　このことをきっかけに，じっくりと小学校高学年の教科書を見てみると，「なるほど，思っている以上に学んでいるんだ……」という感触をもった。現在，同地区の小学校の先生方から，保健の授業について，定期的に授業実践を交流させていただいている。これも一つ，私の試みである。

　子供たちがしっかりと大地に足を踏ん張り，両腕を高く掲げ，生き生きと運動に親しむ姿，健幸に生きる姿を思い描き，今日も緑あふれる岩手・盛岡市の街を感じながら，学校へ向かう。

　　　　　　　　　　　　　　　　　　　　　　　　　　　　　　　　（髙橋聡子）

[田中　愛]

保健体育教師にとって多様性を尊重するとはどのようなことか

概要●本講では，「保健体育教師が多様性の尊重をどのように捉えるべきか」，そして，「保健体育教師が多様性を尊重するとはどのようなことか」について考える。共生社会をスローガンにとどめるのではなく，共生社会を実現するには，誰と誰の共生であるのかを，改めて問う必要がある。

1　「多様性」をどう捉えるのかという問い

　「子供たちに多様性の尊重をどのように教えるか」という問題は，保健体育教師にとって1つの課題であるだろう。しかし，本講では，多様性の尊重を「教える」という点にはあえて立ち入らない。なぜなら，この問題は，まずは教師自身が自らの捉え方を自省することがない限り，到底「教える」ことなど不可能に近い問題であると思われるからだ。そこで本講では，「教師自身が多様性の尊重をどう捉えるか」という問題について考えてみたい。

　「多様性」・「ダイバーシティ」（以下，「多様性」と統一）という言葉は，近年突然登場したわけではない。その下地としてもっとも代表的なものは，1986年施行「男女雇用機会均等法」である。この法が徐々に受け入れられていく過程で，「多様性」という言葉も徐々に日本に根づいていった。言い換えれば，日本において「多様性」は，男女平等という本来の内容から見ればごく限定された問題と関連づけられて知られていったということになる。この議論については，一小路が次のように考察を加えている。「日本と米国の大きな違いは，日本の同一性の高さである。人種，肌の色などは他国に比べれば社会としての多様性が高いわけではないからである。そこで日本では，相対的に焦点を当てて捉えるべきであったのが女性の雇用であったと考えることも可能であろう」（一小路，2016，p.33）。

　その後，この「多様性」という言葉は，徐々に「障害者」，「外国人」，「性的

志向」に対象を広げていくことになる。2015年に国連サミットで採択された「持続可能な開発のための2030アジェンダ」においても，「『誰一人取り残さない』持続可能で多様性と包摂性のある社会の実現のため，2030年を年限とする17の国際目標」（下線は引用者による）が掲げられた。

　たしかに，多様性が尊重されていない集団においては，「マジョリティ（多数派）」による「マイノリティ（少数派）」の排除という問題が派生する。だからこそ「マイノリティ保護」が必要となる。にもかかわらず，マイノリティ「保護」の動向に対して，しばしばそれをマイノリティに対する（不当な／過度な）「優遇」である，という批判が生じる。出口（2021）はこのことの理由を次のように見る。

　　優位に立っている側は，安定した居心地がいい環境が当たり前に保証されているため，「特権」と捉えられるべきものが「普通」だと解釈される。その結果，マジョリティ側は自分たちが特権をもつ優遇された集団に属していると捉えない。（出口，2021，p.167）

　そうであるなら，「多様性」という言葉があることによって，マジョリティ側に何らかの注意を促すことはできる。この言葉は，まずはこのようなマイノリティ保護のために一定の役割を果たしているということを理解しておこう。

2　事実を表す「多様性」／スローガンとしての「多様性」

　本節では，「多様性」が2つの側面をもつこと，すなわち，「事実」と「スローガン」に分けられることを確認する。まず，人類に「多様性」があるという事実はすでに当然のことであり，この語は社会の事実を表す言葉である。たとえば，LGBTをめぐる近年の動向を論じる東は，多様性が事実であることを次のように述べる。

　　様々な場面で引用される「みんなちがって，みんないい」は，大正から昭和初期を生きた金子みすゞの詩の一節である。（中略）しかし，この詩に「お互いの違いを認めよう」「受け入れよう」という掛け声が重ね合わされることには違和感を覚える。前出の「自然は多様性を好む」と同じく，彼女が詠んだのはこの世界が異質でかけがえのない存在で構成されているという「当たり前」の事実である。（東，2015，p.66）

東が批判的に指摘するように，「多様性の尊重」は，「お互いの違いを認めよう」，「受け入れよう」という掛け声，すなわち「スローガン」として用いられることもある。岩渕（2021）はその危険性について次のように述べる。

　　多様性／ダイバーシティは文化的にも経済的にも有益で，生産的で，調和的で，気分をよくする肯定的なものとして語られ，差異や多様性をめぐる不平等・差別の取り組みは脅威的で，分断的で，否定的なものとして切り離される。多様性／ダイバーシティ推進が三つのM（merit, market, management＝メリット，市場，管理経営）の観点から社会や組織を豊かにすると肯定的に語られる中で，制度化・構造化された不平等，格差，差別の問題を後景に追いやり，その問題の解消に継続して取り組んでいく必要が見失われてしまいがちになる。（岩渕，2021，p.16）

　事実を表しているにもかかわらず，スローガンとして掲げなければならないことの事情，すなわち，これまで「多様性」が原因となってどのような差別や排除が行われてきたのか。保健体育教師が多様性を尊重するとはどういうことかを考える際には，この点についての考察が不可欠である。
　たとえば，外務省「Japan SDGs Action Platform」に示された「SDGs実施指針改定版」には，「ジェンダー平等」に力点を置いた取り組みが繰り返し強調されている。それにもかかわらず，日本においては，大学入学試験における男子受験生の優遇や，東京2020オリンピック・パラリンピック競技大会開催準備時期に生じた女性蔑視発言，あるいは男性の育児休業取得に対する障壁などを見る限り，ジェンダー平等が実現されているとは言い難い状況がある。先述したように，男女平等（のスローガン）から出発したはずの多様性の尊重に関して，男女平等の問題でさえ，いまだに解決していないのである。さらに，2013年に「障害者差別解消法」が制定されたにもかかわらず，障害者雇用に関する障壁がなくなったとは言えず，また，日本以外の出自の人々に対するヘイトスピーチの問題も解消されないままである。このように，スローガンとして掲げられているということは，いまだに達成されていない問題が残っているということである。そして同時に，スローガンを掲げることと，それを実現することとは，必ずしも結びつくものではないこともわかるだろう。

3 保健体育教師を取り巻く「多様性」

　それでは，保健体育教師が「多様性」の問題に直面する場面とはどのようなものだろうか。ここではまず，先に挙げた2種類の「多様性」，すなわち，「スローガン」と「事実」の別になぞらえて検討してみたい。

　まずは，学校や教師が「想定できて，許容できる」多様性がある。保健体育教師に深くかかわりのある学習指導要領を見てみよう。その「多様性」に該当する箇所には，「一人一人の違いを認める」という言葉が数多く見受けられる。たとえば中学校学習指導要領（平成29年告示）解説保健体育編の，1，2年体育分野の目標には，次のような文言がある。

> (3) 運動における競争や協働の経験を通して，公正に取り組む，互いに協力する，自己の役割を果たす，一人一人の違いを認めようとするなどの意欲を育てるとともに，健康・安全に留意し，自己の最善を尽くして運動をする態度を養う。（文部科学省，2018，p.30，下線は引用者による）

　また，その解説として，次のように記載がある。

> 一人一人の違いを認めようとするとは，体力や技能，性別や障害の有無等による，動きや課題及び挑戦などに違いがあることに気付き，その違いを可能性として捉え，積極的に互いを認めようとする意思をもつことが大切であることを示している。（文部科学省，2018，p.33，下線は引用者による）

　この文章に基づいて考えれば，「違い」とは，「体力，技能，性別，障害の有無，動きや課題及び挑戦の違い」ということになるだろう。これらについては，気づき，互いを認めようとすることが求められているのである。そうであれば，ここで確認が必要となるのは，以下の2点である。

　1点目として，「違い」に関しては，さらに議論の余地があるということだ。一人一人の「体力，技能，性別，障害の有無，動きや課題及び挑戦」に関する「違い」とはどのような違いであるのか。その学年の発達段階の範囲内においての違いだけだろうか。それだけでなく，発達上「正常」とされる範囲に満たない体力や技能，あるいは，「正常」とされる範囲を超える体力や技能と「正常」との違いもある。また，「性別の違い」には，男／女の違いのみならず，LGBTQやそれ以外の違いもあることがわかっている。そうであれば，「正常」

から外れた多様さについても考慮に入れる必要がある。

2点目として，その「違い」に対する態度とは何かについても再考する必要があるということだ。違いを可能性として捉えるとはどのようなことであるのか。また，それらを「認めようとする意志を持つ」とはどのようなことであるのか。「違いを可能性として捉える」，そして「認めようとする意志を持つ」ことは，「違い」を「違い」のまま，何かを変えようとせずにいることである。そうであれば，教育という営み，つまりよりよい方向やより「正常」な方向へ導こうとすることと「多様性の尊重」とは，まったく異なった態度になるだろう。

さらに，「体力，技能，性別，障害の有無，動きや課題及び挑戦」以外の個々の違いについては視野に入れなくともよいのだろうか。たとえば，ニューカマー（外国籍の子ども）や異なる宗教的背景をもつ子供たちなどである。それ以上に，教師自身が許容し難く感じる「多様性」や，教師自身の想定を超えるような「多様性」の存在は，「想定外」であるために，いつ，どこで出会うのか，あるいは既に出会っているが気づいていない可能性すらある。そのような状況に直面した時，教師はそれをどう捉え，どう振る舞うのか，という問題については見過ごされがちである。

学校や教師が「想定できない，許容できないと思われる」多様性については，上記したような個々の違いにおける多様さもあれば，たとえば「極端にできない」など「程度」としても存在するだろう。広く社会における「多様性」といった場合には，この多様性つまり，「事実としての」多様性が無数にある。そうであれば，教師が想定できて，許容できる多様性とは，明文化され広く認知された特性についての「限定された多様性」であると言うことができよう。限定された多様性は，「多様性」を総括し，事実を隠してしまい，スローガンになりやすい。そして，事実としての多様性が尊重される余地は，今のところほとんどない。

たとえば児童生徒が学校において見せている様々な様子の中には，教師自身が「一人ひとりの個性」として尊重できるものもあれば，教師自身の価値観や指導観に反するような行動もある。また，家庭での習慣が身についていないものであり，教師の働きかけによって変化することが見込まれるものもあるだろう。それらと，「尊重すべき多様性」との関係は，非常に区別しづらく，教師を悩ませることになるかもしれない。

さらに言えば，クラスの大多数ができているがほんの2，3人はできていないことがある場合，少数の2，3人の「できなさ」は，「多様性の尊重」として

放置されるべきなのか，それとも「改善」や「修正」や「向上」のために働きかけるべきなのだろうか，という問題も残されている。このように，「多様性」の問題は，「できる」／「できない」への対処の問題とも連動しつつ，簡単に片づかない葛藤を抱えている。ここでは深く立ち入ることができないが，多様性を尊重するということは，極論すれば，「できない」ことを「できない」ままとどめることが求められてしまう，ということなのである。

　教師自身が許容し難い多様性を目の当たりにした時，どのように振る舞うべきか。塩原（2017）は，想像を超えた他者との共生のために，「越境」を提案する。

> ある人が自分自身のリアリティの境界線の外にある他者のリアリティを経験することを「越境（border crossing）」と呼んでみよう。もちろん，世界にリアリティは無限に存在し，そのすべてを一人の人間が経験することはできない。しかし，自分が越境したときに，どのようなリアリティを経験するのか，想像することはできる。重要なのは，この越境的想像力をどのように伸ばしていくかである。（塩原，pp.36-37）

　ここで述べられている「越境的想像力」を要約すれば，自分の理解や共感をはるかに越える「他者」がいることを認めること，理解や共感ができないことを前提として，それでも理解や共感を目指して場所を共有すること，そしてそのために対話の努力を続けることである（塩原，p.44）。

　それではこの「越境的想像力」をどのように養うのか。塩原は言う。

> 私たちが用意する答えはシンプルである。それは，実際に越境してみること，これに尽きる。もちろん，実際にすべての境界を越えることはできない。だからこそ想像力が必要なわけだが，限られた越境の経験でも，まだ経験していないリアリティを想像する力を養ってくれる。境界を越えるということが，まだ越えていない境界があるのだということを教えてくれる。（塩原，pp.36-37）

「多様性」の尊重を単なるスローガンにとどめないためにも，まだ越えていない境界があることへの想像を働かせてみてはどうだろうか。

4 「能力主義」に気づくために：
パラリンピックとパラスポーツの関係

　本節では，保健体育科に深く関連のある「パラスポーツ」と「パラリンピック」を題材とし，スローガンとしての多様性から，共生社会の実現について考察したい。

　まず，「パラスポーツ」とは，「もうひとつのスポーツ」であり，障害など参加者の状況に応じてルールや道具を工夫したスポーツ，誰もが参加することのできるスポーツの総称である。そのため，種目自体が多数あるだけでなく，参加者の能力や状況に応じて様々な工夫をすることができるため，参加者の数だけパラスポーツがあると言っても過言ではないだろう。その中には，スポーツの競争を楽しむのと同じように競争を楽しむ参加者もいれば，身体障害などのリハビリテーションのため，あるいは社会参加の一環として実施している人もいる。まさしく「多様」な状況がある。

　次に，「パラリンピック」は，年々競技性が増し，オリンピック種目と同じくチャンピオンスポーツとしての位置づけを獲得するに至っている。そこでは，選手たちには科学的なトレーニングや栄養指導が施され，結果を出すように求められ，オリンピック同様に厳しい勝負の世界が展開されている。

　上記のように，「パラスポーツ」と「パラリンピック」の関係を見てみれば，パラリンピック種目はパラスポーツの一部として普及・発展の途上にあることがわかる。しかし，パラリンピック種目はまた，構造的にはオリンピックとそう変わることのないチャンピオンスポーツとして，パラスポーツの範囲を超え出ている（図20-1）。この関係を理解することは，本来の「多様性の尊重」を

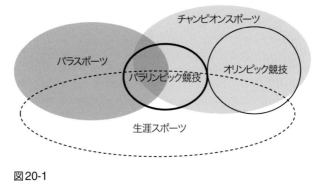

図20-1

理解する上で非常に重要な点である。

　というのも，この「パラスポーツ」と「パラリンピック」が混同されて理解された場合，「パラリンピック」の普及・発展だけが，多様性の尊重のシンボルとなり，パラリンピックがオリンピックと同様の発展を遂げることが，あるいはより極端な表現をするなら，パラリンピックさえ発展すれば，多様性の尊重や共生社会の実現が成されるような幻想を抱いてしまう可能性があるからだ。

　国際パラリンピック委員会公認教材である「I'mpossible」の教師用ハンドブックによれば，この教材名には次のような意味合いがある。「『不可能 (Impossible) だと思えたことも，考え方を変えたり，少し工夫したりすればできるようになる（I'm possible)』という，パラリンピックの選手たちが体現するメッセージが込められた造語」である。つまり，人間には「ポッシブル」が必要であり，よりよく，より高く能力を向上させたいという意欲が万人にあることが前提とされている。多くの人はそうかもしれない。では，その時にこぼれ落ちる人はいないのか。

　2021年に東京で開催されたパラリンピックでは，「共生社会」がメインテーマとして掲げられたが，パラアスリートの頑張りによって支えられているパラリンピックの成功だけでは，たとえば「頑張りたくとも頑張れない人」，「頑張り方がわからない人」，「別にできるようにならなくともよいと考える人」たちが社会で生きやすくなるとはとても考えられない。ある新聞記事には，パラリンピックの盛り上がりと，能力主義が福祉の現場にもち込まれた「津久井やまゆり園事件」とは，「能力主義」という点において根底ではつながっているのではないか，という指摘が紹介されている（神奈川新聞，online）。すなわち，社会全体が能力主義であることは，それほど簡単に否定することができない。なぜなら，パラアスリートが示すように，「障害を克服したい」，「少しでも能力を伸ばしたい」という思いが，その後生きていくための大きな力となり得るからだ。けれども，とその記事はこう続く。「事件後を生きるわたしたちは，否定しきれない能力主義と，うまくつき合っていかなければいけないのです」（神奈川新聞，online）。「共生社会」を目指すパラリンピックと，それを含むパラスポーツは，「克服」や「達成」を目指す強さと，その対極にある弱さ，能力の低さ，不健康，病，老いを見つめる姿勢を，両方もっておくことが求められるのである。

　「もっとできるようになりたい，もっと高く，強く，速くなりたい」という欲求は，多くの人がもつであろうし，多くの人を支えもする。しかし，だからこそ，「誰しもが」本当にそうであろうか，という問いや立ち止まりが必要に

なる。オリンピックとは異なる出自をもつパラリンピックは，これからオリンピックと同じ競技性のみを追求するだけでは不十分である。パラリンピックが盛り上がり，パラリンピック教育が学校現場に普及する際にも，ただそれだけで「多様性」が尊重されるわけではない。「共生社会」の実現には，より広い視野を教師がもち続ける必要があるということを忘れてはならないだろう。

5 保健体育教師の役割について

「多様性の尊重」に関しては，一筋縄ではいかない問題があることを述べてきた。それでは，保健体育教師にできることはないのだろうか。内田 (2008)の提案は，ここで見た葛藤をそのまま受け入れてくれるという点で，希望のある提案だろう。内田は，子どもの成熟は葛藤を通じて果たされると述べる。「子どもたちが長い時間をかけて学ぶべきなのは『すっきりした社会の，すっきりした成り立ち』ではなく（そのようなものは存在しません），『ねじくれた社会の，ねじくれた成り立ち』についての懐の深い，タフな洞察だからです」（内田, p.114）と述べる。だからこそ，教師は，ねじれ，葛藤させる人であるほうがよいという。

> 優勝劣敗のこの社会の競争ルールそのものに異を唱えながら，それでも子どもたちには成功と勝利を求めるような先生。弱者，敗者に対して深い共感を寄せながら，強者，勝者の努力を評価することを忘れない先生。今の社会を支配しているイデオロギーに完全には同意しないし，完全に反対するわけでもなく，その中で引き裂かれている先生。だから，いうことがときどきつじつまの合わない先生。それが「よい先生」です。（内田, p.115）

学校が普通教育を担い続ける限り，教師がその教育活動の只中において「多様性」を完璧に尊重することなどできない。普通教育の場では，子供たちに努力を強い，求める方向に変化することを強いずにはいられない。そしてそのことが，いずれ子供たちの生きる力となることも確かである。つまり，「多様性の尊重」のために教師にできることは，まずは「教育」のこのような在り方と，「多様性」との関係に対する自覚と反省であろう。

多様性の内実である，様々な「違い」を列挙してみれば，それらの項目は本当に「違い」なのだろうか，という疑問に行き着かないだろうか。たとえば背が高い子と背が低い子の身長の違いは，それほど大きな「違い」なのだろうか。

あるいは，日本に出自をもつ子供と外国に出自をもつ子供には，どのような大きな「違い」があるのだろうか。「違い」を「違いである」と感じる人もいれば，「違い」は「よく考えると大差がない」と捉える人もいる。もし可能であるなら，教師自身の考える「普通」を，「越境」の経験を通してほんの少し押し広げたい。そうすれば学校は，多様な子供たちにとって，これまでよりもほんの少し住みやすい場所になるのではないだろうか。

［文献］
出口真紀子（2021）論点3　みえない『特権』を可視化するダイバーシティ教育とは？．岩渕功一編，多様性との対話　ダイバーシティ推進が見えなくするもの．青弓社，pp.165-174．
外務省　https://www.mofa.go.jp/mofaj/gaiko/oda/sdgs/about/index.html
東優子（2015）排除と包摂のせめぎあい—LGBTをめぐる近年の動向．アステイオン，83号，公益財団法人サントリー文化財団・アステイオン編集委員会．
一小路武安（2016）日本におけるダイバーシティ概念の社会的受容—新聞記事データの分析から—．東洋大学経営論集，8829-42
岩渕功一（2021）多様性との対話　ダイバーシティ推進が見えなくするもの．青弓社．
文部科学省（2018）中学校学習指導要領（平成29年告示）解説保健体育編．東山書房．
日本パラリンピック委員会HP　https://www.parasports.or.jp/paralympic/iampossible/
神奈川新聞（online）「パラリンピックが格差助長？　異論も　超人化するアスリート」2019年8月26日付．https://www. kanaloco. jp/news/social/entry-190720. html（2023年6月28日参照）．
塩原良和・稲津秀樹（2017）社会的分断を越境する：他者と出会いなおす想像力．青弓社．
内田樹（2008）街場の教育論．ミシマ社．

おわりに

　わが国の近代学校と学校における保健体育教育が制度化されて150年の時が経った。これらの制度を実質化するためには，量的にも，質的にも，それを担うのに十分な人材を確保しなければならなかった。ゆえに，学校と保健体育教育の始まりは，教師ないし保健体育教師を計画的に確保し続ける，半永久的な課題の始まりであったとも言える。

　当初は，国が求める身体（からだ）に子供たちを形成することが，「今と未来」に向けた課題とされ，その実現を担うことが保健体育教師の職務とされた。現代の教育課題も不易（変わらないもの）と流行（変わるもの）を軸にしながら常に変化し続けているが，子供たちに育むべき資質・能力・知識・態度等々を示す「新たな教育政策」が掲げられると，続けざまに「新たな教員政策」が掲げられるのが，世の常になっている。教育界だけでなく経済界やスポーツ界の要請，さらにはグローバリゼーションや国際的潮流を受けて，その時々の教育改革が標榜されるが，求められる「今と未来」の実現が保健体育教師の仕事や役割になっている点では，今も昔もそう変わらないかもしれない。

　果たして，それでよいのだろうか。150年の時を刻んできた歴史のうち，70年余りの間─つまり戦前から戦中にかけて，外圧的に求められ，保健体育教師が学校教育の中で担ってきた役割を今一度，反省的に振り返る必要がある。近年に至っても，戦争・格差・貧困・災害・疫病が，絶えず私たちの身体的・精神的・社会的なウェルビーイングの在り方に大きな疑問を投げかけている。いずれも，競争と共同，平等，安全，健康など，保健体育教師にとって，無関係ではいられない事柄ばかりである。まさに「今と未来」が問われている。

　ここに，所与の教育改革の実現に終始するだけでなく，保健体育教師自身が改革の未来像を描き，多様で豊かな実践を展開していく余地がある。今だからこそ，子供に何が必要なのかを専門的見地から見定め，教育改革自体を創造・先導していく主体性が，保健体育教師に求められていると言える。保健体育教師の「今と未来」が，誇りと気高さ，使命感を備えたプロフェッショナルとして，自律性と創造性に溢れていることを願いたい。

　私たち編者は，この「保健体育教師の今と未来」を探究するために，3つの

大きな問いを立てて本書を編んだ。すなわち，「保健体育教師の仕事と役割は何なのか？」，「保健体育教師という仕事・役割を果たすのはどのような人なのか，どういった専門性や知識，技術を持っていなければいけないのか？」，そして「未来を展望したとき，保健体育教師はどのような課題に直面し，どのように向き合っていけばよいのか？」である。あえて3部構成にしなかったのは，編集の過程で「どこからでも，何度でも読み返せる書籍」にすることを目指したからである。本書を読み終えた今，読者はこれらの問いにどのように答えるだろうか。

　「保健体育教師の仕事と役割は何なのか？」という問いかけに対して，単なる保健体育科の専門家やスポーツ指導者，運動部活動の指導者ではないことを理解していただけただろうか。「体育教師」ではなく，「保健体育教師」としての仕事と役割を担っていることに，納得してもらえただろうか。

　「保健体育教師という仕事・役割を果たすのはどのような人なのか，どういった専門性や知識，技術を持っていなければいけないのか？」という問いについてはどうだろう。保健体育教師を目指す人たちが豊富に持っている，自分自身の運動・スポーツ経験を客観的に見直すことの大切さに，共感してもらえただろうか。体育と保健体育，そして体育経営の専門性を有する必要性を実感してもらえただろうか。

　「未来を展望したとき，保健体育教師はどのような課題に直面し，どのように向き合っていけばよいのか？」という問いを，どれくらい"自分ゴト"として受け止めただろうか。さらに読者は，保健体育教師が今後，どのような課題に直面すると考えただろうか。そして，どのような保健体育教師の未来像を思い描いただろうか。

　本書の20講と各コラムには，3つの問いに応答してもらうための手がかりと素材がちりばめられている。分かりやすさと読み易さを重視したとはいえ，単なる啓蒙書を目指したわけではない。執筆された内容はいずれも，保健体育教師を探究するために設けた具体的で本質的な問いに対して，各執筆者が学問的知見や成果，豊かな経験に基づいて述べた，現時点での全力の応答である。

すべての問いに答えきれているわけではないし，もちろん，批評の余地もあるだろう。だからこそ，本書をきっかけにして読者なりの考えと対話が生まれることを強く望んでいる。保健体育教師に関する議論と研究は，様々な学問的見地と方法論を用いて進められてきた。このような多角的な視座は，他教科の教師を対象とした議論や研究にはあまり見られない。保健体育教師の探究が，異なる分野で教師を目指したり，教職に就いていたり，学校教育を対象として実践と研究を積み重ねている方々の議論を触発することができるとすれば，望外の喜びである。是非とも，読者の批評を仰ぎたい。

編者を代表して　朝倉雅史

索　　引

216

［編・著者一覧］(執筆順)

■編・著者‥‥‥

清水紀宏(しみず・のりひろ)───はじめに

筑波大学体育系 教授

専門：体育・スポーツ経営学。学校体育のカリキュラム・マネジメントや子どもの体力・スポーツ格差問題，コミュニティ・スポーツにおける経営システムの開発をテーマに研究を進めている。主な著書に『子どものスポーツ格差—体力二極化の原因を問う』『テキスト　体育・スポーツ経営学』(ともに大修館書店，共編著)がある。

朝倉雅史(あさくら・まさし)───第1・16講・おわりに

筑波大学人間系 助教

専門：体育経営学，教師教育学。教師の専門性と発達過程を明らかにするため，教師自身の経験と認識に着目した理論的・実証的研究を進めている。主な著書に『体育教師の学びと成長—信念と経験の相互影響関係に関する実証的研究』(単著，学文社)，『学校ガバナンス改革と危機に立つ「教職の専門性」』(部分執筆，学文社)，『ホワイト部活動のすすめ—部活動改革で学校を変える』(共著者，教育開発研究所)がある。

坂本拓弥(さかもと・たくや)───第2・18講

筑波大学体育系 助教

専門：体育・スポーツ哲学。体育授業における教師や児童・生徒を対象とした現象学的身体論，スポーツにおける人間や倫理的問題を対象とした欲望論をテーマに研究を進めている。保健体育教師に関する最近の論考として，「体育教師は，どこから来て，どこへ行くのか：そのイメージの行方」(現代スポーツ評論，47：36-47, 2022)などがある。また，近刊に『体育がきらい』(ちくまプリマー新書)がある。

■著　者 ･･･

小松恒誠（こまつ・つねみ）━━━━第3講
　山形大学地域教育文化学部 講師

仲宗根森敦（なかそね・もりあつ）━━━━第4講
　東京学芸大学 健康・スポーツ科学講座 准教授

片岡千恵（かたおか・ちえ）━━━━第5講
　筑波大学体育系 准教授

秋山和輝（あきやま・かずき）━━━━第6講
　筑波大学附属中学校（保健体育科）教諭

須甲理生（すこう・りき）━━━━第7講
　日本女子体育大学体育科教育学 准教授

濱本想子（はまもと・あいこ）━━━━第8講
　名桜大学人間健康学部 助教

三田部 勇（みたべ・いさむ）━━━━第9講
　筑波大学体育系 准教授

岩田昌太郎（いわた・しょうたろう）━第10講・コラム4
　同志社大学スポーツ健康学部 准教授

赤松喜久（あかまつ・よしひさ）━━━━第11講
　元大阪教育大学教育学部 教授

荻原朋子（おぎわら・ともこ）━━━━第12講
　順天堂大学スポーツ健康科学部 先任准教授

近藤智靖（こんどう・ともやす）━━━━第13講
　日本体育大学児童スポーツ教育学部 教授

津田恵実（つだ・えみ）━━━━第14講
　ウェストバージニア大学スポーツ科学学部 助教授

鈴木 聡（すずき・さとし）━━━━第15講
　東京学芸大学 健康・スポーツ科学講座 教授

関 朋昭（せき・ともあき）━━━━第17講
　鹿屋体育大学スポーツ人文・応用社会科学系 教授

山﨑朱音（やまざき・あかね）━━━━第19講
　横浜国立大学教育学部 准教授

田中 愛（たなか・あい）━━━━第20講
　東京学芸大学 健康・スポーツ科学講座 講師

佐藤彩弥（さとう・あやみ）━━━━コラム1
　埼玉県所沢市立小手指中学校 教諭

佐藤貴弘（さとう・たかひろ）━━━━コラム2
　筑波大学体育系 教授

小林 寿（こばやし・ひさし）━━━━コラム3
　埼玉県立高等学校 教諭／日本体育大学大学院教
　育学専攻科 博士後期課程

森 靖明（もり・やすあき）━━━━コラム5
　北翔大学生涯スポーツ学部 教授

白石智也（しらいし・ともや）━━━━コラム6
　広島文化学園大学人間健康学部 助教／元青年海
　外協力隊（ウガンダ派遣）

髙橋聡子（たかはし・さとこ）━━━━コラム7
　岩手県盛岡市立見前南中学校 教諭

探究　保健体育教師の今と未来　20講

©Shimizu Norihiro, Asakura Masashi & Sakamoto Takuya, 2023

NDC374/xii, 219p/21cm

初版第1刷発行──2023年10月1日

編著者	清水紀宏・朝倉雅史・坂本拓弥
発行者	鈴木一行
発行所	株式会社 大修館書店

〒113-8541　東京都文京区湯島2-1-1
電話 03-3868-2651（販売部）　03-3868-2299（編集部）
振替 00190-7-40504
[出版情報] https://www.taishukan.co.jp/

装　丁	島内泰弘（島内泰弘デザイン室）
組　版	加藤　智
印　刷	横山印刷
製本所	難波製本

ISBN978-4-469-26964-2　　　　Printed in Japan